INTRODUCCIÓN AL **NUEVO TESTAMENTO** a través de sus **AUTORES**

KENNETH BERDING Y MATT WILLIAMS

EDITORES

EDITORIAL
PORTAVOZ

Título del original: *What the New Testament Authors Really Cared About: A Survey of Their Writings*, © 2008, 2015 (segunda edición) por Kenneth Berding y Matt Williams, y publicado por Kregel Publications, una división de Kregel Inc., Grand Rapids, Michigan 49505. Traducido con permiso.

Título en castellano: *Introducción al Nuevo Testamento a través de sus autores* © 2023 por Editorial Portavoz, filial de Kregel Inc., Grand Rapids, Michigan 49505. Todos los derechos reservados.

Traducción: Rodrigo Hinojosa

EDITORIAL PORTAVOZ
2450 Oak Industrial Drive NE
Grand Rapids, Michigan 49505 USA
Visítenos en: www.portavoz.com

ISBN 978-0-8254-5049-5 (rústica)
ISBN 978-0-8254-7183-4 (Kindle)
ISBN 978-0-8254-7184-1 (epub)

1 2 3 4 5 edición / año 32 31 30 29 28 27 26 25 24 23

Impreso en los Estados Unidos de América
Printed in the United States of America

COMENTARIOS SOBRE ESTE LIBRO

"He estado usando *Introducción al Nuevo Testamento a través de sus autores* y he obtenido una mejor respuesta de mis estudiantes universitarios con este texto que con cualquier otro en las últimas dos décadas. Este material cubre de manera correcta y atractiva lo necesario para una clase de primer año llena de alumnos que necesitan sumergirse en una interacción más profunda con la Palabra de Dios. Los estudiantes de mi clase introductoria han considerado su formato legible y su contenido, útil. Lo recomiendo ampliamente".

—George H. Guthrie, Union University

"*Introducción al Nuevo Testamento a través de sus autores* es único porque fue escrito por profesores universitarios para estudiantes universitarios. Usualmente, los textos universitarios son escritos por profesores de seminario. Aunque no tengo nada en contra de los profesores de seminario, existe un mundo de diferencia entre los dos escenarios. Este texto va directo al grano y resalta el contenido más importante para la audiencia meta. La presentación es clara y atractiva, y el resultado es que los estudiantes tienen un recurso que se corresponde con su nivel y que los conduce a un entendimiento mucho más profundo de la Palabra de Dios".

—Scott Duval, Ouachita Baptist University

"Como profesor de materias de primer año de Introducción al Nuevo Testamento durante más de treinta años, constantemente he buscado un libro de texto adecuado. *Introducción al Nuevo Testamento a través de sus autores* ha sido el mejor libro de texto para esta necesidad".

—Julio C. Vena, Toccoa Falls College

"Uno de los retos de enseñar materias introductorias de Nuevo Testamento para estudiantes de universidad, en general, es lograr el equilibrio entre darles demasiada información, lo cual hace que se sientan abrumados, y dejarlos con demasiado poco, lo cual hace que se sientan insatisfechos. El gran valor de *Introducción al Nuevo Testamento a través de sus autores* es que los autores han pensado con mucho cuidado sobre este asunto, lo que resulta en un tomo que logra encontrar ese equilibrio. Con base en la confirmación que ya he recibido de mis estudiantes, preveo usar este texto con grandes beneficios en mis materias introductorias durante años".

—Jonathan Lunde, Biola University

CONTENIDO

Introducción al Nuevo Testamento a través de sus autores es un nuevo enfoque para ayudarnos a entender lo que *de verdad* importa en el Nuevo Testamento. La pregunta más importante que podemos hacer para entender el mensaje del Nuevo Testamento es: "¿Cuál era el enfoque *central* de *Mateo* (o de cualquier otro autor) al escribir?". Solo si nos hacemos esta pregunta podremos descubrir lo que Dios quiere que sepamos, ya que Dios escogió usar nueve autores (que escribieron en diferentes momentos y estilos, y por diferentes razones) para comunicar su Palabra.

Introducción al Nuevo Testamento a través de sus autores se distingue de otras introducciones al Nuevo Testamento de las siguientes maneras:

- Está organizado en torno a cada uno de los nueve autores neotestamentarios para enfatizar que sus preocupaciones (y no las nuestras) son las más importantes. Por tanto, el libro sigue de manera general el orden de los libros del Nuevo Testamento, con excepción de Hechos, las cartas de Juan (1, 2 y 3 Juan) y Apocalipsis, que se agrupan por autor.

- No obstante, este intento por buscar el enfoque principal de los autores no significa que el libro no aborde nuestra vida actual. De hecho, más de cien destacados aclaran cómo estos autores pudieran haber aplicado sus escritos a la vida cristiana del siglo xxi.

- Es un proyecto colaborativo, con capítulos escritos por quince eruditos de Nuevo Testamento que también han tenido gran éxito en el salón de clases. Estos profesores vienen de doce de las mejores universidades evangélicas de Norteamérica.

- Fue escrito por profesores que enseñan a estudiantes universitarios y que entienden su cultura, no por personas que han pasado la mayor parte de su tiempo enseñando materias de seminario o de maestría.

- Los temas introductorios (¿Quién? ¿Cuándo? ¿Dónde? ¿Por qué?) se condensan en un resumen de una sola página con información esencial.

- Ya que el libro fue escrito de forma específica para estudiantes universitarios, también puede ser utilizado de manera efectiva en programas de educación cristiana en la iglesia.

- Su formato es más sencillo e intencionalmente más corto que otras introducciones. "Más" no es siempre "mejor", en especial en este tipo de textos.

COLABORADORES

Kenneth Berding, Ph.D., coeditor, Introducción a Pablo, Filipenses, El canon del Nuevo Testamento
Biola University

Jeff Cate, Ph.D., 1 Pedro, 2 Pedro, Judas
California Baptist University

Frank Chan, Ph.D., Efesios, Colosenses, Filemón
Nyack College

David A. Croteau, Ph.D., Las Cartas de Juan, 1 y 2 Tesalonicenses
Columbia International University

George H. Guthrie, Ph.D., Hebreos, Santiago
Union University

Justin K. Hardin, Ph.D., 1 Corintios, 2 Corintios
Palm Beach Atlantic University

David M. Hoffeditz, Ph.D., "En las sandalias de un judío del siglo I"
Indiana Wesleyan University

Douglas S. Huffman, Ph.D., Lucas
Biola University

Bobby Kelly, Ph.D., Hechos
Oklahoma Baptist University

Edward P. Meadors, Ph.D., Mateo
Taylor University

Colaboradores

C. Marvin Pate, Ph.D., Apocalipsis
Ouachita Baptist University

Michael G. Vanlaningham, Ph.D., Romanos, Gálatas
Moody Bible Institute

Ray Van Neste, Ph.D., 1 Timoteo y Tito, 2 Timoteo
Union University

Joel F. Williams, Ph.D., Marcos
Cedarville University

Matt Williams, Ph.D., coeditor, Juan
Biola University

 Introducción al Nuevo Testamento a través de sus autores

EN LAS SANDALIAS DE UN JUDÍO DEL SIGLO I

David M. Hoffeditz

En palabras del propio Dios

Dios no es hombre [...] para que se arrepienta. Él dijo, ¿y no hará? Habló, ¿y no lo ejecutará? (Nm. 23:19).

Y les dijo: Estas son las palabras que os hablé, estando aún con vosotros: que era necesario que se cumpliese todo lo que está escrito de mí en la ley de Moisés, en los profetas y en los salmos. Entonces les abrió el entendimiento, para que comprendiesen las Escrituras (Lc. 24:44-45).

Dios, habiendo hablado muchas veces y de muchas maneras en otro tiempo a los padres por los profetas, en estos postreros días nos ha hablado por el Hijo, a quien constituyó heredero de todo, y por quien asimismo hizo el universo (He. 1:1-2).

LAS HISTORIAS QUE TODOS CONOCÍAN

- La historia de la destrucción y el exilio:
  Los *asirios* y los *babilonios*
- La historia del regreso y la restauración:
  Los *persas*
- La historia de los paganos y el nacionalismo:
  Los *griegos*
- La historia de la independencia y la disensión:
  Los *asmoneos*
- La historia de brutalidad y resistencia:
  Los *romanos*
- La historia inconclusa:
  La espera por el *Mesías prometido*

Es tu primera semana como estudiante extranjero en el Cairo, Egipto. Por la noche, después de mirar una película de tu país con tus nuevos compañeros de cuarto, uno de los estudiantes se gira y te pregunta: "¿Qué facetas distintivas han contribuido a la cultura de tu país?". Además de las respuestas evidentes como el postre característico de la cocina nacional, el punto de interés más reconocido, el deporte preferido, la música característica y el restaurante emblemático, sospecho que podrías mencionar algún evento clave de la historia, como alguna guerra o batalla crucial. Probablemente también te referirías a fechas importantes como la independencia y a personajes destacados como algún presidente o héroe nacional.

Si te has encontrado en este tipo de situación, entonces sabes bien qué difícil es que otros te entiendan de verdad, sin importar del país que seas, si no conocen tu historia. Sin embargo, ¿cuán a menudo los cristianos actuales se sumergen en el mundo del Nuevo Testamento sin conocimiento alguno de las historias de los judíos del siglo I? Si de verdad queremos comprender el Nuevo Testamento, debemos conocer su trasfondo histórico, social y religioso. Nuestros nueve autores neotestamentarios no escribieron estos veintisiete libros en un vacío, sino que trataron con asuntos, personas y necesidades reales de su época.

Si tuviéramos que sentarnos con un judío palestino del siglo I y preguntarle qué ha moldeado al pueblo judío, escucharíamos cinco historias principales que comprenden casi setecientos años. Cuatrocientos de esos años abarcan el período entre las dos divisiones principales de la Biblia y se les llama el **período intertestamentario**. A medida que nos sumergimos en este diálogo, debemos tener cuidado de no distraernos con nombres, lugares y fechas, sino más bien debemos observar cómo estas diferentes facetas nos ayudan a comprender la situación histórica de los autores neotestamentarios y de los que vivieron después de la época de Jesús que recibieron estos libros y cartas.

La historia de la destrucción y el exilio: Los *asirios* y los *babilonios*

La primera historia importante que escucharíamos de nuestro amigo del siglo I se centra en los eventos aproximadamente setecientos años antes de Cristo y muy cerca del final del Antiguo Testamento, la época de los asirios y los babilonios. Estos dos oponentes principales del antiguo Cercano Oriente fueron responsables de la caída de Israel, que en ese momento de la historia estaba dividida en dos reinos, Israel y Judá. Los asirios invadieron y conquistaron Israel, el reino del norte, en el 722 a. C. Muchos de sus habitantes fueron llevados cautivos o reubicados a otras naciones.

Aunque lo intentaron, los asirios no lograron destruir Judá, el reino del sur. Con el tiempo, Judá cayó cuando los babilonios los invadieron y conquistaron. Estos deportaron a los judíos en el 605 (2 R. 24:1-5; Dn. 1:1-6), en el 597 (2 R. 24:6-16) y en el 586 a. C. (2 R. 25:1-21). Estas deportaciones resultaron en la dispersión (llamada la **Diáspora**) de los judíos por todo el Imperio babilónico en tierras extranjeras. Estos exilios obligaron al pueblo judío a abandonar la tierra que fue prometida a su padre Abraham y a asentarse en tierras que nunca habían visitado, en naciones habitadas por personas de diferentes idiomas y culturas.

Por si la destrucción de sus hogares y el asesinato de los miembros de su familia y amigos no fuera suficiente, lo impensable ocurrió en el 586 a. C. Los judíos fueron testigos de la destrucción de su santa ciudad, Jerusalén, y del edificio que la adornaba, el templo edificado por Salomón. Con frecuencia, la tragedia moldea a una nación y este incidente no fue la excepción. La pérdida de la tierra prometida y la destrucción del templo judío tuvo un efecto tremendo en el espíritu judío, ya que estas eran dos piezas importantes de su identidad.

> Los tiempos de turbulencia nos recuerdan la importancia de la Palabra de Dios y nuestra necesidad constante del Señor.

Lo único que quedaba para ayudar a definir a los judíos era la ley. La importancia renovada de la ley puede verse en el establecimiento de congregaciones, o **sinagogas**, para la lectura y la oración. El desvanecimiento de la idolatría formal entre los judíos, que había sido la causa principal de su exilio, fue uno de los pocos puntos positivos de este período catastrófico.

Dios utilizó estos eventos para atraer al pueblo a sí mismo, a medida que esperaban que cumpliera las promesas hechas a los patriarcas. Esta historia del exilio y del fin del reino davídico fue vital para formar la identidad del pueblo judío, que constituyó la audiencia de los autores neotestamentarios. Cuando Jesús anunció: "El reino de Dios se ha acercado", esto ciertamente habría vuelto a encender la esperanza de la restauración del reino davídico *físico*, no de un reino *espiritual*.

La historia del regreso y la restauración: Los *persas*

Daniel 5 comienza documentando la segunda historia esencial para entender a los que vivieron durante la época de Jesús. Aquí, leemos sobre Ciro II, el rey persa que conquistó de forma sorpresiva la gran ciudad de Babilonia y su rey, Belsasar, en el 539 a. C. A diferencia del Imperio babilónico, el Imperio persa era más tolerante, lo que permitió que 42.360 judíos regresaran a Jerusalén. Según Esdras 1–4, un altar fue edificado en el 537 a. C.

y, aproximadamente veinte años más tarde, el templo fue reconstruido, aunque quedó muy lejos del glorioso templo de Salomón.

Imagina el torbellino de emociones que experimentaron los judíos al regresar a su hogar y al comenzar a reedificar su amado templo. Esdras nos dice que, cuando echaron los cimientos del templo, el pueblo se unió en alabanza, dando gracias al Señor por su misericordia y bondad (cp. Esd. 3:11). Los sentimientos a favor de los judíos prevalecieron durante la monarquía persa y, en el 445-444 a. C., Nehemías comenzó a reedificar las murallas de Jerusalén. Estos años estuvieron marcados por grandes sacrificios de parte de quienes repoblaron la tierra. Aunque ciertamente no quedaron libres del control foráneo, los judíos tenían libertad de adorar de nuevo en su templo y de celebrar sus fiestas en la tierra que Dios les había dado. La historia del regreso del exilio y de la reconstrucción del templo afectó al pueblo judío hasta el siglo I y se convirtió en un punto de encuentro para los judíos durante siglos. Como resultado, no es de sorprender que las diferentes generaciones posteriores de líderes religiosos tomaran de mala manera las amenazas de Jesús de destruir el templo (Mt. 27:40).

La historia de los paganos y el nacionalismo: Los *griegos*

Después de resaltar los eventos clave del final de la era del Antiguo Testamento, nuestro narrador cambiará su mirada hacia Occidente. Nuestra atención se dirige hacia un joven griego de veintiún años llamado Alejandro. Educado bajo Aristóteles, Alejandro heredó un ejército bien entrenado y rápidamente consolidó los estados griegos. El poderoso y arrogante rey persa, Darío III, subestimó ampliamente a este joven dirigente griego. Aunque el ejército de Alejandro consistía en tan solo 25.000 soldados, derrotó de forma sorpresiva al ejército persa de 300.000 en el 333 a. C. A continuación, el joven general avanzó apoyándose en el tumulto que resultó de la caída del Imperio persa para llegar, en el sur, hasta Egipto, y en el este, hasta Afganistán y la India.

La helenización

Sin embargo, más sorprendente que las hazañas militares de Alejandro fue su importación del idioma y de la cultura griegas hacia las tierras conquistadas. En parte a causa de su tolerancia hacia las prácticas religiosas, como en el caso de Israel, muchos grupos étnicos locales abrazaron el estilo de vida griego.

Esta adopción de la cultura y el idioma griegos, llamada **helenización**, provocó que el griego se convirtiera en el idioma internacional común del mundo conocido. Por primera vez desde Babel (Gn. 11), el mundo estaba unido en torno a un idioma. Fue este idioma, el griego, que los autores del Nuevo Testamento usaron para redactar sus tratados, de manera que fueran entendidos en todo el Imperio romano. Como resultado, los apóstoles y Pablo pudieron viajar por gran parte del mundo conocido y anunciar las buenas nuevas de Jesús en este idioma único.

El uso del hebreo se desvaneció entre los judíos, lo que generó la necesidad de que el Antiguo Testamento fuera traducido al griego. Se dice que setenta y dos hombres tradujeron las Escrituras en setenta y dos días. Ya sea que la leyenda sea cierta o no, de aquí surgió el nombre de la traducción al griego conocida como la **Septuaginta** o la **LXX**. Esta traducción griega, y no el texto original hebreo, fue la Biblia de muchos de los autores del Nuevo Testamento y de los primeros padres de la iglesia.

La división

El reinado de Alejandro Magno fue corto. El 13 de junio del 323 a. C., Alejandro murió a los treinta y tres años, sin herederos viables. Antes de su muerte, Alejandro presentó su enorme reino ante sus cuatro generales y, supuestamente, anunció: "que gane el mejor". Después de veinte años de guerra, el imperio de Alejandro terminó dividido en cuatro secciones, de las cuales dos son importantes para el pueblo de Israel: Seleuco se apropió de Babilonia y de Siria, al norte de Palestina, y Ptolomeo gobernó sobre Egipto y Palestina.

Los ptolomeos

Palestina estaba localizada en la "zona neutral" entre los ptolomeos y los seléucidas, lo que produjo más de doscientas guerras en suelo palestino entre el 323 y el 63 a. C. Ya que Palestina servía como puente terrestre entre el norte y el sur, quien controlara esta región también controlaba el transporte y el comercio en esta zona del mundo antiguo. Los ptolomeos gobernaron Palestina hasta el 198 a. C. Ellos apoyaron al pueblo judío y promovieron la libertad religiosa y la prosperidad financiera. A causa de la comodidad de la vida bajo su reinado, muchos judíos adoptaron la cultura griega y comenzaron a cambiar bajo las influencias helenistas, a pesar del llamado de Dios a ser apartados, o santos. Descubriremos que la helenización tiene implicaciones enormes para entender la historia de nuestros autores neotestamentarios, que llamaron a los cristianos a la santidad en medio de un mundo helenizado.

Los seléucidas

Con el tiempo, los seléucidas se apoderaron de la tierra disputada de Palestina en el 198 a. C. Al principio, hubo pocos cambios para los judíos. Sin embargo, con el tiempo, **Antíoco IV** Epífanes ("dios manifestado") comenzó a sentirse ofendido por el pueblo judío y su estilo de vida. Como consecuencia, determinó erradicar la religión judía al prohibir todas las copias de la ley, la observancia del día de reposo, las fiestas religiosas, los sacrificios tradicionales y la circuncisión. Para colmo, Antíoco IV profanó el templo judío al ofrecer un cerdo, un animal impuro según la ley judía, en el altar el día veinticinco del mes judío de *Kislév* (mediados de diciembre en nuestro calendario moderno) del 167 a. C. (cp. Dn. 11:31 y 2 Mac. 6:18).

Los esfuerzos de los ancestros que habían reconstruido el templo y los muchos años de libertad bajo los ptolomeos llegaron a un final abrupto. Sin duda, surgieron preguntas. ¿Regresarían los tiempos difíciles del período babilónico? ¿Los estaba castigando Dios por aceptar el estilo de vida de los griegos y olvidarse de sus raíces judías? Aunque algunos judíos abandonaron las prácticas tradicionales como la circuncisión por preferir el estilo de vida griego, la población más conservadora abogaba por el nacionalismo judío. Estas divisiones entre los judíos helenistas y los tradicionales provocaron más problemas, como lo veremos en la siguiente sección.

La historia de la independencia y la disensión: Los *asmoneos*

La brutal subyugación de los judíos a manos de Antíoco IV se extendió mucho más allá de Jerusalén. Los oficiales del gobierno seléucida llegaron hasta las aldeas judías y demandaron que los sacerdotes locales ofrecieran cerdos en el altar. El terror, el temor y la ira se apoderaron de las zonas rurales.

La revuelta asmonea

La primera erupción ocurrió no muy lejos de Jerusalén. Un anciano sacerdote llamado **Matatías** no solo se negó a ofrecer el sacrificio, sino que también traspasó con su espada a un oficial del gobierno y a un hombre judío que estuvo dispuesto a obedecer el mandato del oficial. Este acto de resistencia despertó una revuelta importante. Matatías llamó a otros judíos piadosos a unirse a sus cinco hijos y a él en una guerra de guerrillas contra los gobernantes extranjeros de su "tierra prometida".

Poco después del inicio de la revuelta, Matatías murió y su hijo, **Judas Macabeo,** tomó el liderazgo de la insurrección. Esta insurrección a menudo es identificada por los eruditos como la revuelta de los **macabeos** (que significa "martillo"), en honor a Judas. Otros eruditos clasifican esta era como el período **asmoneo,** ya que este era el apellido de Matatías.

Más adelante, Judas reconquistó Jerusalén de manos de los seléucidas y rededicó el templo el día veinticinco del mes judío de *Kislév* del 164 a. C., exactamente tres años después de la profanación de Antíoco. Según la tradición judía, el aceite necesario para encender el candelabro del templo duró, de forma milagrosa, ocho días. Hasta este día, las familias judías celebran este glorioso momento en la fiesta de la dedicación, mejor conocida como "Janucá".

Los hijos de Matatías continuaron la lucha contra los opresores seléucidas. Para el 143 a. C., el único hijo sobreviviente era Simón. Su resolución solo se fortaleció cuando llamó a que los gentiles fueran completamente eliminados de Israel (1 Mac. 13:41). Simón logró obtener la independencia completa para el pueblo judío. Los asmoneos conquistaron territorios y quebraron el yugo de todos sus opresores foráneos: esto era algo no visto desde la época del rey David y del rey Salomón. Un escrito judío documenta: "[Simón] Estableció la paz en el país y gozó Israel de gran alegría. Se sentaba cada cual bajo su parra y su higuera y no había nadie que los inquietara [...]. Dio apoyo a los humildes de su pueblo e hizo desaparecer a todo impío y malvado" (1 Mac. 14:11-14, BJ). Este logro asombroso resultó en que Simón fuera nombrado sumo sacerdote y líder militar (cp. 1 Mac. 14:25-49).

> Si los macabeos estuvieran aquí hoy, nos exhortarían a guardar nuestro corazón y a permanecer fieles al Señor en medio de una cultura impía.

La expansión del territorio judío continuó, ya que Juan Hircano, hijo de Simón, logró recuperar Judea y Samaria, destruyendo en el proceso el templo samaritano en el monte Gerizim, en el 128 a. C.

Esta historia de las hazañas militares de Judas y de Simón es importante para entender la historia del judío del siglo I que se encontraba bajo el gobierno pagano de Roma. Muchos judíos estaban esperando de nuevo a un líder militar que los liberara. Cuando Jesús entró en Jerusalén entre hojas de palma, seguramente les recordó las victorias de Simón sobre los seléucidas y su propia entrada en la ciudadela de Jerusalén entre hojas de palma tras una victoria militar (1 Mac. 13:51). Seguramente, muchos judíos también esperaban que Jesús el Mesías los llevara a obtener victorias militares.

Los samaritanos

Los eruditos debaten sobre la identidad de los **samaritanos,** pero probablemente fueron un grupo separatista de judíos que se mezclaron en matrimonio con los gentiles después del exilio. Aunque eran en parte judíos, se consideraban distintos de estos, tanto en lo étnico como en lo religioso. Los samaritanos aceptaban la autoridad solo de los cinco libros de la Torá; es decir, Génesis, Éxodo, Levítico, Números y Deuteronomio. Creían en un solo Dios, en el **Monte Gerizim** como el lugar verdadero para sacrificios, en el juicio futuro y en un profeta venidero similar a Moisés (Dt. 18:18).

Las tensiones entre los samaritanos y los judíos, resaltadas frecuentemente en el Nuevo Testamento, sin duda fueron aumentadas por la destrucción del templo samaritano a manos de Juan Hircano. Estas tensiones continuaron hasta la época del Nuevo Testamento cuando los samaritanos esparcieron huesos en el templo de Jerusalén durante la fiesta de la pascua en algún momento entre el 6 y el 9 d. C. y masacraron a un grupo de peregrinos judíos que se dirigían a Jerusalén en el 52 d. C. El odio era tan profundo que ambos grupos se negaban a asociarse entre sí, como resulta evidente en prácticas judías como evitar viajar por Samaria. Debido al aumento de estos sentimientos desde el tiempo en que Juan Hircano destruyó el templo samaritano, no debería sorprendernos la pregunta de la mujer samaritana a Jesús en Juan 4:9: "¿Cómo tú, siendo judío, me pides a mí de beber, que soy mujer samaritana? Porque judíos y samaritanos no se tratan entre sí".

La helenización asmonea

La familia asmonea, alguna vez devota, rápidamente perdió su interés en la cultura judía y en la santidad. Una aceptación creciente de la cultura y el idioma griegos —la helenización— entre los miembros de esta familia real puede verse con claridad en su uso de nombres griegos y de inscripciones en este idioma en las monedas. Lo peor de todo fue el abandono de la vida devota del judío. Por ejemplo, dos de los hijos de Juan Hircano gobernaron después de su reino de treinta y un años. Uno de estos hijos mató a su propia madre de hambre y el otro ejecutó a más de cincuenta mil personas de su propio pueblo.

Los fariseos

Los disturbios políticos, que marcaron el período asmoneo, exasperaron a diferentes facciones judías. Por primera vez, escuchamos de los fariseos y los saduceos. Los **fariseos** eran una secta conservadora, que no solo aceptaba todo el Antiguo Testamento, sino que también guardaba la ley oral. Los fariseos guardaban la pureza y la santidad, aborrecían la helenización y todo lo extranjero. Durante el siglo i, los fariseos se convirtieron en la facción judía más grande y popular. La principal razón de su popularidad fue que provenían de la gente común. Ya que su poder se derivaba de las masas, temían perder el apoyo del pueblo si destruían a Jesús.

Para el siglo i d. C., había dos escuelas principales de pensamiento farisaico: los discípulos de Hilel y los de Shamai. La Casa de Hilel desarrolló un sistema para interpretar la ley que no era tan estricto como el de la Casa de Shamai. El hijo de Hilel, Gamaliel I, fue líder de los fariseos del 25 al 40 d. C. y maestro del apóstol Pablo (cp. Hch. 22:3).

En el 250 d. C., las leyes orales y las enseñanzas de los fariseos fueron escritas y recolectadas en un libro llamado la *Mishná*. La *Mishná* trata principalmente asuntos legales relacionados con temas como la pureza, la ley civil y criminal, la mujer y el matrimonio. A menudo, la *Mishná* puede ofrecer un mejor entendimiento de las prácticas religiosas judías durante la época de Jesús. Al escuchar la historia del surgimiento de los fariseos, es mucho más fácil entender su reacción hostil cuando veían a Jesús "quebrantar" la ley al realizar milagros en día de reposo y, aparentemente, enseñar en contra de la ley de Moisés en el sermón del Monte (Mt. 5).

Los saduceos

Mientras que la naturaleza de los fariseos era principalmente religiosa, la mayoría de los **saduceos** eran conocidos por tener motivaciones políticas y por mezclarse con los adinerados. Fuertemente influenciados por el pensamiento y las prácticas grecorromanas, su preocupación principal era la riqueza y el poder. Esta secta reconocía exclusivamente los primeros cinco

> Los habitantes de Qumrán pasaron mucho tiempo copiando y leyendo la Palabra de Dios. Ellos nos preguntarían cuánto tiempo dedicamos a la Palabra.

libros del Antiguo Testamento y negaba gran parte del mundo sobrenatural (p. ej.: la resurrección de los muertos y los ángeles). En consecuencia, cuando los fariseos y los saduceos, dos grupos opuestos, se alineaban contra Jesús, podemos obtener una mejor idea de la magnitud de desprecio por este "profeta" de Nazaret. Durante la vida de Jesús, los saduceos controlaban la corte suprema de los judíos, el **Sanedrín**. Presidido por el sumo sacerdote, este tribunal supremo judío consistía en setenta hombres que se reunían en Jerusalén.

Los esenios y Qumrán

Aunque no se mencionan en el Nuevo Testamento, los **esenios** fueron otra secta judía prominente en el siglo i. Este grupo separatista normalmente vivía en el desierto, lejos de la corriente principal de la sociedad helenizada, para purificarse para la venida del Señor. Estaban en contra del templo y eran legalistas.

Muchos eruditos creen que los esenios fueron los responsables de la comunidad de **Qumrán**, un asentamiento judío en el lado norte del Mar Muerto. Aquí, numerosos rollos fueron cuidadosamente escondidos en once cuevas durante la revuelta judía de finales de los 60 d. C. Sin embargo, ¡estos rollos no se descubrieron hasta 1947! Los **Rollos del Mar Muerto** no solo revelan las ideas de esta comunidad judía, sino que también proporcionan diferentes escritos judíos y todos los libros de las Escrituras hebreas, excepto Ester.

Los zelotes

Los **zelotes** son la última secta judía importante de esta época. Estos fanáticos judíos, en muchas formas similares a los terroristas de la actualidad, hacían todo lo posible por hacer avanzar la causa de Dios en medio de los gobernantes paganos en Israel. Josefo, un historiador judío que vivió durante la última parte del siglo i, culpó a los zelotes por la caída del pueblo judío ante Roma en la guerra judeo-romana del 66-70 d. C. La historia de los zelotes es importante para entender la historia de Jesús y de sus discípulos, porque Simón (no Simón Pedro) es llamado un zelote (Lc. 6:15), mientras que Mateo era un recaudador de impuestos que antes había apoyado la causa romana.

Literatura intertestamentaria judía

Una gran cantidad de escritos judíos se originaron en estas diferentes sectas. Esta literatura consistía en dos tipos principales. El primero son los

Apócrifos; este término significa "revelación". Un tema central de estos escritos es la vindicación futura del justo. Esta perspectiva esperanzadora no debería sorprendernos durante este tiempo difícil cuando los judíos vieron con dolor la desintegración de los asmoneos, una familia que había despertado inicialmente la esperanza de la independencia judía y de su pureza religiosa. La segunda categoría de escritos es los **pseudoepígrafos**; este término significa "nombre falso". De manera similar a los Apócrifos, los pseudoepígrafos a menudo dirigen la atención del lector a eventos en el futuro.

Aunque los judíos excluían tanto los Apócrifos como los pseudoepígrafos de las Escrituras hebreas, este cuerpo literario nos brinda vistazos de la historia intertestamentaria y de la mentalidad de muchos individuos que vivieron durante este período. Alguna de esta literatura era apocalíptica. La **literatura apocalíptica** supuestamente revelaba, mediante el uso de la simbología, lo que Dios estaba haciendo en el cielo, a fin de alentar a su pueblo que sufría en la tierra. Esta literatura nos ayuda a entender el trasfondo de textos neotestamentarios como el Discurso de los Olivos (Mt. 24–25), 2 Pedro, Judas y Apocalipsis.

Variedad dentro del judaísmo

A causa de estas diversas sectas y escritos judíos, debemos tener cuidado al afirmar: "Esto es lo que los judíos creían durante el siglo i". ¿Qué grupo de judíos? Incluso dentro de una secta en específico, había diversidad. Por ejemplo, algunos judíos creían en un profeta venidero como Moisés y otros hablaban de una figura mesiánica regia, mientras que otros afirmaban que el Mesías sería un sacerdote. Estas diferentes opiniones pueden ser detectadas en las respuestas de la muchedumbre a la identidad de Jesús (cp. Mt. 16:14). Algunos textos incluso utilizan el término **"judaísmos"**, en referencia a esta variedad que existía dentro del judaísmo en el período intertestamentario o en el neotestamentario. Tal como hay una gran variedad en el pensamiento y creencias del cristianismo moderno, existía una gran variedad en el judaísmo del siglo i.

La historia de brutalidad y resistencia: Los *romanos*

Roma conquista Jerusalén

Con el tiempo, la desintegración en el seno de la familia de los asmoneos extendió la "alfombra roja" a Roma. Después de un empate técnico de tres meses, el distinguido líder militar romano, Pompeyo, capturó Jerusalén en el 63 a. C. Este se introdujo en el templo, asesinó a los sacerdotes y entró al Lugar Santísimo, donde solo el sumo sacerdote tenía permitido entrar.

Sorpresivamente, a pesar de su entrada ofensiva al templo, Pompeyo permitió que continuara el culto judío y nombró a Hircano II, un asmoneo, como sumo sacerdote. Sin embargo, Hircano demostró en repetidas ocasiones su debilidad como líder. Ante la oportunidad para promover sus propios intereses, Antípatro II, un oficial de Judea, ofreció su apoyo a Hircano. Antípatro era idumeo, lo que significa que, al menos parcialmente, era de ascendencia edomita. Él animó a Hircano a aliarse con Julio César contra Pompeyo y esta alianza probó ser muy exitosa. A cambio de su ayuda, Antípatro solicitó que su hijo, **Herodes**, fuera nombrado gobernador de Galilea.

Aunque era joven e inexperimentado, Herodes rápidamente probó ser un líder capaz y restableció la estabilidad política en la región de Galilea. Pocos años después, Roma nombró a Herodes "rey de los judíos". No obstante, muchos judíos devotos no podían aceptar que su supuesto rey fuera de ascendencia edomita y que su nombramiento fuera llevado a cabo por gentiles. Los asmoneos, los antiguos representantes de la monarquía, estaban abiertamente insatisfechos con esta nueva transición de poder. En intentos por obtener su apoyo, Herodes expulsó a su primera esposa y a su hijo y se casó con una princesa asmonea, Mariamna I. Aunque Herodes la amaba de forma posesiva, terminó por asesinarla a ella, a tres de sus propios hijos y, finalmente, a toda la familia asmonea, todo por motivos egoístas.

Proyectos de infraestructura de Herodes

Herodes fue también un constructor. Además de muchas otras estructuras, edificó un puerto artificial de más de 16 ha (40 acres) en Cesarea, un palacio en una meseta a unos 400 m (1300 pies) sobre el nivel del mar en Masada y un impresionante palacio junto al templo en Jerusalén. No obstante, su hazaña más impresionante fue, sin duda, la renovación del templo de Jerusalén. Expandió el complejo del templo a más de 14 ha (35 acres), con lo que lo convirtió en la estructura sagrada más grande del mundo antiguo. De este templo, el historiador judío, Josefo, dijo: "Estaba recubierta por todos los lados por gruesas placas de oro y así, cuando salían los primeros rayos del sol, producía un resplandor muy brillante y a los que se esforzaban por mirarlo les obligaba a volver sus ojos, como si fueran rayos solares".[1] Aunque la mayor parte de los judíos despreciaban a Herodes, sí se beneficiaron de la estabilidad y de la majestuosidad que logró durante su reinado de más de treinta años. Aunque Herodes sí ofendió a los judíos en numerosas ocasiones, sus trabajos en el templo les fueron de mucha utilidad. El increíble templo construido por Herodes se convirtió en el foco de atención de la vida de los judíos del siglo I.

Gobernadores y los Herodes

A la muerte de Herodes en el 4 a. C., su reino fue dividido entre sus hijos supervivientes: Arquelao obtuvo Judea y Samaria, Antipas reclamó Galilea y Perea, y Felipe heredó los territorios al norte y al noreste del mar de Galilea. Mientras que el reinado de *Felipe* (4 a. C.–34 d. C.) es más bien insignificante para nuestra historia, el de Antipas (4 a. C.–39 d. C.) sí tiene una gran relevancia. Con frecuencia nombrado simplemente "Herodes" en los Evangelios, *Antipas* fue reconocido por su debilidad, por decapitar a Juan el Bautista y por su presencia en Jerusalén durante los juicios de Jesús. *Arquelao* fue el más cruel e incompetente de los gobernantes herodianos. A causa de su reino malvado, Dios ordenó directamente a José que llevará a su esposa y a su bebé, Jesús, a Nazaret, una aldea que no estaba en el territorio de Arquelao. Roma depuso a Arquelao en el 6 d. C. y restructuró Judea como una provincia romana bajo el control de un gobernador, o prefecto, nombrado por el emperador de Roma. De los quince gobernadores romanos que administraron Judea, tres son mencionados por nombre en el Nuevo Testamento: Poncio Pilato, Félix y Festo.

Nuestra historia estaría incompleta sin hablar de dos gobernantes herodianos adicionales. Herodes Agripa I fue el primero de estos familiares distantes de Herodes el Grande. Debido a sus vínculos estrechos con el emperador romano, Calígula, Agripa heredó territorios que pertenecieron a Felipe y a Herodes Antipas y, al final, obtuvo la tierra de Judea. Fue defensor del judaísmo y perseguidor de la iglesia primitiva (cp. Hch. 12:1-24) y terminó muerto bajo juicio divino. Su hijo, Agripa II, que reinó durante cincuenta años, entrevistó a Pablo durante su encarcelamiento en Cesarea (Hch. 25–26).

La vida judía bajo el gobierno romano

En última instancia, la familia herodiana respondía a Roma. Por lo tanto, el pueblo judío tenía que pagar impuestos a Roma. El judío promedio pagaba hasta el 50% en impuestos al gobierno local, provincial e imperial, además del impuesto del templo. ¡Los recaudadores de impuestos eran tan odiados que un escrito judío religioso posterior de hecho permitía mentir a un recaudador de impuestos! Es fácil imaginar la reacción cuando se descubrió que Jesús se juntaba con "publicanos y pecadores". Aproximadamente, el 85% de la riqueza era controlada por entre el 1% y el 2% de la población. Una gran parte de esta, como las viudas, los jornaleros y los mendigos, vivían muy por debajo de la línea de la pobreza. No es de sorprender que la milagrosa provisión de alimentos por parte de Jesús provocara una gran muchedumbre de seguidores y que uno de los primeros asuntos por tratar en la iglesia primitiva fuera la provisión para las viudas.

El resultado a largo plazo del dominio romano fue paz y una increíble infraestructura. El griego continuó funcionando como idioma internacional, mientras que el latín fue el idioma gubernamental. El arameo era el principal idioma de Oriente, y el hebreo estaba confinado a los rabinos educados. Debido a la facilidad para viajar y al idioma común, la mayoría de las ciudades estaban expuestas a un caleidoscopio de creencias. El culto al emperador, las religiones misteriosas, el ocultismo y las religiones paganas tradicionales (lo que a menudo es llamado mitología griega y romana) inundaba la cultura. Los viajeros romanos también transportaban diferentes filosofías como el estoicismo y el epicureísmo por todo el imperio. El pueblo judío en la Diáspora (y en Palestina, en diferentes proporciones) habría entrado en contacto con tales ideas religiosas y filosóficas. Sin embargo, no todo era negativo; no debemos olvidar que estas circunstancias también permitieron que el cristianismo se esparciera rápidamente por todo el imperio.

> **El ejemplo del pueblo judío nos recuerda como cristianos que, aunque también somos un grupo minoritario, podemos vivir vidas santas que agradan a Dios.**

Los judíos eran uno de los grupos minoritarios más grandes que habitaban el Imperio romano. Además de en Judea, grandes poblaciones de judíos vivían en el norte de Egipto, en Asia Menor y en Roma. El apóstol Pablo a menudo viajaba a ciudades que contenían una presencia judía importante, tal como se evidencia por las referencias a sinagogas en el libro de los Hechos. Los romanos y, para el caso, todos los gentiles, eran vistos como opresores foráneos y como fuente de todo lo inmundo. Los judíos se consideraban a sí mismos una comunidad apartada para Dios, como testificaban las promesas hechas a Abraham y a David que incluían una tierra, un reino y un rey. Los judíos no estaban dispuestos a seguir ni a tolerar otras religiones, en especial el culto al emperador. Esta intolerancia y el menosprecio continuo hacia la opresión foránea provocó una revuelta judía importante, la guerra judeo-romana del 66-70 d. C, que resultó en la destrucción del templo judío.

Estas tensiones étnicas también se difundieron a la iglesia. Al principio, los creyentes judíos tenían problemas con asuntos que implicaban a los gentiles conversos (cp. Hch. 15) y cuestionaban lo que debía esperarse de ellos. A medida que la iglesia se volvía predominantemente gentil, las tensiones entre los creyentes crecieron. Uno de los asuntos que vemos en muchos de los libros del Nuevo Testamento es la corrección de estas divisiones radicales (p. ej., en Gálatas y Efesios). En Gálatas 3:28, Pablo escribe: "Ya no hay judío ni griego; no hay esclavo ni libre; no hay varón ni mujer; porque todos vosotros sois uno en Cristo Jesús".

La historia inconclusa: La espera por el *Mesías* prometido

Aunque, para la época de Jesús, el pueblo judío había vivido bajo la opresión foránea durante siglos, todavía esperaban que algún día Dios regresara y fuera fiel a las promesas que había hecho a su pueblo y que les enviara el Mesías. Los profetas del Antiguo Testamento hablaron la palabra de Dios a una nación judía rebelde e intentaron hacer que volviera a Dios. No obstante, al entrar en el período neotestamentario, la voz profética estaba en silencio. De hecho, lo había estado durante casi cuatrocientos años, desde la época de Malaquías, el último profeta. Ese período a menudo es conocido como los **"siglos de silencio"**. Muchos judíos pensaban que Dios había retirado su Espíritu de Israel por causa de su pecado.

Debido a la ausencia del Espíritu y a la opresión que experimentaban a manos de los romanos paganos, la mayor parte de los judíos del siglo i sentían que Dios guardaba silencio, era distante y que, probablemente, estaba juzgándolos por su pecado. Su dolor se reflejaba en documentos como el texto pseudoepigráfico de 2 Baruc 85:1-3:

> Nuestros padres, en tiempos antiguos y en generaciones anteriores, tuvieron ayudadores: profetas justos y varones santos. En aquel tiempo, estábamos en nuestra tierra y ellos nos ayudaban cuando pecábamos e intercedían por nosotros con Aquel que nos creó. Y el Poderoso Ser los oía y nos purificaba de nuestros pecados. En cambio, ahora, los justos

han muerto y los profetas duermen. Y nosotros no estamos ya en nuestra tierra, y Sion nos ha sido arrebatada y ya no nos queda nada más que el Poderoso Ser y su ley.

Pronto, para interrumpir este período de silencio profético —esta ausencia del Espíritu Santo— escucharemos el sonido de las sandalias de Juan el Bautista entrar en escena. No es difícil imaginar la emoción que la nación judía sentirá cuando vean a este hombre, ataviado con ropas de profeta (Mt. 3:4; cp. 2 R. 1:8; Zac. 13:4), predicando un mensaje profético: "Arrepentíos, porque el reino de los cielos se ha acercado" (Mt. 3:2). Los judíos confesarán sus pecados y serán bautizados en el río Jordán (Mt. 3:5-6).

Juan el Bautista no es el único que será movido por el Espíritu Santo. Al ver al niño Jesús, Simeón dirá: "Porque han visto mis ojos tu salvación" (Lc. 2:30). Ana, la profetisa en el templo, hablará "del niño a todos los que esperaban la redención en Jerusalén" (Lc. 2:38).

> **El período entre los dos Testamentos demuestra que Dios sigue llevando a cabo su plan, incluso cuando parece estar en silencio.**

Finalmente, después de más de cuatrocientos años, ¿hablaría Dios de nuevo a su pueblo? ¿Actuaría de nuevo? Y, si es así, ¿cómo lo haría? ¿Ofrecería un mejor entendimiento de la ley (la expectativa de los fariseos)? ¿Eliminaría por fin este mundo de maldad (la expectativa de los de Qumrán)? ¿Levantaría a un rey poderoso para destruir a los gobernantes romanos paganos (la expectativa de la mayoría, incluidos los zelotes)? Conocer las historias del pueblo judío nos ayuda a ponernos en sus "sandalias" a medida que comenzamos a escuchar una nueva historia, narrada por los autores del Nuevo Testamento: una historia que no solo cambiaría la historia universal, sino también la historia de cada individuo que aceptara su mensaje.

PALABRAS Y CONCEPTOS CLAVE

(en orden de su aparición destacada en el texto)

1. período intertestamentario
2. Diáspora
3. sinagogas
4. helenización
5. LXX/Septuaginta
6. Antíoco IV
7. Matatías
8. Judas Macabeo
9. macabeos
10. asmoneos
11. Janucá
12. samaritanos
13. Monte Gerizim
14. fariseos
15. Mishná
16. saduceos
17. Sanedrín
18. esenios
19. Qumrán
20. Rollos del Mar Muerto
21. zelotes
22. Apócrifos
23. pseudoepígrafos
24. literatura apocalíptica
25. judaísmos
26. Herodes el Grande
27. siglos de silencio

RECURSOS CLAVE PARA PROFUNDIZAR EN EL ESTUDIO

Bruce, F. F. *New Testament History*. Nueva York: Galilee/Doubleday, 1983.

Jeffers, J. S. *The Greco-Roman World of the New Testament Era: Exploring the Background of Early Christianity*. Downers Grove, IL: InterVarsity Press, 1999.

McRay, J. *Archaeology and the New Testament*. Grand Rapids: Baker, 1999.

Nota

1. Josefo, *La guerra de los judíos*, trad. Jesús M. Nieto Ibáñez (Madrid: Gredos, 1999), 5.222-223.

MATEO

¿Quién?

Los autores de los Evangelios no se mencionan a sí mismos por su nombre. Sin embargo, los manuscritos griegos más antiguos contenían el título: "El Evangelio según Mateo". Papías, un obispo de Hierápolis del siglo II, afirmó esta identificación con las siguientes palabras: "Mateo compuso los oráculos consecuentemente en el dialecto hebreo y todos los tradujeron según su mejor esfuerzo". Los eruditos han debatido ampliamente las referencias de Papías al "dialecto hebreo". Aunque algunos piensan que implica que Mateo fue escrito originalmente en hebreo o en arameo antes de ser traducido al griego, la mayoría concuerda en que significa que fue escrito con un estilo de escritura hebreo. Aunque no tenemos respuestas certeras a estas preguntas, los padres de la iglesia identifican de forma unánime a Mateo, el recaudador de impuestos, como el escritor del primer Evangelio.

¿Cuándo?

Irineo, el padre de la iglesia del siglo II, fechó Mateo al inicio de los años sesenta del siglo I. De la misma manera, la creencia unánime de los padres de la iglesia a partir del siglo II es que el Evangelio de Mateo fue escrito antes de la persecución romana de mediados de los años sesenta. Otros eruditos actuales prefieren una fecha posterior ya que las alusiones de Jesús a la destrucción de Jerusalén (Mt. 24) apuntan a una fecha posterior al 70 d. C.

¿Dónde?

No existe un consenso respecto al lugar donde fue escrito Mateo. Los padres de la iglesia consideraban que Mateo escribió en Palestina, mientras que las opiniones contemporáneas varían desde Palestina hasta Siria y Alejandría.

¿Por qué?

Mateo escribió para identificar, defender y promover a Jesús de Nazaret como el Mesías davídico que cumplió el Antiguo Testamento. El Evangelio de Mateo relata la historia de la genealogía de Jesús, de su nacimiento, su bautismo, sus tentaciones, su ministerio en Galilea, su viaje a Jerusalén, su arresto, su juicio, su crucifixión, su resurrección y su ascensión, de manera que los primeros cristianos pudieran conocer la historia de su Señor, seguirlo con más obediencia y hacer discípulos a semejanza suya, tal como Él los había llamado a hacer. Por otro lado, los que no lo siguieran, incluyendo judíos, enfrentarían el juicio.

EL EVANGELIO DE MATEO

Edward P. Meadors

Versículos clave

Todo esto aconteció para que se cumpliese lo dicho por el Señor por medio del profeta (Mt. 1:22).

No penséis que he venido para abrogar la ley o los profetas; no he venido para abrogar, sino para cumplir (Mt. 5:17).

Buscad primeramente el reino de Dios y su justicia, y todas estas cosas os serán añadidas (Mt. 6:33).

Toda potestad me es dada en el cielo y en la tierra. Por tanto, id, y haced discípulos a todas las naciones (Mt. 28:18-19).

MATEO...

- deseaba llamar a todos al *arrepentimiento*;
- demostró que Jesús era el *Mesías davídico*;
- anhelaba mostrar que el ministerio de Jesús *cumplía el Antiguo Testamento*;
- quería que las *enseñanzas de Jesús* cambiaran el estilo de vida de las personas;
- anunció que el *reino de los cielos* había llegado en Jesús;
- se preocupaba por la *iglesia*;
- confirmó quién era Jesús mediante la historia de su *muerte* y *resurrección*.

Mateo deseaba llamar a todos al *arrepentimiento*.

Juan el Bautista preparó el camino para Jesús en Mateo, Marcos, Lucas y Juan: los cuatro Evangelios. La importancia de Juan el Bautista está ligada directamente con su llamado al arrepentimiento: "Arrepentíos, porque el reino de los cielos se ha acercado" (Mt. 3:2). Vestido con pelo de camello y cinturón de cuero, Juan el Bautista tomó el papel de un profeta inspirado por el Espíritu Santo (ver 2 R. 1:8; Mal. 4:5-6) para hacer regresar al pueblo de Israel a su verdadero Dios y Rey. Este llamado al arrepentimiento también sería una parte importante de la misión y del propósito de Jesús (ver 4:17).

<table>
<tr><td colspan="1">Panorama de Mateo</td></tr>
<tr><td>Relato del nacimiento de Jesús y su preparación para el ministerio (1–4)</td></tr>
<tr><td>El Sermón del monte (5–7)</td></tr>
<tr><td>Jesús demuestra autoridad (8–10)</td></tr>
<tr><td>Jesús enfrenta la oposición (11–12)</td></tr>
<tr><td>Clímax del ministerio de Jesús en Galilea (13–18)</td></tr>
<tr><td>El ministerio de Jesús en Jerusalén (19–25)</td></tr>
<tr><td>La Pasión y la resurrección (26–28)</td></tr>
</table>

¿Qué quiso decir Juan el Bautista cuando llamó a los judíos a arrepentirse?

1. El **arrepentimiento** implicaba *volverse* del pecado y comprometerse de nuevo a la fidelidad y a una lealtad renovada al señorío de Dios.

2. El arrepentimiento implicaba un compromiso a un estilo de vida de servicio fructífero para Dios: "Haced, pues, frutos dignos de arrepentimiento" (3:8).

3. El arrepentimiento requería un cambio en la manera de pensar; una persona arrepentida entiende que su seguridad no está en su identidad como judío ni en su crianza, sino únicamente en su relación personal con Dios (3:9-10).

Jesús respaldó por completo el llamado de Juan el Bautista al arrepentimiento. Su bautismo por mano de Juan en el río Jordán marcó un ejemplo de humildad y de obediencia que luego llamaría a sus discípulos a poner por obra. Juan el Bautista y Jesús sabían que Dios llama a su pueblo a ser santo porque Él es santo (Lv. 19:2). Por tanto, con gran valentía, llamaron a su generación al arrepentimiento por respeto al día venidero del juicio de Dios (ver 11:20-21; 12:41). Todo esto fue hecho en cumplimiento de la expectativa judía de que, cuando el Mesías llegara, habría un énfasis renovado en la santidad y en la obediencia (Ez. 11:18-21; 36:24-36; Zac. 14:21).

Mateo demostró que Jesús era el Mesías *davídico*

"Libro de la genealogía de Jesucristo, hijo de David, hijo de Abraham" (1:1).
Esta afirmación inicial establece el tono del resto del Evangelio de Mateo. El
autor quería demostrar con precisión la identidad de Jesús como el Mesías
davídico que cumplió el pacto abrahámico (Gn. 12; 15). Como tal, la **genealogía** de Mateo pone especial énfasis en el origen *davídico* de Jesús al repetir el
nombre de David en cinco ocasiones en 1:1-17. Este énfasis davídico en Mateo
puede ser contrastado con el de Lucas, quien enfatizó el origen *humano* de
Jesús al comenzar la genealogía de su Evangelio, no con Abraham, el padre de
los judíos, sino con Adán, el padre de toda la humanidad.

La palabra *Mesías* significa "ungido". Como equivalente hebreo de la
palabra griega **Cristo**, Mesías es usado de forma intercambiable con este
otro término para referirse a Jesús en el Nuevo Testamento. El nombre
Jesús, que significa "Jehová es salvación" o "Jehová salva", era la transliteración griega del nombre veterotestamentario (= del Antiguo Testamento)
Josué (una transliteración es cuando una palabra extranjera es escrita en
las letras correspondientes del alfabeto de otro idioma). En el siglo I, el
nombre Jesús era muy común entre los hombres judíos. Por lo tanto, los
cristianos sintieron la necesidad de diferenciar a su Jesús de otros que llevaban el mismo nombre. Lo hicieron, en parte, uniendo los títulos de Mesías
y Cristo al nombre de Jesús. El Jesús a quien adoraban era Jesucristo o
Jesús el Mesías.

El origen del concepto mesiánico viene de la antigua promesa de Dios
a David, que se encuentra en 2 Samuel 7:8-14 y se repite en Salmos 2:7 y
89:3-4, 19-20. Dios prometió a David que levantaría, del linaje de David,
a un descendiente que reinaría sobre el trono de David para siempre, que
edificaría una "casa" para Dios (el templo) y que se relacionaría con Dios
como un hijo con su padre. Incluso después del exilio de Israel, cuando
ya no había un rey judío sobre el trono, el recuerdo de esta promesa
de Dios a David persistió y, con el tiempo, produjo promesas proféticas
de un futuro liberador davídico. Los profetas con escritos, como Isaías,
Jeremías y Ezequiel, profetizaron que este rey venidero era la esperanza
de Israel (Is. 9:6-7; 11:1-5; Jer. 23:5-6; Ez. 34:23-24). Mateo identifica a
Jesús como el cumplimiento de estas promesas cuando llamó a Jesucristo
el **Hijo de Dios**.

El título más frecuente que Jesús usó de sí mismo fue **Hijo del Hombre**, que aparece en treinta ocasiones en Mateo. El término *Hijo del Hombre*

designa a Jesús como la figura autoritativa mencionada en Daniel 7:13-14. Jesús se asoció directamente con esa figura en Mateo 26:64 cuando predijo: "desde ahora veréis al Hijo del Hombre sentado a la diestra del poder de Dios, y viniendo en las nubes del cielo". La gran ironía del evangelio fue que Jesús se despojó temporalmente de su poder y autoridad sobrenaturales para salvar a pecadores mediante su muerte humilde: "el Hijo del Hombre no vino para ser servido, sino para servir, y para dar su vida en rescate por muchos" (Mt. 20:28).

> Hoy, Mateo nos recordaría de la importancia crítica de conocer la verdadera identidad de Jesús.

A Mateo, en verdad le preocupaba que sus lectores comprendieran por completo todo el significado de la identidad de Jesús. Cuando Él apareció, llegó como Cristo, Hijo de Dios, Hijo del Hombre y, en última instancia, como Dios mismo en la carne: "He aquí, una virgen concebirá y dará a luz un hijo, y llamarás su nombre **Emanuel**, que traducido es: Dios con nosotros" (Mt. 1:23). ¡Qué verdad tan profunda! Mateo quería que sus lectores entendieran el carácter de Dios mediante la vida y el ministerio de Jesús. Fue Dios "con nosotros" en Jesús cuando lavó los pies de sus discípulos, comió con publicanos y pecadores y, finalmente, sufrió y murió como sacrificio en la cruz.

Mateo anhelaba mostrar que el ministerio de Jesús *cumplía el Antiguo Testamento*

De los autores de los Evangelios, Mateo fue quien más explícitamente alertó a sus lectores sobre el **cumplimiento** de Jesús de las **promesas** del Antiguo Testamento. La frase: "Todo esto aconteció para que se cumpliese lo dicho por el Señor por medio del profeta", o una similar, aparece diez veces en Mateo para enfatizar este cumplimiento (1:22-23; 2:15, 17-18, 23; 4:14-16; 8:17; 12:17-21; 13:35; 21:4-5; 27:9-10; todas estas, menos una, aparecen solo en Mateo).

En algunos contextos, Mateo presentó a los predecesores veterotestamentarios como prefiguras o anticipos de Jesús. A menudo, los eruditos se refieren a comparaciones entre Jesús y sus contrapartes veterotestamentarias como *tipologías*. Por ejemplo, la tentación de Jesús en el desierto durante cuarenta días (4:1-11) nos recuerda el peregrinaje de Israel por el desierto durante cuarenta años o los cuarenta días de Elías cuando anduvo errante (1 R. 19:8). En última instancia, como el verdadero Rey de los judíos, Jesús vino como la encarnación o representación de lo que Israel debió haber sido: un fiel hijo y socio en el pacto de Dios. Por esta razón, en el relato del nacimiento de Jesús, Mateo lo coloca sutilmente en el lugar que originalmente pertenecía a Israel: "De Egipto llamé a mi Hijo" (2:15). Mientras que Israel fue un "hijo" infiel en el sentido colectivo (ver Os. 11:1), Jesús fue un Hijo fiel y obediente en el sentido individual y mesiánico.

Como el Mesías, Jesús absorbió las responsabilidades de Moisés y de los profetas, pero también los reemplazó para cumplir la promesa de aquel que vendría como Moisés (Dt. 18:15-18), el que consumaría el pacto de Dios con la nación de Israel. Al igual que Moisés guio al pueblo de Israel del cautiverio de Egipto a la tierra prometida, así también Jesús libraría a sus seguidores del pecado y los llevaría a la salvación del reino de los cielos.

> **Mateo retaría a los cristianos de hoy a estudiar el Antiguo Testamento para ver cómo Jesús cumplió las antiguas promesas de Dios.**

Así pues, Mateo presentó a Jesús como el cumplimiento de profecías específicas, pero también como el cumplimiento de las esperanzas e instituciones religiosas más amplias de Israel. Fue en este segundo sentido que Jesús cumplió el pacto abrahámico como "hijo de Abraham" (1:1). También fue en este sentido más amplio que Mateo, en un solo capítulo (cap. 12), dijo que Jesús cumplió la *monarquía* de Israel como uno que es "más que Salomón", cumplió la religión *sacerdotal* de Israel como uno que es "mayor que el templo" y cumplió la tradición *profética* de Israel como uno que es "más que Jonás". Los contemporáneos de Jesús consideraron estas declaraciones extremadamente radicales, porque ¡afirmaban que Jesús era más grande que el hijo literal y biológico de David (Salomón) y más grande que el lugar donde los judíos creían que Dios moraba con su pueblo (el templo)! Claramente, Mateo edificó su Evangelio sobre el fundamento teológico de las Escrituras hebreas. Cuanto más entendamos el Antiguo Testamento, mejor comprenderemos la importancia de Jesús como nos la presentan las páginas de Mateo.

Mateo quería que las *enseñanzas de Jesús* cambiaran el estilo de vida de las personas

¿Puedes imaginar el entusiasmo de los cristianos del siglo I por aprender lo que Jesús creía y enseñaba? Ellos habrían estado agradecidísimos por la forma en que Mateo organizó la enseñanza de Jesús en su Evangelio. Mateo organizó esta información en cinco bloques de enseñanza que concluyen con una fórmula de transición: "cuando terminó Jesús estas palabras [...]" (Mt. 7:28; 11:1; 13:53; 19:1; 26:1). El contenido de cada sección puede definirse de la siguiente manera:

Capítulos 5–7:	El discipulado
Capítulo 10:	El evangelismo y las misiones
Capítulo 13:	Parábolas sobre el reino de los cielos
Capítulo 18:	La relación entre los discípulos
Capítulos 24–25:	El futuro

El discipulado

El énfasis de Mateo en el **discipulado** se extiende por todo el Evangelio y culmina en lo que ha sido denominado la **"Gran Comisión"**: "Por tanto, id, y haced discípulos a todas las naciones, bautizándolos en el nombre del Padre, y del Hijo, y del Espíritu Santo; enseñándoles que guarden todas las cosas que os he mandado" (28:19-20a).

Mateo estaba ansioso por explicar que las enseñanzas de Jesús no se desviaban de la ley de Moisés, sino que la cumplían según la intención original de Dios (5:17). La ley de Moisés contenía 248 mandamientos y 365 prohibiciones. Como si esto fuera poco, los maestros judíos elaboraron una ley oral en torno a la ley escrita, que la explicaba y definía con más detalle. Al final, la ley oral fue escrita y codificada alrededor del 200 d. C. en la *Mishná* ("la tradición"). En su enseñanza, Jesús debatió con los escribas y principales sacerdotes sobre una variedad de temas (como el ayuno, 9:14; el día de reposo, 12:2; el divorcio, 19:3; etc.). Sin embargo, Jesús introdujo una ley cumplida (la ley de Moisés) transformada por sus enseñanzas y ejemplo.

Mateo presenta el **Sermón del monte** (caps. 5–7) como un cuerpo de enseñanza autoritativa de Jesús que instruiría a sus seguidores a ser como Cristo. Las **Bienaventuranzas** (5:3-10) desafiaban a sus seguidores a adoptar el carácter de Jesús como el mensajero ungido de la salvación de Dios a los pobres (cp. Is. 61:1-4). Los discípulos debían adoptar los criterios de Jesús para el éxito y no los del mundo secular. Esto significaba que el discipulado tendría un costo. Los discípulos podrían experimentar pobreza, tristeza y persecución, tal como Jesús lo hizo, pero las recompensas eternas superarían con creces los costos temporales. Los discípulos experimentarían el gozo de ser pacificadores, el perdón y el agrado diario de Dios como Padre en su vida, antes de llegar a ser ciudadanos eternos del reino de los cielos.

Al adoptar el carácter de Jesús y su perspectiva eterna, los discípulos se convertirían en sal y luz de un mundo insípido y oscuro. Las **seis antítesis** de Mateo 5 revelaban cuán radical era su enseñanza. Estas seis afirmaciones comienzan con la frase: "Oísteis que fue dicho" y luego concluyen con las palabras: "Pero yo os digo" (5:21, 27, 31, 33, 38, 43). Estas revelan que el estándar cristiano para la conducta ya no era la ley de Moisés ni cualquier otro estándar aceptable en la cultura popular. La norma cristiana era totalmente diferente: la santidad de Dios mismo ejemplificada en la vida de Jesús. "Sed, pues, vosotros perfectos, como vuestro Padre que está en los cielos es perfecto" (5:48).

Era de importancia vital para Mateo que los cristianos entendieran su llamado a ser hijos de Dios que viven imitando a Jesús. Jesús mismo se refirió a Dios el Padre en sesenta ocasiones en Mateo, diecisiete de las cuales aparecen en el Sermón del monte (caps. 5–7). Así pues, Jesús instruyó a sus discípulos a orar así: "Padre nuestro que estás en los cielos" (6:9). Detrás de la referencia de Jesús a Dios el Padre se encuentra el nombre arameo *Abba* (el arameo era la lengua materna de Jesús). La referencia a Dios como *Abba* era inusual entre los judíos del siglo I, pero se convertiría en una característica importante del entendimiento de los primeros cristianos sobre la salvación (ver Ro. 8:15; Gá. 4:6). El término *Abba* significaba dos cosas al mismo tiempo: Dios era la autoridad paterna absoluta, pero también era íntimamente personal.

En repetidas ocasiones, Jesús enseñó a sus discípulos a evitar la hipocresía y a adorar a Dios con sinceridad, de corazón. La oración, las limosnas y el ayuno no debían ser actuaciones religiosas externas con el objetivo de ganarse la admiración humana, sino más bien actos sinceros de devoción que Dios recompensaría en privado (6:1-24).

En última instancia, Mateo quería que sus lectores supieran que todo dependía de la obediencia a la enseñanza de Jesús. Por tanto, el Sermón del monte concluye con la parábola de los dos cimientos, que representa a los que rechazan la enseñanza de Jesús como hombres

> **Mateo estaría preocupado de que algunos cristianos sean más influenciados por la cultura popular que por las enseñanzas de Jesucristo.**

necios que edificaron su casa sobre la arena, en contraste con los sabios que edificaron su casa sobre un fundamento de roca (7:24-27).

El evangelismo y las misiones

Mateo explicó que Jesús llamó a doce discípulos y les dio autoridad para continuar el ministerio de Él. Es interesante que la misión de los discípulos replicaba la de Jesús en casi todos sus detalles: ellos echaron espíritus malignos, sanaron enfermedades, predicaron el reino de los cielos, resucitaron muertos y limpiaron leprosos (10:1-8). Al igual que la misión de Jesús, la misión de los discípulos provocó persecución, pero ellos podían descansar en la promesa de Jesús de que el Espíritu Santo los capacitaría durante tiempos de crisis (10:18-20).

El considerable poder y autoridad de los discípulos debe ser entendido ante el trasfondo del principio semítico de la *Shaliah*, que afirmaba que las personas enviadas llevaban la autoridad del que las había enviado. En este contexto, Jesús dijo a sus discípulos: "El que a vosotros recibe, a mí me recibe; y el que me recibe a mí, recibe al que me envió" (10:40).

Parábolas sobre el reino de los cielos

Jesús eligió enseñar con historias sencillas, cortas y simbólicas llamadas **parábolas.** Estas historias comunicaban ideas abstractas sobre el reino de los cielos mediante ilustraciones tomadas de la vida diaria en Palestina, como las semillas de mostaza, la cizaña, la levadura, las redes de pescar, las ovejas, etc. Las parábolas de Jesús distinguían con claridad a quienes aceptaban su mensaje de quienes no lo hacían. En este sentido, los contrastes de Jesús entre tierra buena y tierra mala (13:3-23), buen grano y cizaña (13:24-30), peces buenos y peces malos (13:47-50) y ovejas y cabras (25:31-46) se entienden con facilidad. Mateo incluyó estas parábolas en su Evangelio para reforzar su afirmación de que *todo* dependía de la respuesta personal a Jesús y al reino de los cielos. El costo es total, pero el rendimiento de la inversión es eternamente superior: "el reino de los cielos es semejante a un tesoro escondido en un campo, el cual un hombre halla, y lo esconde de nuevo; y gozoso por ello va y vende todo lo que tiene, y compra aquel campo" (13:44).

La relación entre los discípulos

"En aquel tiempo los discípulos vinieron a Jesús, diciendo: ¿Quién es el mayor en el reino de los cielos?" (18:1). Al contrario de lo que pudieran haber esperado, Jesús respondió que el mayor entre los discípulos sería el que sirviera de forma sacrificial como Jesús lo había hecho (20:26-28). Los más grandes mandamientos, afirmó Jesús, eran amar a Dios y amar al prójimo (22:34-40). Por tanto, los discípulos debían ser caracterizados por una pureza moral sin compromisos (18:7-9), por un evangelismo incansable hacia los perdidos (18:10-14), por un perdón constante (18:15-19) y por una gracia sin límites (18:21-35). Jesús priorizó lo más importante desde una perspectiva eterna: (1) la relación de una persona con Dios y (2) la relación de una persona con otros.

El futuro

Para Mateo, no era importante que los lectores tuvieran detalles cronológicos específicos respecto al futuro: "del día y la hora nadie sabe, ni aun los ángeles de los cielos, sino solo mi Padre" (24:36). No obstante, Mateo sí quería informar a los cristianos de las enseñanzas de Jesús sobre el futuro. El evangelista relató que Jesús predijo la destrucción del templo (24:2), las futuras hambrunas y persecuciones (24:7-9) y la venida de los falsos profetas (24:24). Lo más importante fue que Jesús afirmó que regresaría en el futuro: "Entonces aparecerá la señal del Hijo del Hombre en el cielo; y entonces lamentarán todas las tribus de la tierra, y verán al Hijo del Hombre viniendo sobre las nubes del cielo, con poder y gran gloria. Y enviará sus ángeles con gran voz de trompeta, y juntarán a sus escogidos, de los cuatro vientos, desde un extremo del cielo hasta el otro" (24:30-31).

El propósito de la enseñanza de Jesús sobre el futuro no era establecer una cronología exacta, sino ofrecer confianza y valentía a sus seguidores durante los tiempos difíciles de opresión. Aunque sí habían sido llamados a tomar su cruz de forma sacrificial (16:24), lo hicieron con la certeza de que su victoria futura en Jesús estaba asegurada por Dios.

Mateo afirmaría que, aunque el estándar de santidad de Dios es alto, Él también es un Dios perdonador que nos ama apasionadamente.

Mateo anunció que el *reino de los cielos* había llegado en Jesús

Cuando Abraham entró en una relación de pacto con Dios en el Antiguo Testamento, se dio por hecho que Dios sería rey sobre Abraham y sus descendientes para siempre. Por lo tanto, al principio, la idea de un rey humano fue desagradable para el profeta Samuel y para Dios mismo (1 S. 8:7).

Desafortunadamente, Israel rechazó a Dios como rey al cometer idolatría y asimilar los bajos estándares éticos de sus vecinos en el Cercano Oriente. Por estas razones, Dios entregó a Israel al exilio y al cautiverio: primero el reino de Israel en el norte en el 722 a. C. y luego el reino de Judá en el sur en el 586 a. C.

Los siglos que precedieron a la época de Jesús se vieron caracterizados por la subyugación perpetua de Israel a un imperio foráneo tras otro: Asiria, Babilonia, Persia, Alejandro Magno y los griegos, los ptolomeos y los seléucidas. Solo durante el período macabeo (166-63 a. C.) los judíos se gobernaron a sí mismos. No obstante, tristemente, los gobernantes macabeos fueron líderes egoístas, ambiciosos y sin principios que provocaron divisiones y un colapso nacional. Contra esta oposición dividida, Pompeyo y los romanos tuvieron pocas dificultades para invadir Jerusalén en el 63 a. C. Así fue como César Augusto de Roma tenía poder sobre Israel cuando Jesús nació (entre el 5 y el 4 a. C.).

Con esta historia como trasfondo, Jesús llegó con la misión de restaurar a Dios como el verdadero Rey en el corazón y en la mente del pueblo de Israel: "Mas buscad primeramente el reino de Dios y su justicia, y todas estas cosas os serán añadidas" (6:33). Así pues, Mateo presentó a Jesús predicando y enseñando sobre el *reino de Dios* (= el gobierno de Dios como rey) más que ningún otro tema.

Mateo usó frases como el **"reino de los cielos"** y el **"reino de Dios"** de forma intercambiable para referirse al gobierno de Dios como rey en la salvación y en el juicio punitivo. Aunque se han hecho intentos por distinguir los dos, el contenido de Mateo indica que el "reino de los cielos" y el "reino de Dios" son esencialmente sinónimos en el uso que les da Mateo.

Dimensiones presentes del reino: Los milagros y exorcismos de Jesús

En ocasiones, Jesús parece indicar que ha instaurado el reino de Dios en el presente; en otras, parece indicar que el reino sigue siendo una realidad futura. En el presente, Él considera que Dios ejerce su poder como rey mediante Jesús para exorcizar demonios y hacer sanaciones milagrosas:

> Pero si yo por el Espíritu de Dios echo fuera los demonios, ciertamente ha llegado a vosotros el reino de Dios (12:28).

> Respondiendo Jesús, les dijo: Id, y haced saber a Juan las cosas que oís y veis. Los ciegos ven, los cojos andan, los leprosos son limpiados, los sordos oyen, los muertos son resucitados, y a los pobres es anunciado el evangelio (11:4-5).

Estos dichos notables muestran cómo Jesús estaba realizando en verdad la obra de Dios. Algunos pasajes de trasfondo, como Isaías 35:3-6, ilustran que Jesús estaba cumpliendo actos específicos de salvación que los antiguos profetas esperaban que Dios hicieran en el día de su venida. Por su parte, el mensaje de Mateo fue que Jesús era Emanuel, "Dios con nosotros", y estos milagros eran evidencia de que el día de la salvación de Dios había llegado. Una vez más, Dios estaba obrando para llevar su reino a su pueblo. Como lo descubrimos antes, el arrepentimiento, la fe y la obediencia resultante eran las únicas respuestas apropiadas a este cumplimiento.

Un fragmento importante descubierto entre los **Rollos del Mar Muerto** refuerza aún más este mensaje radical. El texto, conocido como 4Q521 (el fragmento número 521 descubierto en la cueva 4 en Qumrán), ha revelado que la secta de **Qumrán**, un grupo judío que abandonó Jerusalén y fue a vivir cerca del Mar Muerto, esperaba que Dios realizara en el futuro un patrón de milagros notablemente similar a los que Jesús mencionó en Mateo 11:4-5 (= Lc. 7:22): la sanación de ciegos, sordos y mudos, la resurrección de muertos y la predicación de buenas nuevas a los pobres. Lo que los habitantes de Qumrán esperaban que Dios hiciera en el futuro, Jesús estaba haciendo en el presente; así pues, Él demostró, mediante sanaciones y exorcismos, que el reino de los cielos había llegado.

Dimensiones futuras del reino

Sin embargo, Jesús no afirmó que el reino de Dios había llegado por completo en su obra terrenal… eso sucedería en el futuro. Por tanto, en el Padre Nuestro enseñó que sus discípulos debían orar: "Venga tu reino" (6:10). Al hacerlo, Jesús enseñó a sus discípulos a orar por la venida de un aspecto del reino que no había llegado aún. De la misma manera, advirtió a sus oponentes del juicio que vendría en el futuro reino de Dios: "os digo que vendrán muchos del oriente y del occidente, y se sentarán con Abraham e Isaac y Jacob en el reino de los cielos; mas los hijos del reino serán echados a las tinieblas de afuera; allí será el lloro y el crujir de dientes" (8:11-12). En concordancia con los contrastes subyacentes de sus parábolas, Jesús anticipó en 8:11-12 una división futura de todas las personas. Sus seguidores fieles experimentarían en el reino un banquete que recordaba Isaías 25:6-9, pero sus obstinados oponentes experimentarían exclusión de los beneficios del reinado de Dios. Ellos experimentarían la angustia de la separación eterna de Dios. Incluso los líderes judíos recibieron la advertencia de que, si rechazaban a Jesús como Mesías, "el reino de Dios será quitado de vosotros, y será dado a gente que produzca los frutos de él" (21:43).

El reino inaugurado

Mateo deja claro que el **reino** de Dios es tanto presente como futuro; ha sido **inaugurado,** pero no plenamente consumado. Es común escuchar que las personas enfaticen o bien los aspectos futuros, o bien los aspectos presentes del reino, y que dejen de lado el otro. Sin embargo, estos dos harmonizan por completo a la luz de la naturaleza eterna de Dios. Como la esfera del gobierno de Dios, su reino ilustra su carácter en todos los aspectos. Ya que el Dios *eterno* no puede ser confinado a las categorías de pasado, presente y futuro, lo mismo es verdad de la esfera del gobierno de Dios, el reino de Dios.

> Si Mateo estuviera aquí hoy, estaría preocupado porque muchos cristianos no ponen el reino de Dios en primer lugar.

Para ilustrar bien este punto, tenemos las parábolas del sembrador (13:1-23), de la cizaña (13:24-30), de la semilla de mostaza (13:31-32) y de la levadura (13:33). Estas parábolas describen el reino, no como un evento en un punto específico del tiempo, sino como una realidad continua y viva que demanda una respuesta de obediencia en el presente en anticipo de los actos futuros de Dios en el juicio y en la salvación.

El reino de Dios y la autoridad mesiánica de Jesús

Jesús pudo enseñar y predicar con autoridad sobre el reino de Dios porque Él era el Hijo mesiánico de Dios y el Hijo del Hombre. En la tierra, Él ejerció la autoridad única atribuida a "uno como un hijo de hombre" en Daniel 7:14: "su dominio es dominio eterno, que nunca pasará, y su reino uno que no será destruido". Para Mateo, era de importancia vital que sus lectores escucharan este mensaje de manera que pudieran tener la oportunidad de arrepentirse de su pecado y llegar a conocer los beneficios salvadores del gobierno de Dios en su vida.

Mateo se preocupaba por la *iglesia*

Se ha dicho que Mateo es el Evangelio de la iglesia. Aunque esta afirmación pueda ser un poco exagerada dado su silencio sobre asuntos como la estructura, la organización y el liderazgo jerárquico de la iglesia, Mateo sí es el único Evangelio que usa la palabra *ekklesía* (la palabra griega para iglesia, de la que obtenemos el término *eclesiología*, el estudio de la iglesia). No hay duda de que Mateo estaba preocupado por la comunidad de los creyentes y por la forma en que se relacionaban entre sí. Mateo documentó el uso de Jesús del término "iglesia" en dos ocasiones (16:18; 18:17).

> Respondiendo Simón Pedro, dijo: Tú eres el Cristo, el Hijo del Dios viviente. Entonces le respondió Jesús: Bienaventurado eres, Simón, hijo de Jonás, porque no te lo reveló carne ni sangre, sino mi Padre que está en los cielos. Y yo también te digo, que tú eres Pedro, y sobre esta roca edificaré mi iglesia; y las puertas del Hades no prevalecerán contra ella. Y a ti te daré las llaves del reino de los cielos; y todo lo que atares en la tierra será atado en los cielos; y todo lo que desatares en la tierra será desatado en los cielos (16:16-19).

> Si no los oyere a ellos, dilo a la iglesia; y si no oyere a la iglesia, tenle por gentil y publicano. De cierto os digo que todo lo que atéis en la tierra, será atado en el cielo; y todo lo que desatéis en la tierra, será desatado en el cielo (18:17-18).

En 16:16-19, Mateo reforzó lo que Jesús ya había revelado en 11:25-27: que conocer a Jesús como el Cristo, el Hijo de Dios, era un don de Dios, de lo alto. El evangelio no era un descubrimiento al que las personas podían llegar por medios humanos; era un don que Dios revelaba mediante Jesús, como un padre que revela un secreto a su hijo. Mateo estaba ansioso por afirmar que entender la verdadera identidad de Jesús no era un asunto trivial; al contrario, la fe en Jesús como el Mesías, el Hijo del Dios viviente, era el fundamento mismo de la iglesia. Pedro y los que compartían su fe siempre derivarían su unidad y autoridad de esta fe distintiva.

Mateo 18:17-18 explica que las decisiones de la iglesia en la tierra tienen consecuencias *eternas* en la vida de los que aceptan o rechazan la enseñanza de Jesús. Esta continuidad entre el juicio humano y el destino celestial parece a los lectores contemporáneos una autoridad sorprendente de la iglesia, en especial dados los abusos que a veces vemos en ella, tal como la conocemos hoy. Sin embargo, debemos recordar que esta enseñanza en Mateo presupone que la iglesia actúa de forma responsable y legítima solo cuando lo hace en conformidad con la autoridad suprema de Jesús (28:18) y del espíritu de enseñanza que se encuentra en todo el Evangelio de Mateo y en 18:15-18 en específico. Lo que determina el "atar y desatar" (es decir, el juicio o la salvación) en Mateo 16:19 y 18:18 no es un pronunciamiento arbitrario de la iglesia, sino una decisión auténtica a favor o en contra del evangelio según las propias palabras de Jesús: "A cualquiera, pues, que me confiese delante de los hombres, yo también le confesaré delante de mi Padre que está en los cielos. Y a cualquiera que me niegue delante de los hombres, yo también le negaré delante de mi Padre que está en los cielos" (10:32-33). La responsabilidad que tiene la iglesia de proclamar el evangelio no puede ser más grande: "El que a vosotros recibe, a mí me recibe; y el que me recibe a mí, recibe al que me envió" (10:40).

> **Mateo nos retaría a volver a encender nuestra consciencia de que el ministerio en la iglesia tiene una importancia *eterna*.**

Mateo confirmó quién era Jesús mediante la historia de su *muerte y resurrección*

La confesión de Pedro de que Jesús era "el Cristo, el Hijo del Dios viviente" (16:16) marca una transición en Mateo entre el ministerio de Jesús en Galilea y su entrada final a Jerusalén, donde sería crucificado y resucitaría. Mateo señaló: "Desde entonces comenzó Jesús a declarar a sus discípulos que le era necesario ir a Jerusalén y padecer mucho de los ancianos, de los principales sacerdotes y de los escribas; y ser muerto, y resucitar al tercer día" (16:21).

Al igual que los demás evangelistas, Mateo dejó claro que los discípulos de Jesús no entendieron este cambio. Jesús era el Mesías ungido, el Hijo de David acreditado que echaba fuera demonios y que hablaba con una autoridad sin igual. Él portaba todas las marcas de la esperanza de Israel para un liberador político y militar: un rey que liberara físicamente a Israel de Roma, tal como había librado Judas Macabeo a Judá de los seléucidas paganos casi dos siglos atrás. ¿Cómo es que Jesús iría intencionalmente a Jerusalén, la ciudad que mataba a los profetas (23:37) sabiendo que sería acusado falsamente, arrestado y enjuiciado ante líderes corruptos, para después ser humillado públicamente, torturado y ejecutado mediante la pena capital más dolorosa que los romanos habían inventado? Según las expectativas judías, esto era impensable y, sin embargo, esta era precisamente la intención de Jesús: "He aquí subimos a Jerusalén, y el Hijo del Hombre será entregado a los principales sacerdotes y a los escribas, y le condenarán a muerte; y le entregarán a los gentiles para que le escarnezcan, le azoten, y le crucifiquen; mas al tercer día resucitará" (20:18-19). No es de sorprender que los discípulos estuvieran confundidos, dado que su interpretación de las profecías del Antiguo Testamento los llevaba a esperar un rey político que gobernara físicamente sobre Israel.

La entrada triunfal de Jesús en Jerusalén

Con esta resolución, Jesús entró de forma intencional a Jerusalén sobre una asna (la **entrada triunfal**). Este acto simbólico valió más que las palabras más profundas porque, en el tiempo de la pascua, cuando esto sucedió, los peregrinos judíos subían de pie por la cuesta que llevaba a Jerusalén por respeto a la ciudad y en memoria de los eventos sagrados del éxodo. De manera que, cuando Jesús entró en Jerusalén sobre una asna, "toda la ciudad se conmovió, diciendo: ¿Quién es este?" (21:10). Mateo reconoció esta pregunta como la más fundamental, por lo que de nuevo apeló al Antiguo Testamento, que predecía estratégicamente que el rey de Israel un día entraría en Jerusalén "humilde, y cabalgando sobre un asno" (Zac. 9:9; Mt. 21:5). Así, Mateo afirmó que Jesús era en verdad un rey, aunque diferente del tipo de Rey mesiánico que el pueblo esperaba.

La purificación del templo

Luego, Jesús realizó otro acto radical, la **purificación del templo**. Después de entrar en el templo, expulsó a los cambistas que se enriquecían con los cambios de monedas y las ventas de animales para el sacrificio. Para exponer la corrupción de tales prácticas (¡un ejemplo exacto de Mt. 6:24!), Jesús pronunció la acusación de Jeremías 7:11: "vosotros la habéis hecho [es decir, al templo] cueva de ladrones" (21:13). Con esta amonestación, Jesús señaló la necesidad urgente de una reforma en el templo. Sus actos de volcar las mesas de los cambistas y de expulsar a los comerciantes del templo colocó a Jesús en la tradición de los reyes piadosos de Judá, a quienes Mateo estratégicamente enfatiza como parte de la genealogía de Jesús (Uzías [1:9], Ezequías [1:9] y Josías [1:11]). Al igual que Ezequías y Josías, que purificaron el templo en su época, Jesús era un rey que se preocupaba por la adoración auténtica y reverente. Sus seguidores no podían adorar al mismo tiempo a Dios y al dinero (6:24). Debían buscar primeramente el reino de Dios.

La cena de la pascua

Antes de la crucifixión, la **cena de la pascua** de Jesús con sus discípulos fue el evento más importante para explicar la necesidad y el propósito de la muerte de Jesús. Mateo señaló que, después de haber dado instrucciones específicas para la preparación de la cena:

> Tomó Jesús el pan, y bendijo, y lo partió, y dio a sus discípulos, y dijo: Tomad, comed; esto es mi cuerpo. Y tomando la copa, y habiendo dado gracias, les dio, diciendo: Bebed de ella todos; porque esto es mi sangre del nuevo pacto, que por muchos es derramada para remisión de los pecados. Y os digo que desde ahora no beberé más de este fruto de la vid, hasta aquel día en que lo beba nuevo con vosotros en el reino de mi Padre (26:26-29).

Estas palabras revelaron la consciencia de Jesús de que su muerte debía ocurrir porque el perdón de pecados dependía de ella. Él había venido a Jerusalén para dar su vida como un sacrificio. Jesús encarnó lo que el cordero de la pascua solo podía simbolizar: un sacrificio efectivo y perfecto que expiara el pecado de Israel. La sangre que derramó sería la "sangre del nuevo pacto", que activaría sus promesas pronunciadas en Jeremías 31:31-34 y Ezequiel 36:22-37. Como el verdadero Rey de Israel, Jesús moriría por su pueblo en la cruz para poner a su disposición una nueva relación restaurada con Dios; Él sería una vez más su Dios y ellos serían su pueblo. Aunque no lo entendieron en ese momento, este mensaje se convertiría en el centro de las buenas nuevas que los discípulos de Jesús celebrarían perpetuamente en la Cena del Señor (ver 1 Co. 11:23-29).

Otra de las implicaciones de estas palabras es la consciencia de Jesús de que su muerte abriría el camino para que sus seguidores disfrutaran de una comunión

> Mateo, así como el resto de los autores del Nuevo Testamento, nos retarían a mantener nuestro enfoque principal en la salvación que Dios logró mediante la muerte y la resurrección de Jesús.

eterna con Él en el reino de Dios. Las comidas de Jesús con "publicanos y pecadores" (= **comunión a la mesa**) habían anticipado desde el principio este evento (Mt. 9:10). Al comer con los que antes habían sido excluidos por muchos judíos, Jesús estaba mostrándoles que, si lo seguían, también podían recibir perdón de pecados. Ahora, su muerte aseguraría una reservación en el reino de los cielos para todos los que quisieran seguir sus pisadas. De hecho, Él volvería a beber del fruto de la vid con sus discípulos, pero solo después de haber sufrido la muerte que le aguardaba.

El juicio de Jesús

El arresto, el juicio y la crucifixión de Jesús declararon con finalidad que el gobierno de Jesús era totalmente único. Su movimiento no era militar, como Él mismo lo confirmó decisivamente: "Vuelve tu espada a su lugar; porque todos los que tomen espada, a espada perecerán" (26:52). La ejecución de Jesús, al igual que todo el resto de su ministerio, cumplió la Escritura (26:54, 56) y obedientemente completó la misión que Dios el Padre le había dado (26:42). Para Mateo, era importante que sus lectores conocieran con certeza que las acusaciones contra Jesús eran falsas (26:59-60). Mateo eliminó toda duda de que Jesús era totalmente inocente de las acusaciones que lanzaron contra Él. Jesús sería un sacrificio sin pecado.

El juicio de Jesús constituyó el escenario definitivo para su testimonio personal. Cuando se le preguntó si era el Cristo, el Hijo de Dios, Jesús afirmó: "Tú lo has dicho" (26:64), pero Él no se detuvo allí, sino que añadió más detalles: "desde ahora veréis al Hijo del Hombre sentado a la diestra del poder de Dios, y viniendo en las nubes del cielo" (26:64). Esta revelación de Jesús combinó Daniel 7:13 con Salmos 110:1 para afirmar la autoridad sobrenatural de Jesús como Mesías. Para Mateo, esta revelación de sí mismo confirmó aun más la identidad de Jesús como Emanuel, "Dios con nosotros". La paradoja del Evangelio ahora llegaba a su clímax. El Hijo del Hombre acreditado e inocente estaba por entregar su vida por la humanidad pecadora.

Sin embargo, las autoridades religiosas no interpretaron los eventos de esta manera. Para ellos, las palabras de Jesús eran blasfemas y, por lo tanto, merecían la pena de muerte. Por esta razón, entregaron a Jesús a Pilato, el gobernador romano.

El juicio de Jesús ante Pilato brindó aún más oportunidades para el testimonio propio de Jesús. El gobernador, ansioso por descubrir si Jesús era una amenaza política considerable al César, le preguntó: "¿Eres tú el Rey de los judíos?" (27:11). Tal como antes, Jesús respondió concisamente, sin ambigüedades ni negativas: "Tú lo dices" (27:11). Sin embargo, Mateo dejó claro a sus lectores que, aunque Jesús confesó ser el Rey de los judíos, Pilato no lo consideró una amenaza militar real contra César. Pilato opinaba que las autoridades religiosas habían entregado a Jesús por envidia (27:18). Y, no obstante, al final Pilato cedió ante la presión popular y entregó a Jesús para ser azotado y crucificado.

La crucifixión de Jesús

Al igual que los demás evangelistas, Mateo relató la crucifixión de Jesús sin interpretaciones ni comentarios extensos. El evento mismo era el mensaje: Jesús fue azotado, despreciado, degradado, escupido y crucificado entre dos criminales. Los espectadores lo trataron como una función cómica, un rey falso que había sido expuesto como un fraude demente.

En el umbral de la muerte, las últimas palabras de Jesús repitieron en el idioma arameo la primera línea del Salmo 22: "Elí, Elí, ¿lama sabactani?", que significa: "Dios mío, Dios mío, ¿por qué me has desamparado?" (27:46). ¿Pretendía Jesús comunicar con estas palabras su separación de Dios mientras cargaba los pecados del mundo? ¿Se estaba identificando con el estado caído de la humanidad? ¿O tenía la intención de que su declamación de Salmos 22:1 detonara en sus oyentes recuerdos del resto del salmo y de su transición del lamento a la futura vindicación y esperanza (Sal. 22:19-31)? Lo que Mateo dejó claro fue que Dios actuó de forma sobrenatural para vindicar a Jesús y para certificar su verdadera identidad como Rey mesiánico de Israel. El escrito sobre la cruz que decía: "ESTE ES JESÚS, EL REY DE LOS JUDÍOS" (27:37) probó ser verdadero con los eventos apocalípticos del desgarre del velo del templo de arriba abajo, el terremoto, la apertura de las tumbas y el testimonio definitivo del centurión romano: "Verdaderamente este era Hijo de Dios" (27:51-54). Al relatar los eventos de esta manera, Mateo evidenció que la crucifixión fue un evento de importancia cósmica y sobrenatural.

La resurrección de Jesús

En última instancia, fue crucial para Mateo que su Evangelio fuera entendido como las "buenas nuevas" definitivas. El sufrimiento de la cruz dio lugar al descubrimiento misterioso y emocionante de que Jesús era vencedor, no solo sobre el pecado, sino también sobre la muerte. El gobierno de Dios como rey que se había manifestado en la enseñanza, la predicación y los milagros de Jesús ahora destrozaba por completo la concepción humana de la realidad, al resucitar a Jesús de entre los muertos. ¡El Creador había ejercido su soberano poder creativo para volver a crear y resucitar! Al hacerlo, Dios continuó la vindicación de Jesús como el Mesías verdadero de Israel que cumplió las Escrituras y encarnó perfectamente la voluntad de Dios para su pueblo del pacto.

Las autoridades aseguraron cuidadosamente la tumba con un sello y con una guardia (27:65-66), pero las medidas humanas probaron ser impotentes ante el propósito soberano de Dios:

> Y hubo un gran terremoto; porque un ángel del Señor, descendiendo del cielo y llegando, removió la piedra, y se sentó sobre ella. Su aspecto era como un relámpago, y su vestido blanco como la nieve. Y de miedo de él los guardas temblaron y se quedaron como muertos. Mas el ángel, respondiendo, dijo a las mujeres: No temáis vosotras; porque yo sé que buscáis a Jesús, el que fue crucificado. No está aquí, pues ha resucitado, como dijo. Venid, ved el lugar donde fue puesto el Señor (28:2-6).

Después de haber resucitado, Jesús se apareció a las mujeres que visitaron la tumba vacía y, luego, a los once discípulos. Al reconocer finalmente a Jesús por quien era en verdad, las mujeres y los discípulos lo adoraron (28:9, 17). Mateo escribió esto, completamente consciente de su potencial radical y divisivo. En el mundo judío, la adoración pertenecía solo a Dios, aunque en el mundo romano, la adoración a reyes humanos estaba reservada únicamente para el César. Este era precisamente el mensaje de Mateo. Como Emanuel, "Dios con nosotros", Jesús era la encarnación del verdadero Dios y rey de Israel, tal como lo probaba su resurrección de entre los muertos. Al escuchar este evangelio, solo hay una respuesta posible: arrepentimiento, fe y, ahora, ¡adoración!

> Si Mateo estuviera aquí hoy, seguiría asombrado y se uniría a nosotros en adorar a Dios por levantar a Jesús de entre los muertos.

Resumen

Mateo testificó que el Jesús histórico estaba vivo y activo hoy en la vida de los miembros del pueblo de Dios, a quienes ha llamado para hacer discípulos semejantes a Cristo en todas las naciones (28:18-20). El Evangelio de Mateo insta a los lectores a buscar primeramente a Dios, conscientes de las desilusiones efímeras de las inseguridades terrenales. La "buena nueva" de Mateo es que Dios ha ejercido su incomparable poder para derrotar el pecado y la muerte mediante la vida, el ministerio, la muerte y la resurrección de Jesucristo, el Rey de los judíos, "Dios con nosotros".

PALABRAS Y CONCEPTOS CLAVE
(en orden de su aparición destacada en el texto)

1. Juan el Bautista
2. arrepentimiento
3. genealogía
4. Mesías/Cristo
5. Hijo de Dios
6. Hijo del Hombre
7. Emanuel
8. promesa y cumplimiento
9. tipología
10. discipulado
11. Gran Comisión
12. *Mishná*
13. Sermón del monte
14. Bienaventuranzas
15. seis antítesis
16. *Abba*
17. *Shaliah*
18. parábolas
19. reino de Dios/reino de los cielos
20. Rollos del Mar Muerto
21. Qumrán
22. reino inaugurado
23. entrada triunfal
24. purificación del templo
25. cena de la pascua
26. comunión a la mesa

RECURSOS CLAVE PARA PROFUNDIZAR EN EL ESTUDIO

Blomberg, Craig L. *Mateo*. NCANT. Bellingham: Editorial Tesoro Bíblico, 2021.

Keener, Craig S. *A Commentary on the Gospel of Matthew*. Grand Rapids: Eerdmans, 1999.

Wilkins, Michael J. *Mateo*. CBANVI. Nashville: Vida, 2016.

MARCOS

¿Quién?

Remitente: La información más temprana que tenemos sobre la autoría de este Evangelio viene de Papías, un líder de la iglesia primitiva en Asia Menor (la Turquía moderna) durante las primeras décadas del siglo II. Otros padres de la iglesia concordaron unánimemente con él. Según Papías, este Evangelio fue escrito por Marcos[1], quien no fue seguidor de Jesús durante su ministerio terrenal, sino que colaboró con el apóstol Pedro, que sirvió como fuente de información para el Evangelio de Marcos.

Papías probablemente se refiere a **Juan Marcos**, un colaborador tanto de Pablo como de Pedro y sobrino de Bernabé, que aparece en el libro de los Hechos (12:12, 25; 13:5, 13; 15:37-39) y en varias epístolas del Nuevo Testamento (Col. 4:10; Flm. 24; 2 Ti. 4:11; 1 P. 5:13). Marcos abandonó al equipo en el primer viaje misionero de Pablo, pero luego se convirtió en un participante activo y efectivo en la obra misionera de la iglesia. Pedro habló de Marcos como un colaborador cercano durante su ministerio en Roma.

Destinatarios: La mayor parte de la audiencia de Marcos debió de haber estado compuesta por cristianos gentiles, ya que Marcos vio necesario explicar costumbres judías (7:3-4) y traducir expresiones arameas (5:41; 15:34). Probablemente, tenían algo de experiencia sufriendo por causa de Jesús, ya que Marcos hace repetidas referencias a la persecución en su Evangelio (4:17; 8:34-38; 10:30; 13:9) y asumió que su audiencia podía entender la afirmación de Jesús de que el mundo los aborrecería por su compromiso con Él (13:13).

¿Cuándo?

La tradición temprana respecto a la fecha del Evangelio de Marcos está dividida; algunas evidencias señalan a una fecha poco después[2] o poco antes de la muerte de Pedro.[3] Pedro murió en Roma durante la persecución de Nerón contra los cristianos en el 65 d. C. Por lo tanto, Marcos pudo haber escrito su Evangelio en algún punto entre el final de la década de 50 d. C. y la década de 60 d. C. La mayor parte de los eruditos contemporáneos creen que Marcos fue el primer Evangelio que se escribió y que Mateo y Lucas lo usaron como fuente para escribir el suyo.

¿Dónde?

Marcos escribió su Evangelio, probablemente, en la ciudad de Roma. No solo la tradición temprana de la iglesia señala en esta dirección, sino que también 1 Pedro 5:13 ubica a Marcos junto con Pedro en Roma a principios de la década de 60 d. C.

¿Por qué?

Marcos escribió para documentar las buenas nuevas sobre Jesús y para llamar a otros a seguirlo con devoción y sacrificio.

EL EVANGELIO DE MARCOS

Joel F. Williams

Versículos clave

En gran manera se maravillaban, diciendo: bien lo ha hecho todo; hace a los sordos oír, y a los mudos hablar (Mr. 7:37).

Y llamando a la gente y a sus discípulos, les dijo: Si alguno quiere venir en pos de mí, niéguese a sí mismo, y tome su cruz, y sígame (Mr. 8:34).

Porque el Hijo del Hombre no vino para ser servido, sino para servir, y para dar su vida en rescate por muchos (Mr. 10:45).

> ## MARCOS...
>
> - se preocupaba profundamente por relatar la *historia* de Jesús;
> - anhelaba que las personas *siguieran a Jesús* y el patrón de su vida;
> - descubrió esperanza y significado en el *reino de Dios.*

Marcos se preocupaba profundamente por relatar la *historia* de Jesús

La historia de Jesús y nuestra historia

Marcos tenía un don para contar historias. El Evangelio de Marcos es narrativa histórica, un relato sobre personas y eventos reales. Sin embargo, la forma del libro sigue siendo la de una historia y su escritor la relató con maestría.

Panorama de Marcos

Ministerio de Jesús en Galilea (1:1–8:21)

Enseñanza de Jesús sobre el discipulado en el camino (8:22–10:52)

Ministerio de Jesús en Jerusalén (11:1–16:8)

Una historia bien narrada puede invitarte a entrar en su mundo. ¿Alguna vez has leído una historia y te has preguntado cómo sería ser un personaje en la trama? No obstante, cuando terminas de leer el libro, te levantas y regresas a la historia de tu propia vida. Parte del impacto de un libro así es que te mueve, al menos por un tiempo, a entrar en la historia.

Sin embargo, el Evangelio de Marcos es más que una historia bien narrada, pues afirma presentar la historia que definió a *todo* el mundo para *siempre*. Marcos relató la historia de Jesús, el único Mesías verdadero de Dios, quien nos mostró compasión y dio su vida por nosotros. Jesús abrió el camino para que cualquiera pudiera seguirlo, de manera que podamos aprender a amar a Dios y a otros, tal como Él lo hizo, y a vivir con sacrificio y servicio, como Él. El Evangelio de Marcos tiene poder porque nos invita a vivir dentro de su historia y a nunca abandonarla, a hacer encajar nuestra propia historia en la historia más grande de Jesús.

Marcos era todo un experto en incluir detalles intrigantes. En su Evangelio, por ejemplo, cuatro hombres *hicieron una abertura* en el techo para poder bajar a su amigo paralizado hasta Jesús (2:4). En su relato de la alimentación de los cinco mil, Jesús ordenó a la muchedumbre a sentarse sobre la hierba *verde* antes de alimentarlos (6:39). El Evangelio de Marcos es más corto que los demás Evangelios del Nuevo Testamento, en parte porque contiene menos eventos, pero, en especial, porque contiene menos enseñanzas de Jesús. Sin embargo, los eventos mismos normalmente son descritos con mayor detalle. Por ejemplo, las tres historias de milagros en el capítulo 5 de Marcos abarcan cuarenta y tres versículos, mientras que, en Mateo, los mismos tres episodios abarcan tan solo dieciséis versículos.

Las paradojas e ironías agregan un nivel más profundo de significado al Evangelio de Marcos. Marcos documentó la historia del Mesías que fue crucificado, del Hijo amado que fue abandonado por el Padre, pero que también fue el Señor resucitado. Jesús enseñó la paradoja de que el que toma la posición más baja, la de un esclavo, es de hecho quien se vuelve más importante

(9:35; 10:43-44). Los que pierden su vida por causa de Jesús encuentran la vida verdadera (8:35). Según Marcos, los líderes religiosos se burlaron de Jesús con estas palabras mientras moría en la cruz: "A otros salvó, a sí mismo no se puede salvar. El Cristo, Rey de Israel, descienda ahora de la cruz, para que veamos y creamos" (15:31b-32a). La ironía es que Jesús salvó a otros precisamente porque *no* descendió de la cruz. Los que ven y creen en este Rey moribundo encuentran salvación en Él.

Marcos contrapuso diferentes episodios y los conectó para forzar comparaciones y contrastes. Por ejemplo, el relato del juicio de Jesús está intercalado con las negaciones de Pedro (14:53-72). Ante falsas acusaciones, Jesús habló la verdad sobre su identidad al sumo sacerdote, aunque esto conduciría a su muerte. Pedro, por otro lado, ante acusaciones verdaderas, mintió sobre su identidad a la criada del sumo sacerdote para salvar su vida. Jesús, que habló la verdad, fue condenado y azotado, mientras que Pedro, que mintió, salió libre y lloró.

El Mesías, el Hijo de Dios

Jesús es el personaje central de la historia de Marcos y este tenía una profunda preocupación por explicar quién era Jesús y lo que había venido a hacer. Marcos comienza su relato con las palabras: "Principio del evangelio de Jesucristo, Hijo de Dios" (1:1). En esta presentación, Marcos usó dos títulos para identificar a Jesús (Cristo e Hijo de Dios), que tienen ambos sus raíces en el Antiguo Testamento. Marcos no aclara de inmediato el significado de estos títulos; el resto de la historia es la aclaración. Sin embargo, el trasfondo veterotestamentario de estos títulos ayuda a explicar parte de lo que habrían significado para Marcos.

Cristo era el equivalente griego de la palabra hebrea *Mesías* y ambos términos significan "ungido". En el Antiguo Testamento, los sacerdotes (Éx. 29:7, 21), los profetas (1 R. 19:16) y los reyes (1 S. 10:1) eran ungidos con aceite para demostrar que habían sido comisionados por Dios para una labor especial. De estas tres categorías, Marcos enfatizó que Jesús era el Rey de Israel; creía que Jesús, como el Cristo, era el Rey prometido del linaje de David que materializaría el reino de Dios y su gobierno sobre el pueblo de Dios (10:47-48; 11:9-10; 12:35; 15:2, 9, 12, 18, 26, 32).

De manera similar, "**Hijo de Dios**" era un título mesiánico de la realeza. En el Antiguo Testamento, el rey, el descendiente de David, era descrito como el Hijo de Dios (2 S. 7:8-16; Sal. 2:1-12; 89:19-29). Dios prometió que establecería para siempre el reinado de David y que nunca retiraría su amor de su descendiente. Dios sería para él un padre y él sería para Dios un hijo (2 S. 7:12-16). De manera que "Hijo de Dios" era un título mesiánico de la realeza.

No obstante, era más que un simple sinónimo para "Cristo", porque también enfatizaba la relación cercana entre el rey ungido y Dios mismo. En su Evangelio, Marcos mostró que Jesús tenía una relación única con Dios. Jesús habló el mensaje de Dios (1:14; 9:7), siempre obedeció su voluntad (14:36) y, al igual que Dios mismo, tenía la autoridad para perdonar pecados (2:5-12). Al final, Jesús sería exaltado a una posición de autoridad única a la diestra de Dios (12:36; 14:62).

En el curso de su historia, Marcos resaltó la manera en que las personas llegaron a reconocer a Jesús como Cristo y como Hijo de Dios al incluir dos confesiones; es decir, dos afirmaciones importantes sobre la identidad de Jesús. En el clímax de la primera mitad de la historia, **Pedro** hizo su **confesión** respecto a Jesús: "Tú eres el Cristo" (8:29). La respuesta de Jesús fue instruir a sus discípulos sobre su futuro sufrimiento, muerte y resurrección. Jesús era el Mesías, pero no sin la cruz. En el punto culminante de la segunda mitad de la historia, el **centurión** hizo su **confesión** al presenciar la muerte de Jesús: "Verdaderamente este hombre era Hijo de Dios" (15:39). El que es de la fe puede ver que Jesús es el Hijo de Dios, incluso (o quizás, especialmente) en el momento de su muerte.

Mandatos de silencio

Una de las características sorprendentes del Evangelio de Marcos es su llamado **secreto mesiánico**. Aunque Jesús era el Mesías y el Hijo de Dios, en varias ocasiones mandó a otros no dar a conocer su identidad. En tres contextos diferentes, Él dio mandatos de silencio y, al parecer, tuvo un propósito diferente en mente en cada uno de estos contextos individuales. Primero, Jesús ordenó a los demonios que callaran cuando lo identificaron como el Hijo de Dios (1:24-25, 34; 3:11-12; cp. 5:7-8). Aparentemente, Jesús no necesitaba o no quería el testimonio de los demonios para demostrar que era el Hijo de Dios.

Segundo, Jesús ordenó a sus discípulos no hablar sobre su carácter mesiánico sino hasta después de la resurrección (8:29-30; 9:9). Probablemente, la intención de Jesús no era tanto mantener su estatus como Mesías en secreto, sino más bien evitar que fuera malinterpretado. Fue difícil para los discípulos entender la necesidad de la muerte y de la resurrección de Jesús (p. ej.: 8:30-33) y Jesús debió de haber reconocido que sería casi imposible para ellos comprender su tarea mesiánica hasta que estuviera terminada. Por lo tanto, les pidió que guardaran silencio hasta después de su resurrección.

Tercero, en varias ocasiones, Jesús mandó a los que se beneficiaban de su poder sanador que se guardaran de hablar de lo que había sucedido, en especial los que fueron sanados en contextos privados (1:43-45; 5:43; 7:36-37; 8:26). Los mandamientos en esta categoría técnicamente no son parte de un secreto mesiánico porque no sirvieron para ocultar la identidad de Jesús, sino más bien su poder milagroso. También contrastan con los mandamientos en las dos categorías anteriores porque fueron desobedecidos en repetidas ocasiones (1:45; 7:36). Tal vez, Jesús dio estos mandamientos a los que fueron sanados para evitar algunas de las consecuencias negativas de la publicidad innecesaria de su poder milagroso. En el Evangelio de Marcos, las multitudes a menudo "se agolpan" en torno a Jesús, lo que volvía más difícil que lograra ciertos aspectos de su misión como predicar el mensaje del reino (1:35-39) y pasar tiempo con sus discípulos (3:20; 6:30-31). Por lo tanto, Jesús pudo haber buscado disminuir las demandas de la multitud con estos mandatos de silencio a los que habían sido sanados en privado.

Sufrimiento, muerte y resurrección

¿Qué significa que Jesús sea el Mesías y el Hijo de Dios? Marcos respondió esa pregunta con la historia de Jesús y dividió su presentación en dos mitades. En respuesta a la confesión de Pedro (8:31-32), Jesús comenzó a hablar claramente sobre su futuro sufrimiento, muerte y resurrección. Esta nueva enseñanza sirvió como punto de inflexión y comenzó la segunda mitad de la historia. De muchas maneras, la descripción de Jesús en la primera mitad del Evangelio de Marcos contrasta con su descripción en la segunda mitad. Sin embargo, para entenderlo correctamente, es necesario ver toda la historia completa.

> Marcos pensaría que es irónico que los que Jesús sanaba y ordenaba que callaran anunciaban las buenas nuevas, mientras que hoy, los que tienen el mandato de esparcirlas, a menudo callan.

En la primera mitad de su Evangelio, Marcos enfatizó el poder milagroso de Jesús y su autoridad en la enseñanza. Jesús llegó a Galilea, proclamando un mensaje de buenas nuevas de Dios sobre la cercanía de su reino (1:14-15). Cuando Jesús llamó a los discípulos a seguirlo, estos inmediatamente dejaron atrás sus familias y ocupaciones para estar con Él (p. ej.: 1:16-20). Viajó por toda Galilea, enseñando en varias sinagogas y, después, en lugares abiertos, cuando las multitudes crecieron demasiado. Enseñó con gran autoridad, en contraste con los demás maestros religiosos de su época (1:22). Este ejercicio de autoridad condujo a la oposición de los líderes religiosos, pero, cuando intentaban discutir con Jesús, Él siempre los superaba en el debate (p. ej.: 2:1–3:6). Además de enseñar, Jesús también liberó a las víctimas atormentadas de posesiones demoníacas porque tenía control sobre los espíritus impuros (p. ej.: 1:23-27; 5:1-20). La enfermedad, la deformidad e incluso la muerte no podían soportar su poder (p. ej.: 1:29-30; 3:1-6; 5:35-43). Jesús tenía autoridad sobre la naturaleza, de manera que podía calmar las tempestades (4:35-41), multiplicar alimentos (6:30-44; 8:1-9) y caminar sobre las aguas (6:45-52). Las personas quedaban completamente estupefactas con Jesús y decían: "bien lo ha hecho todo" (7:37).

En la segunda mitad de su Evangelio, Marcos enfatizó el sufrimiento, muerte y resurrección de Jesús. El evangelista dirigió menos atención en esta segunda mitad a la enseñanza pública de Jesús y más a su enseñanza privada con sus discípulos. Con frecuencia, el tema de esta enseñanza privada fue su muerte venidera y las implicaciones de esta para sus seguidores (8:31-38). Marcos incluyó muchos menos milagros en la segunda mitad de su historia, solo la transfiguración (9:2-10), la liberación de un joven poseído (9:14-29), la sanación de un ciego (10:46-52) y la maldición de la higuera (11:12-14, 20-21). Sí resaltó el conocimiento sobrenatural de Jesús respecto al futuro, pero las profecías que incluyó fueron aleccionadoras. Las predicciones de Jesús se enfocaban en los detalles de su sufrimiento futuro (10:33-34), en el anticipo de la persecución de sus seguidores (13:9-13) y en el fracaso de sus discípulos antes de su muerte (14:27-31). En la segunda mitad de Marcos, Jesús continuó haciendo callar a sus oponentes en debates (12:13-34), pero la hostilidad hacia Él también creció. Al final, esta hostilidad condujo a su muerte (14:1-2, 10-11).

La mayor parte de la segunda mitad de la historia trata los eventos en torno a la muerte y resurrección de Jesús. De hecho, Marcos dedicó más de un tercio de su Evangelio a la última semana de Jesús (caps. 11–16). El espacio dedicado a estos eventos revela la extensión de su importancia para Marcos. Sin embargo, la historia no concluyó con la muerte de Jesús, sino con la tumba vacía, porque Dios vindicó a su Hijo al resucitarlo de entre los muertos.

Jesús enseñó a sus discípulos que los que parecían ser grandes en este mundo ejercían autoridad sobre los demás y recibían servicio de otros, pero que no debía ser así entre ellos (10:42-44). Ellos debían seguir sus pasos: "Porque el Hijo del Hombre no vino para ser servido, sino para servir, y para dar su vida en rescate por muchos" (10:45). Es importante entender juntas las dos mitades de la historia de Marcos para poder comprender tanto la majestad del poder de Jesús, ejemplificada en su enseñanza y milagros, como la profundidad de su sacrificio, ejemplificada en su muerte. Él vino con una autoridad suprema, pero no pidió ser servido. En cambio, su misión fue servir y dar su vida por nosotros.

El final abrupto de Marcos

El final del Evangelio de Marcos ha generado una importante cantidad de discusión y debate, sobre todo porque las copias supervivientes más antiguas no incluyen los versículos 9-20, sino que terminan en 16:8. La mayoría de los eruditos actuales creen que Marcos 16:9-20 no fue escrito por Marcos, no solo por la ausencia de esos versículos en los manuscritos más antiguos, sino también por su vocabulario único y por el extraño cambio narrativo al pasar del versículo 8 al 9. Si los versículos 9-20 fueron añadidos después por alguien que no fue Marcos, el resultado es que su Evangelio termina con la reacción de las mujeres al anuncio de la resurrección de Jesús por el ángel: "Y ellas se fueron huyendo del sepulcro, porque les había tomado temblor y espanto; ni decían nada a nadie, porque tenían miedo" (16:8).

¿Por qué terminaría el Evangelio de Marcos de manera tan abrupta? Hay tres explicaciones posibles. Una es que el final verdadero se ha perdido. Más tarde, algunos sintieron que la última parte del Evangelio faltaba y, por tanto, agregaron un pasaje adicional sobre las apariciones de Jesús después de su resurrección.

Una segunda explicación es que algún evento inesperado (como una enfermedad o encarcelamiento) evitó que Marcos terminara su Evangelio. Aunque dejó de escribir en 16:8, este no fue su final planeado.

Una tercera explicación es que el Evangelio termina en 16:8 precisamente porque ahí quiso terminarlo Marcos. El evangelista planeó terminarlo de una manera abrupta para forzar a sus lectores a reflexionar sobre las implicaciones de la resurrección. Aunque es difícil decidir entre estas tres opciones, la tercera probablemente requiere menos especulación histórica.

Los debates en torno al final del Evangelio de Marcos no deberían restar importancia a la resurrección para su relato. Para él, este confirmaba que Jesús era en verdad el Rey mesiánico. Las palabras de la acusación contra Jesús fueron clavadas sobre la cruz y decían así: "EL REY DE LOS JUDÍOS" (15:26). No solo los soldados romanos, sino también los líderes religiosos se habían burlado de Jesús, haciéndolo parecer un rey y un Mesías falso (15:16-20, 31-32). Sin embargo, la resurrección vindicó a Jesús y comprobó que era el verdadero Rey y Mesías de Dios.

Marcos anhelaba que las personas *siguieran a Jesús* y el patrón de su vida

La historia de los discípulos

Además de Jesús, los personajes que Marcos más resaltó fueron los discípulos. Marcos presentó su historia en tres etapas: (1) su seguimiento, (2) sus malentendidos y (3) su fracaso. Aunque Marcos habló de forma positiva de los discípulos al inicio de su Evangelio, tenía bien clara su fragilidad humana y las dificultades que tuvieron al seguir a Jesús. Como resultado, más que cualquier otro evangelista, Marcos también señaló la insuficiencia de los discípulos y utilizó esta ilustración negativa para llamar a otros a considerar con cuidado el costo de seguir a Jesús.

> Marcos nos recordaría que Jesús era el Rey de los judíos y que también es el Rey de nuestra vida.

Seguimiento

Marcos mostró que los discípulos estuvieron dispuestos a dejar todo por seguir a Jesús. Jesús llamó a cuatro pescadores a seguirlo para poder alcanzar personas para el reino de Dios en lugar de atrapar peces. Ellos inmediatamente abandonaron su fuente de sustento y su familia para estar con Jesús (1:16-20; cp. 2:13-14). En su momento, Jesús llamó a doce discípulos para estar con Él y formar parte de su ministerio (3:13-19). Más adelante, Jesús envió a estos discípulos a un viaje misionero de "corto plazo" para predicar el arrepentimiento y llevar sanidad y liberación a los necesitados (6:7-13). Su misión fue similar a la obra de Jesús y una extensión de ella. Esta descripción inicial de los discípulos hace que nos sea fácil identificarnos con ellos, pero esta identificación significa que sentiremos con más profundidad el peso de su fracaso al final de la historia.

Malentendidos

A partir del capítulo 4, Marcos comenzó a mostrar un lado negativo de los discípulos. El problema era su incomprensión creciente, su incapacidad por entender la identidad de Jesús y la extensión de su poder y su compasión. Marcos utilizó un patrón literario especialmente prominente en los capítulos 4–8, en una serie de tres escenas que incluyen barcas. En estos tres eventos, Jesús estuvo con sus discípulos en una barca en el Mar de Galilea: Él calmó la tormenta (4:35-41), caminó sobre las aguas (6:45-52) y tuvo una conversación sobre la levadura (8:14-21). Durante cada uno de estos episodios, los discípulos demostraron una falta de entendimiento y de fe. Su comportamiento durante la última de estas tres escenas fue especialmente preocupante. Después de todos los actos milagrosos y poderosos de Jesús, incluyendo su provisión de alimento para dos grandes multitudes, los discípulos estaban preocupados porque solo tenían un pan con ellos. Jesús les respondió con una serie de duras preguntas: "¿No entendéis ni comprendéis? ¿Aún tenéis endurecido vuestro corazón?" (8:17).

Marcos continuó el tema de los malentendidos de los discípulos en la sección principal de su Evangelio (8:22–10:52). En repetidas ocasiones, Jesús les enseñó sobre la necesidad de su muerte sacrificial, pero en cada ocasión, los discípulos no captaron las implicaciones de este evento para su propia vida (8:32-33; 9:32-34; 10:35-41). Ellos no consideraron el costo de seguir a Jesús y escogieron más bien buscar su propio estatus y reconocimiento. Ya que no siguieron por la senda del sacrificio y el servicio, estaban mal preparados para enfrentar el momento de crisis que se avecinaba.

Fracaso

En el capítulo 14, Marcos resaltó el **fracaso de los discípulos**. Mientras Jesús oraba en el huerto de Getsemaní, sometido a la voluntad del Padre, los discípulos dormían (14:32-42). En el arresto de Jesús, el momento que demandaba mayor sacrificio, los discípulos abandonaron su devoción a Él y huyeron (14:50). Solo Pedro lo siguió a la distancia hasta el patio del sumo sacerdote (14:54), pero, allí, negó tres veces conocer siquiera a Jesús (14:66-72). Marcos termina su historia de los discípulos con el llanto de Pedro por su fracaso (14:72) y no los incorpora de nuevo en su historia; solo los menciona de paso. Su desaparición del relato ilustra los resultados desastrosos de no contar el costo de la devoción a Jesús.

> **Marcos nos animaría y advertiría cuando fallamos, tal como Jesús lo hizo cuando sus discípulos fallaron.**

La descripción de Marcos de los discípulos ofrece aliento, pero también una advertencia. El aliento es que Jesús nunca se dará por vencido con sus discípulos. Él prometió que volvería a verlos después de su resurrección (14:27-28; cp. 16:7). El pastor reuniría de nuevo a sus ovejas descarriadas; restauraría la relación rota y devolvería a los discípulos al camino del servicio.

Jesús también predijo que el testimonio de los discípulos respecto a Él sería parte del proceso por el que el evangelio llegaría a las naciones. Predijo que sufrirían persecución a causa de su devoción a Él (10:39; 13:9-13). A pesar de los fracasos de los discípulos, al final se convertirían en "pescadores de hombres" (1:17). No obstante, la advertencia es real. Jesús llamó a sus seguidores a negarse a sí mismos y a estar listos a dar su vida por Él (8:34). Los llamó a una vida de servicio, no a una de reconocimiento y comodidad (9:35-37; 10:42-44). El fracaso aguarda a quienes no están preparados para responder a este llamado al discipulado.

El camino del discipulado

Marcos 8:22–10:52 es vital para la presentación de Marcos del discipulado. Dentro de esta sección, Marcos describe a Jesús en repetidas ocasiones "en el camino" (8:27; 9:33, 34; 10:17, 32, 46, 52). Él se encontraba de camino a Jerusalén, donde sufriría y moriría (10:32-33). En este trayecto, Jesús también enseñó sobre el **discipulado**, sobre el patrón de vida esperado de todos los que quisieran seguirlo.

En esta sección, Marcos organizó su material en torno a las tres predicciones de Jesús de su sufrimiento, muerte y resurrección (8:31; 9:31; 10:32-34). Cada predicción condujo a una acción de parte de sus discípulos que reveló su falta de entendimiento. Después de la primera, Pedro reprendió a Jesús en respuesta a su enseñanza sobre el sufrimiento del Mesías (8:32-33). Después de la segunda predicción, los discípulos discutieron sobre quién de ellos era el mayor (9:32-34). Después de la tercera, dos de sus discípulos, Jacobo (Santiago) y Juan, le piden a Jesús las posiciones más exaltadas en su reino (10:35-41). Esto enfureció a los demás discípulos porque ellos también codiciaban el mismo honor. En cada ejemplo de un malentendido, Jesús respondió enseñando sobre la naturaleza del verdadero discipulado (8:34-38; 9:35-50; 10:42-45).

¿Qué enseñó Jesús sobre el camino del discipulado? Él dijo: "Si alguno quiere venir en pos de mí, niéguese a sí mismo, y tome su cruz, y sígame" (8:34). Él llamó a la autonegación y hacer a un lado el enfoque central de la vida en uno mismo. Pidió a sus discípulos que tomaran su cruz. El gobierno romano usaba la crucifixión como una forma de ejecución pública. Como parte de este castigo, el prisionero condenado era obligado a cargar la viga transversal de su cruz al lugar de la ejecución. Por lo tanto, tomar su cruz significaba estar listos para sufrir y morir por Jesús en cualquier momento. Los discípulos deben seguir a Jesús y apropiar el patrón de su vida (8:31-34; 10:42-45). La promesa a quienes no se aferran a su propia vida y anhelos, sino que los entregan libremente por causa de Jesús, es que encontrarán la vida verdadera, una vida eterna que es más valiosa que cualquier otra cosa en este mundo (8:35-37; cp. 10:28-30): "todo el que pierda su vida por causa de mí y del evangelio, la salvará" (8:35).

> Marcos se regocijaría hoy al ver a cristianos que sirven a otros, en lugar de buscar que los sirvan.

Jesús también enseñó que sus seguidores deben ser siervos y esclavos de todos (9:35; 10:44). El verdadero seguidor de Jesús ya no es libre para vivir solo por sus propias necesidades y deseos, sino que está obligado a servir. La promesa de Jesús a los que toman una posición humilde, según el estándar de los valores del mundo, es que recibirán gran honra de parte de Dios (9:33-37; 10:42-44). Los primeros serán últimos, y los últimos, primeros (10:31). Los discípulos deben vivir con este tipo de sacrificio y **servicio** porque es la forma en que Jesús vivió. Él no vino para ser servido, sino para servir y dar su vida (10:45).

Marcos descubrió esperanza y significado en el *reino de Dios*

Ahora, pero todavía no

Marcos resumió la predicación de Jesús con las palabras: "El tiempo se ha cumplido, y el reino de Dios se ha acercado; arrepentíos, y creed en el evangelio" (1:15). Entender el reino de Dios es crucial para encontrarle sentido a la enseñanza de Jesús. Marcos presentó dos aspectos del reino: una forma futura y una presente. La venida futura del reino en poder nos da esperanza porque promete la liberación y la vindicación de los elegidos de Dios. La forma presente del reino ofrece significado porque muestra a los seguidores de Jesús cómo participar en la obra creciente de Dios en el mundo.

Primero, el **reino de Dios** es un reino *futuro* y visible. Es un lugar donde el gobierno de Dios es reconocido y dado por hecho, donde se podrá algún día vivir y actuar (14:25) y donde algunas personas podrán entrar (9:47; 10:15, 25). Este aspecto del reino es una realidad futura que algún día vendrá en poder (9:1; 11:10; 15:43). La venida futura del reino en poder se relaciona con la venida del Hijo del Hombre, que llegará en gran poder y gloria para juzgar a los malvados y reunir a los elegidos (8:38; 13:26-27; 14:62). Jesús afirmó que el reino estaba cerca (1:15). En otras palabras, que es inminente y está listo para suceder. La obra del Mesías mediante su muerte y resurrección fue el momento decisivo del plan de Dios para los siglos. Ahora, la venida del reino en poder puede suceder en cualquier momento, ya que es el siguiente evento principal en el programa divino. La respuesta apropiada al mensaje global del reino de Jesús es arrepentimiento y fe (1:15) y un amor de todo corazón hacia Dios y los demás (12:28-34).

Segundo, el reino de Dios es una realidad *presente* y oculta. Además de su predicación pública sobre la venida futura del reino, Jesús también enseñó en privado a sus seguidores sobre una forma del reino que era un misterio o secreto (4:10-12). Esta forma del reino era un misterio en el sentido de que antes había estado oculta, pero ahora había sido revelada por Jesús, de manera que sus seguidores pudieran entenderla y experimentarla en el presente. Este aspecto del reino sigue oculto de los que están fuera, de los que han rehusado aceptar la enseñanza de Jesús. La forma misteriosa del reino no es un reino externo y visible, sino una realidad espiritual presente. Las personas pueden experimentar el gobierno de Dios ahora mismo si reciben la verdad del evangelio.

Marcos hiló tres **parábolas sobre el reino**; es decir, metáforas o ilustraciones que aclaran la naturaleza de esta forma presente del reino (4:1-32). La parábola del sembrador mostró que el reino se extendería a medida que la gente recibiera la enseñanza de Jesús y que esa enseñanza diera fruto en su vida (4:1-20). Aunque muchos no aceptarían la palabra de Jesús, el reino seguiría extendiéndose porque una parte de la semilla caería en buena tierra. Algunos recibirían el mensaje de Jesús y, por lo tanto, obedecerían la voluntad de Dios (4:20; cp. 3:34-35). La parábola del crecimiento de la semilla, una historia única del Evangelio de Marcos, enseñó que el crecimiento del reino era una obra poderosa de Dios, no el resultado del esfuerzo y del ingenio humanos (4:26-29). El sembrador esparció la semilla, pero esta creció por sí misma y no por el esfuerzo del sembrador. La parábola de la pequeña semilla de mostaza reveló que el reino crecería más allá de toda expectativa (4:30-32). Aunque la comunidad de los que estaban unidos en su devoción a Jesús comenzó como un pequeño grupo, crecería hasta llegar a un tamaño completamente desproporcionado con sus humildes comienzos.

La venida del Hijo del Hombre

Marcos incluyó tan solo dos discursos de Jesús; es decir, dos secciones extensas de enseñanza: el discurso de las parábolas (4:1-34) y el discurso escatológico (13:1-37). En el primero, Jesús apuntaló su mensaje con mandatos a oír (4:3, 9, 23, 24) y, en el segundo, con mandamientos a estar alerta (13:5, 9, 23, 33; cp. 13:14, 29). El discurso de las parábolas trataba de la plantación de semillas y del crecimiento del aspecto presente del reino. El **discurso escatológico** trataba de la cosecha final que sucedería en el futuro cuando el Hijo del Hombre viniera en gran poder y gloria.

En su discurso escatológico, Jesús advirtió a sus discípulos del engaño y los llamó a siempre estar preparados para el final de los tiempos. Los discípulos querían una señal de manera que pudieran prepararse para los días de dificultades en el fin del siglo (13:4). Sin embargo, Jesús advirtió a sus discípulos que su anhelo por ver una señal los colocaba en una posición peligrosa, ya que podrían ser engañados por falsos profetas que se valieran de señales para obtener seguidores (13:5-8, 21-23). No obstante, las señales de los falsos profetas son simplemente las circunstancias normales de este difícil siglo presente (13:5-8). La venida del Hijo del Hombre sucedería de manera repentina y sin advertencia, de manera que la gente no podría prepararse para ella. Por lo tanto, los discípulos de Jesús *siempre* deben estar listos (13:32-37). Cuando Jesús regrese, reunirá a sus elegidos (13:26-27) y los librará de la persecución y de las crudas realidades de este siglo (13:9-13).

El título que Jesús usó para sí mismo al describir su futura venida fue el **"Hijo del Hombre"** (13:26). El trasfondo veterotestamentario para este título era Daniel 7:13-14, donde Daniel vio a "uno como un hijo de hombre" que venía con las nubes del cielo y recibía un reino eterno de manos del Anciano de días. En el Evangelio de Marcos, solo Jesús se refirió a sí mismo como el "Hijo del Hombre"; nadie más usó ese título para identificarlo. Jesús usó el título "Hijo del Hombre" en tres contextos diferentes: en frases que enfatizaban su autoridad presente en la tierra (2:10, 28); en frases que se enfocaban en su venida futura en poder (8:38; 13:26; 14:62); y en frases que predecían su sufrimiento, muerte y resurrección (8:31; 9:9, 12, 31; 10:33, 45; 14:21, 41). De nuevo, el rol mesiánico de Jesús no solo se definió en términos de autoridad y de realeza, sino también con referencia a su destino en la cruz.

La tarea presente

En el discurso escatológico, Jesús describió su venida y, además, las circunstancias difíciles para sus seguidores durante el siglo presente antes de su venida. El siglo presente está caracterizado por guerras, violencia y desastres (13:5-8). Es una época en la que los seguidores de Jesús serán aborrecidos, perseguidos y maltratados (13:9-13). No obstante, en medio de esta descripción de tiempos de agitación, también predijo que el evangelio sería proclamado en todas las naciones (13:10). La tarea presente para aquellos cuyas vidas han sido transformadas por las buenas nuevas sobre Jesús es participar en la proclamación del mensaje entre todas las naciones del mundo.

El evangelio enfrenta un mundo hostil. Los creyentes deben depender del Espíritu Santo y aprender a estar firmes mientras esperan la liberación y vindicación definitivas en la venida de Jesús (13:11, 13). En respuesta a la hostilidad, Marcos nunca sugirió cambiar el mensaje para hacerlo más aceptable ni desarrollar métodos más efectivos para producir éxitos más impresionantes. En cambio, señaló al ejemplo de Jesús, al patrón de autosacrificio y de servicio humilde. Ante la oposición, los seguidores de Jesús viven con devoción sacrificial y con una actitud de siervos hacia los que padecen necesidad.

> Si Marcos estuviera aquí hoy, probablemente se sorprendería de que la tarea de proclamar el evangelio a todas las naciones siga sin completarse.

El milagro sorprendente es que, a pesar de la oposición, la semilla esparcida encuentra buena tierra y crece. El evangelio de Jesús toca corazones receptivos y el reino oculto de Dios se extiende. La proclamación del evangelio, la senda del sacrificio y del servicio, el creciente reino de Dios… estas son las realidades que otorgan importancia a la vida de los que se encuentran en la historia de Jesús, el Mesías, quien murió en la cruz, pero resucitó y regresará algún día.

PALABRAS Y CONCEPTOS CLAVE

(en orden de su aparición destacada en el texto)

1. Juan Marcos	8. fracaso de los discípulos
2. Cristo	9. discipulado
3. Mesías	10. servicio
4. Hijo de Dios	11. reino de Dios
5. confesión de Pedro	12. parábolas sobre el reino
6. confesión del centurión	13. discurso escatológico
7. secreto mesiánico	14. Hijo del Hombre

RECURSOS CLAVE PARA PROFUNDIZAR EN EL ESTUDIO

Rhoads, David, Joanna Dewey y Donald Michie. *Mark as Story: An Introduction to the Narrative of a Gospel*. 3.ª ed. Minneapolis: Fortress, 2012.

Stein, Robert H. *Mark*. Baker Exegetical Commentary on the New Testament. Grand Rapids: Baker Academic, 2008.

Telford, William R. *The Interpretation of Mark*. 2.ª ed. Edinburgh: T & T Clark, 1995.

Notas

1. Documentado en Eusebio, *Historia de la iglesia*, 3.39.15.

2. Irineo, *Contra los herejes*, 3.1.1.

3. Clemente de Alejandría, citado en Eusebio, *Historia de la iglesia*, 4.14.6-7.

LUCAS

¿Quién?

Remitente: Aunque el escritor es anónimo, tanto el tercer Evangelio como los Hechos de los Apóstoles son atribuidos a Lucas por la tradición de la iglesia y por manuscritos que datan del siglo II. Lucas fue un médico gentil (= no judío) y colaborador del apóstol Pablo (Col. 4:14; Flm. 24; 2 Ti. 4:11).

Como gentil, probablemente originario de Antioquía de Siria y habitante de la ciudad gentil de Filipos (desde Hch. 16:11-12 hasta Hch. 20:5-6), Lucas mostró un interés especial en los gentiles, aunque tampoco ignoró las raíces veterotestamentarias del cristianismo.

Destinatarios: Ambos libros de Lucas fueron dedicados expresamente a un personaje, desconocido por otra parte, llamado Teófilo (Lc. 1:3; Hch. 1:1), probablemente el mecenas de Lucas que pagaba sus gastos editoriales. Sin embargo, al igual que otras dedicatorias de libros (tanto antiguos como modernos), esto no limita su audiencia.

¿Cuándo?

Aunque algunos sugieren que cada Evangelio fue simplemente escrito como una colección de historias que los creyentes relataban sobre Jesús ("tradiciones orales"), Lucas dice haber usado otros documentos escritos en su investigación (Lc. 1:1-4). Ya que el Evangelio de Lucas sigue una gran parte del formato y de la redacción de Marcos y de Mateo (estos tres se llaman **Evangelios "Sinópticos"** porque "ven juntos" la vida de Jesús), parece probable que Lucas escribiera su Evangelio después de los otros Evangelios Sinópticos, en especial el de Marcos, más corto y menos pulido. Lo más factible es que Lucas haya escrito tanto su Evangelio como su secuela, el libro de los Hechos, antes del 64 d. C. Para más información, ver el capítulo sobre los Hechos.

¿Dónde?

Lugares como Alejandría, Antioquía, Cesarea y Roma han sido sugeridos como posibles ubicaciones para Lucas (y sus primeros lectores) cuando escribió este Evangelio. El prólogo antimarcionita (siglo II) sugiere algún lugar en Acaya (Grecia del sur).

¿Por qué?

Al igual que otros Evangelios en el Nuevo Testamento, el de Lucas es una especie de biografía especializada que Lucas escribió como confirmación de fe en Jesucristo ("para que conozcas bien la verdad de las cosas en las cuales has sido instruido", Lc. 1:4). Los temas de especial interés para Lucas incluyen el plan de Dios y su actividad, Jesús como el Salvador de todas las personas, el Espíritu Santo, la oración, las vidas transformadas, las historias de gente marginada (p. ej.: mujeres, gentiles, oficiales gubernamentales) y el contraste entre la riqueza y la pobreza.

EL EVANGELIO DE LUCAS

Douglas S. Huffman

Versículos clave

Este es mi Hijo amado; a él oíd (Lc. 9:35).

El Hijo del Hombre vino a buscar y a salvar lo que se había perdido (Lc. 19:10).

Lucas (en su Evangelio) documentó con precisión *hechos históricos* reales

LUCAS (EN SU EVANGELIO)...

- documentó con precisión *hechos históricos* reales;
- identificó a Jesús como el *Hijo único* de Dios;
- proclamó la misión de Jesús de llevar la *salvación* de Dios;
- anunció la misión de Jesús de llevar la salvación de Dios a *todas las personas*;
- recordó a los discípulos de Jesús las *prioridades radicalmente diferentes* para la vida.

Los dos libros de Lucas en el Nuevo Testamento (el Evangelio de Lucas y los Hechos de los Apóstoles) claramente son de naturaleza histórica. Ahora bien, ¿por qué escribió Lucas estos libros? Como escritor cuidadoso, Lucas comenzó su escrito con una clara explicación de lo que planeaba documentar (1:1-4). Luego, conforme escribía, resaltó su preocupación por la precisión histórica de las siguientes formas: nombró personajes y eventos históricos (p. ej.: 1:5; 2:1-3; 3:1-2; 9:7-9; 13:1-5; 23:1-12), ofreció multitudes de testigos como referencia (p. ej.: 5:17-26; 6:17-19; 9:10-17; 12:1; 18:35-43; 19:37-40), detalló una genealogía y relaciones familiares (p. ej.: 3:23-38; 8:1-3, 19-20) y nombró lugares reales (p. ej.: 4:14-16, 31; 7:11; 18:35; 19:28-29; 21:37-38). Con el objetivo de confirmar la fe en Jesús (1:4), escribió sobre eventos históricos en lugares históricos que sus lectores habrían podido verificar.

<table>
<tr><td>Panorama de Lucas</td></tr>
<tr><td>Relatos de la infancia (1–2)</td></tr>
<tr><td>Preparación para el ministerio (3–4:13)</td></tr>
<tr><td>Ministerio temprano (4:14–9:50)</td></tr>
<tr><td>Relato del viaje (9:51–19:27)</td></tr>
<tr><td>Jesús en Jerusalén (19:28–23)</td></tr>
<tr><td>La resurrección (24)</td></tr>
</table>

Ahora bien, algunos eruditos (en especial quienes han asumido una fecha tardía para los escritos de Lucas) han cuestionado su precisión histórica. No obstante, en décadas recientes, un respeto renovado por la **precisión histórica** de Lucas ha sido apoyado por demostraciones de que los intereses teológicos de Lucas no anulan su confiabilidad histórica (p. ej.: I. H. Marshall y C. J. Hemer). Expertos de diversas áreas han reconocido que numerosos detalles de las obras de Lucas son precisos: la arqueología (p. ej.: William Ramsay), los viajes marítimos en Hechos (p. ej.: J. Smith), el antiguo derecho romano (p. ej.: A. N. Sherwin-White) y las descripciones de Lucas de las actividades de Pablo comparadas con las descripciones del propio Pablo en sus cartas (F. F. Bruce).

Un ejemplo de la precisión detallada de Lucas es su uso de títulos políticos correctos en una gran variedad de escenarios: "César Augusto" en todo el mundo romano (2:1; ver también Tiberio en 3:1 y Claudio en Hch. 11:28); "tetrarca" para referirse a Herodes Antipas (3:1, 19; 9:7), pero "rey" para referirse a Herodes el Grande, Herodes Agripa I y Herodes Agripa II (Lc. 1:5; Hch. 12:1; 25:13); "procónsul" en Chipre (Hch. 13:7); "magistrados" en la colonia romana de Filipos (Hch. 16:20); "autoridades de la ciudad" (lit. "politarcas") en Tesalónica (Hch. 17:6); "autoridades" (lit. "asiarcas"), "escribano" y "procónsules" en Éfeso (Hch. 19:31, 35, 38); y "hombre principal de la isla" en Malta (Hch. 28:7). Lograr escribir de forma correcta todos los títulos habría sido en extremo difícil en su época, dada la enorme extensión geográfica y cronológica que abarcan el Evangelio de Lucas y los Hechos. Sin embargo, no existe un solo lugar conocido en el que Lucas se haya equivocado en el uso de estos títulos, ni siquiera

> Lucas nos recordaría que la Biblia es útil precisamente porque es la Palabra verdadera de Dios que puede ser creída.

en forma anacrónica. Este nivel de precisión en puntos tan detallados nos inclina a confiar en la precisión de Lucas en otros también.

Lucas demostró que el cristianismo está fundamentado en eventos históricos reales porque un entendimiento preciso de la teología está basado en un entendimiento preciso de la historia. Los eventos históricos reales que documenta son parte de una serie más grande de acontecimientos dirigidos por Dios.

Lucas (en su Evangelio) identificó a Jesús como el *Hijo único* de Dios

Si, para Lucas, Jesús fue el personaje central de la historia, entonces ¿quién fue exactamente Jesús? Lucas elaboró la primera mitad de su Evangelio en torno a diferentes personajes que preguntaron sobre la identidad de Jesús (es decir, "¿Quién es este hombre?"; ver 5:17-26; 7:18-23; 7:36-50; 8:22-25; 9:7-9; y 9:18-21). Lucas quería que sus lectores se hicieran la misma pregunta para que pudieran encontrar la respuesta correcta. De hecho, justo antes del punto de inflexión de la historia, la voz de Dios anunció con claridad la respuesta definitiva a la pregunta de la identidad de Jesús: "Este es mi Hijo amado; a él oíd" (9:35; cp. Is. 42:1). Lucas no solo ofreció otras identificaciones directas de Jesús (1:31-32; 3:22; 9:20), sino que también mostró varias cosas únicas sobre Él.

Cumplimiento único de las Escrituras

Lucas estaba preocupado por mostrar que la fe cristiana tenía fuertes raíces en la fe veterotestamentaria del pueblo hebreo. Además de citar el Antiguo Testamento (en especial, la traducción griega del Antiguo Testamento, llamada la Septuaginta), Lucas a menudo escribió en un estilo bíblico; es decir, imitó el lenguaje, la terminología, el simbolismo y hasta los estilos literarios de los escritores del Antiguo Testamento. Para Lucas, Jesús era el Salvador prometido por el Antiguo Testamento y su historia debía ser contada de forma "bíblica".

Lucas enlistó muchas **profecías** del Antiguo Testamento que fueron **cumplidas** por Jesús (p. ej.: Lc. 4:16-21 citando Is. 61:1-2; Lc. 7:10-23 citando Is. 29:18-19; 35:5-6; 61:1; Lc. 7:27 citando Mal. 3:1; Lc. 22:37 citando Is. 53:12; cp. Lc. 18:31-32). Sin embargo, Lucas también llegó a afirmar que Jesús era Aquel sobre quien el Antiguo Testamento fue escrito y que el plan de Dios para la historia alcanzaba su clímax en Él (24:25-27, 44-47; cp.

Hch. 3:18-26; 10:43; 26:22-23). Por lo tanto, era importante para Lucas no solo arraigar la fe de los primeros cristianos en la del Antiguo Testamento, sino mostrar también que era el desarrollo definitivo de esta fe.

Nacimiento único

Lucas diseñó el inicio sin par de su Evangelio como una comparación de las historias de dos nacimientos inusuales: el de **Juan el Bautista** (1:5-25, 57-80) y el de Jesús (1:26-56; 2:1-52). Estas historias de nacimientos inusuales tienen varias similitudes. Tanto Juan el Bautista como Jesús nacieron de padres piadosos, pero poco probables (Juan de una pareja anciana y Jesús de una virgen); ambos recibieron anuncios angelicales con descripciones del ministerio futuro del niño; en ambos casos, el receptor del mensaje cuestionó lo que había escuchado; y el nacimiento de ambos niños resultó en alabanza, asombro y palabras inspiradas por el Espíritu.

> Si Lucas estuviera con nosotros, seguiría intentando convencernos de que Jesús es único.

A pesar de sus similitudes, las diferencias entre estas historias son destacables. Los padres de Juan eran una pareja casada mayor, pero Jesús nació de una virgen. Zacarías fue castigado con silencio cuando cuestionó la palabra del ángel, pero el cuestionamiento de María recibió una respuesta explicativa. Los vecinos y familiares cercanos celebraron el nacimiento de Juan, pero fue una mezcla extraña de pastores y de ángeles la que celebró el de Jesús. El Espíritu Santo llenaría a Juan el Bautista y obraría por medio de él, pero el Espíritu Santo concebiría a Jesús y determinaría su misma identidad: "por lo cual también el Santo Ser que nacerá, será llamado Hijo de Dios" (1:35). Lucas documentó un simple resumen de la infancia de Juan, pero ofreció un resumen extenso de la de Jesús, con una historia a manera de ejemplo que mostraba la consciencia precoz de Jesús sobre su identidad y su sentido de misión. Una conversación entre las madres, ya embarazadas, de Juan y de Jesús deja claro que Jesús era la figura más importante de la historia de Lucas y de toda la historia universal. Incluso el número de versículos empleados para relatarnos la historia de estos dos niños muestra que Juan el Bautista (cuarenta y cinco versículos) está subordinado a Jesús (ochenta y tres versículos). El mismo Juan era consciente de su lugar y de la importante diferencia entre sí mismo y Jesús (3:15-18; cp. Hch. 13:24-25).

La historia del Evangelio de Lucas trata sobre la persona única de Jesús. Y la respuesta de María, que al principio cuestionó la credibilidad del mensaje, pero al final lo aceptó en fe, fue el tipo de respuesta que Lucas quería que todos sus lectores tuvieran ante la persona de Jesús.

Requisitos únicos para el ministerio

En 3:1–4:13, Lucas cuidadosamente esbozó cuatro maneras adicionales en que Jesús cumplía requisitos únicos para su ministerio: (1) su precursor, (2) su bautismo, (3) su genealogía y (4) su capacitad para soportar la tentación.

1. Tanto Juan el Bautista como Jesús fueron siervos de Dios. Sin embargo, Juan fue el precursor que anunció la salvación venidera de Dios, mientras que Jesús fue el agente de Dios que, de hecho, trajo la salvación (cp. Hch. 13:23-25; 19:1-7). Ya que Juan el Bautista fue el precursor profetizado en el Antiguo Testamento que vendría antes del Mesías (ver Lc. 7:27-28), Lucas describió su ministerio como un cumplimiento de las Escrituras (3:3-6; cp. Is. 40:3-5). Después de siglos de silencio, el Espíritu de Dios estaba activo entre su pueblo. Una vez más, Dios estaba hablando a la humanidad.

2. De forma más condensada que ningún otro Evangelio, en tan solo dos versículos (3:21-22), Lucas narró un segundo requisito importante de Jesús para el ministerio: su **bautismo**. Al dejar al margen algunos detalles que se encuentran en otros Evangelios, como el lugar del bautismo, la renuencia inicial de Juan el Bautista, la frase sobre el Cordero de Dios y ¡hasta el nombre de Juan el Bautista!, Lucas se enfocó por completo en la identidad de Jesús. En su bautismo, Jesús se identificó con aquellos que quieren vivir de forma correcta. Dios respondió identificándose con Jesús: "Tú eres mi Hijo amado; en ti tengo complacencia".

3. Esta mención de Jesús como el Hijo de Dios introduce un tercer requisito único de Jesús para el ministerio: su **genealogía** (3:23-38). A diferencia de la genealogía más corta de Mateo, que comienza con Abraham (Mt. 1:1-17), Lucas registra una genealogía más larga, moviendo hacia atrás en el tiempo desde José hasta el primer

ser humano creado: "Adán, hijo de Dios" (Lc. 3:38). Esta genealogía conecta a Jesús con toda la humanidad, todos los descendientes de Adán, e indica que vino por todas las personas. En su bautismo y en su genealogía, Jesús es identificado como el Hijo de Dios y como representante de toda la humanidad.

4. Al terminar su genealogía con Adán, Lucas hace una sutil transición hacia el cuarto requisito único de Jesús para el ministerio. A diferencia del primer Adán, Jesús pudo resistir la **tentación** (4:1-13). Ya fuera ante la tentación de apetitos físicos, de poder social o político o de necedad (exigir que Dios cediera ante sus propios planes), Jesús resistió a Satanás. De estas maneras adicionales, Lucas demostró que Jesús cumplía requisitos únicos para servir como Mesías.

Poder y autoridad únicas

En la siguiente sección más amplia de su Evangelio (4:14–9:50), Lucas recopiló historias sobre el ministerio temprano de Jesús para enfatizar su poder y autoridad únicos. Aunque otros evangelistas usaron un término o el otro ("poder" o "autoridad") para describir el ministerio de Jesús, Lucas los usó más a menudo y, a veces, juntos (4:36; 9:1; 10:19 ["fuerza" y "potestad"]).

Lucas demostró que Jesús tenía poder y autoridad para echar fuera demonios (4:33-37) y para sanar enfermos (5:17; 6:17-19; 8:45-46), incluso a distancia (7:8). Además, Lucas dejó claro que Jesús enseñaba con poder y autoridad (4:32, 36), que tenía autoridad para perdonar pecados (5:24; cp. Hch. 2:38; 5:31; 10:43; 13:38-39; 22:16) ¡e incluso que tenía *poder y autoridad* para dar a sus discípulos *poder y autoridad* (9:1-2; cp. 10:19)! Lucas también afirmó que Jesús tenía la habilidad de conocer los pensamientos de otros (5:22; 7:39-40), para controlar la naturaleza (8:22-25), para multiplicar alimentos de forma milagrosa (9:10-17) y para resucitar a los muertos (7:11-17). Lucas observó que Jesús comenzó su ministerio en "el poder del Espíritu" (4:14; Lucas enfatizó el **Espíritu Santo** en su Evangelio y también en los Hechos). La evidencia de la vida de Jesús que Lucas nos brinda confirma que Él es el Hijo único de Dios que cumplió las Escrituras (cp. 7:18-23).

Títulos únicos

Lucas también anunció a sus lectores quién era Jesús mediante su uso de diversos títulos. Utilizó el título *"Hijo de Dios"* seis veces en su Evangelio para referirse a Jesús (1:35; 4:3, 9, 41; 8:28; 22:70). Además, Jesús es llamado en una ocasión "Hijo del Altísimo" (1:32; cp. 8:28), dos veces "Hijo" por una voz celestial (3:22; 9:35) y se refirió a sí mismo como "Hijo" del Padre (10:21-22).

Lucas indicó que el Hijo de Dios es el "*Cristo*" (4:41; 22:66-71), que significa "ungido" en griego y se usa para traducir la palabra hebrea para "*Mesías*". De hecho, "Cristo" es el título más común para Jesús en los escritos de Lucas. Él utiliza este título para referirse al redentor de la esperanza de Israel (3:15; 20:41; 23:35, 39) y lo atribuye directamente a Jesús (2:11, 26; 4:41; 9:20). Jesús fue acusado de llamarse a sí mismo el Cristo y fue crucificado por ello (22:67; 23:2). Por lo tanto, el título "Cristo" fue atribuido a Jesús como redentor ungido por Dios de la humanidad caída en virtud de su cumplimiento de las profecías del Antiguo Testamento y de su resurrección (cp. 4:18).

Ya que se esperaba que el Mesías fuera descendiente de David (cp. 20:41), Lucas explícitamente señala el linaje davídico de Jesús (1:27, 32; 3:31) e incluso lo llama "*Hijo de David*" (p. ej.: 18:38-39). De hecho, el cumplimiento de la promesa davídica (2 S. 7:5-16) resuena en el anuncio a María del nacimiento de Jesús: "El Señor Dios le dará el trono de David su padre; y reinará sobre la casa de Jacob para siempre, y su reino no tendrá fin" (1:32-33; cp. 1:69-70).

El título más común que usa Lucas para Jesús es "*Hijo del Hombre*". Solo Jesús se llama a sí mismo de esta forma en los Evangelios. Aunque algunos han sugerido que este título indica la identificación de Jesús con la humanidad, parece seguro que también retoma la terminología mesiánica del Antiguo Testamento en Daniel 7:13-14 (cp. Lc. 9:26; 12:8, 35-40; 17:20-37; 21:10-36). En la presentación de Lucas, Jesús era el Hijo del Hombre mesiánico que tenía la autoridad para perdonar pecados (5:24), la autoridad para juzgar (18:8; 22:69) y la misión de buscar y salvar a los perdidos (19:10).

> Lucas estaría profundamente decepcionado por la afirmación tan común de que Jesús era solo un hombre ordinario del siglo i y un gran maestro.

Lucas utilizó varios otros títulos para Jesús, incluyendo "Maestro" (p. ej.: 5:5; 8:24, 45; 9:33, 38, 49; 10:25; 11:45; 12:13; 17:13; 21:7; 22:11), "Salvador" (2:11; cp. aplicado a Dios en Lc. 1:47) y "Señor" (2:11).

Al describir a Jesús como uno que cumplió de forma única las Escrituras del Antiguo Testamento, que tuvo un nacimiento único (Lc. 1–2), que cumplió requisitos únicos para el ministerio (3:1–4:13) y que tuvo poder y autoridad únicos (4:14–9:50), Lucas identifica con claridad a Jesús como el Hijo de Dios. Ya que parte del propósito de Lucas en su Evangelio era dar a conocer bien "la verdad" (1:4), claramente quiso que sus lectores estuvieran *seguros* de que Jesús era el Mesías enviado por Dios.

Lucas (en su Evangelio) proclamó la misión de Jesús de llevar la *salvación* de Dios

Dada la identidad de Jesús, tal como la estableció Lucas en la primera mitad de su Evangelio (1:1–9:50), ¿qué vino Jesús a hacer? Lucas describió la importante misión de Jesús en la segunda mitad de su Evangelio (9:51–24:53). La estructura del Evangelio de Lucas nos muestra que su principal enfoque era la misión de salvación, cumplida en la persona de Jesús.

Lucas unió los conceptos de la identidad y la misión de Jesús en el relato de la transfiguración (9:28-36). Solo Lucas relata el contenido de la conversación de Jesús con Moisés y Elías: su misión y su "partida", literalmente, su "éxodo" (9:31). Esto fue seguido por la voz de Dios que identifica a Jesús como su Hijo (9:35). Con la identidad de Jesús como el Hijo de Dios firmemente establecida, Lucas podía cambiar ahora su enfoque a la misión de Dios.

Un punto de inflexión crucial en el Evangelio es Lucas 9:51. Este versículo comienza la sección central, a menudo llamada "el **relato del viaje**", con la frase: "[Jesús] afirmó su rostro para ir a Jerusalén". Allí es donde daría cumplimiento a su misión (con frecuencia, Lucas recuerda al lector que Jerusalén era el destino: 9:51, 53; 13:22, 31-35; 17:11; 18:31; 19:28, 41). ¿Cuál era la idea de Lucas acerca de la misión de Jesús que debía cumplir en Jerusalén?

Salvación

La misión de Jesús era traer la **salvación** de Dios: "Porque el Hijo del Hombre vino a buscar y a salvar lo que se había perdido" (19:10). Desde el principio en Lucas, descubrimos que la salvación es la liberación de los seres humanos por parte de Dios del poder y los efectos del pecado (1:47, 69, 71, 77). Para Lucas, esta salvación viene mediante Jesucristo, en especial mediante su muerte y resurrección, de manera que las personas pueden disfrutar de la plenitud de vida que Dios planeó.

Lucas utilizó una variedad de palabras para hablar sobre la salvación. La palabra griega que a menudo se traduce "salvar" es una palabra flexible que también puede ser traducida "sanar" (p. ej.: 8:47-50) y "rescatar [del peligro]" (p. ej.: 23:35-39), así como "librar del pecado" (p. ej.: 13:23; 18:26-27). Sin embargo, Lucas es el único escritor de los Evangelios Sinópticos que usa los sustantivos para "salvación" (*sotería*: 1:69, 71, 77; 19:9; y *sotérion*: 2:30; 3:6) y el sustantivo para "Salvador" (*sotér*: 1:47; 2:11). Los usó principalmente para hablar de la liberación por parte de Dios de su pueblo de sus pecados y de sus efectos. De manera similar, Lucas usó la palabra "redención" (junto con las palabras "redimir" y "redentor") para hablar de la salvación del pecado. Lucas también utilizó otras frases para describir la salvación, incluyendo "[heredar] la vida eterna" (p. ej.: 10:25; 18:18) y "[entrar] en el reino de Dios" (p. ej.: 18:24-25).

El reino de Dios

La frase "el reino de Dios" aparece con frecuencia en los Evangelios Sinópticos. Lucas resumió la misión de Jesús en términos de predicar "el reino de Dios" (4:43; 8:1; 9:11). Jesús delegó a sus seguidores esta misma misión: "predicar el reino de Dios" (9:1-2, 60; 10:8-11). De manera fundamental, "el **reino de Dios**" se refiere al "reinado soberano de Dios". Se utilizó en diferentes contextos para describir el reinado de Dios en la vida de las personas (p. ej.: 12:31; cp. 11:12), su reinado presente por medio de Cristo (p. ej.: 7:28; 11:20; 18:16-17) y su reinado futuro o escatológico en Cristo (p. ej.: 13:28-30; 19:11; 22:14-30). Los eruditos utilizan la frase "**escatología inaugurada**" para describir la idea de que el ministerio de Jesús marcó el inicio (inaugurada) de los últimos tiempos (escatología). Es decir, Jesús fue el gobernante davídico cuyo reino *ya* comenzó durante su vida, pero *todavía no* ha alcanzado su máxima expresión.

El Evangelio de Lucas enfatizó el reinado "ya, pero todavía no" de Jesús (p. ej.: 17:20-21; 18:29-30), en especial con su inclusión de la parábola de las diez minas (19:11-27). Lucas presentó esta parábola como una explicación del enfoque futuro del reino de Dios (19:11). El hombre noble de la parábola tenía una autoridad presente, pero se fue lejos para recibir un reino y regresó

> El mundo de Jesús era similar al nuestro, ya que las personas afirmaban que había muchas maneras de alcanzar la salvación. En ese contexto pluralista, Lucas declaró (y seguiría declarando hoy), que Jesús es el *único* camino para encontrar la salvación.

listo para efectuar todo su gobierno. De manera similar, Jesús fue un rey en espera durante su ministerio terrenal, recibió su reino en la ascensión y regresará como el Rey exaltado y reinante en la segunda venida.

La muerte y exaltación de Jesús

A diferencia de Pablo, Lucas no definió el propósito salvador de la muerte de Jesús con terminología legal, como la justificación, ni sacrificial. Sin embargo, sí enfatizó cómo la muerte de Jesús encajaba en el plan de Dios y cumplía las profecías del Antiguo Testamento sobre el Siervo y Mesías sufriente. Jesús predijo su muerte al menos tres veces en términos de sufrimiento (9:22, 44; 18:31-33; cp. 5:35; 12:50; 13:32-33; 24:7). Después de la resurrección, reflexionó sobre la necesidad bíblica del sufrimiento del Mesías, tanto en el camino a Emaús como con sus discípulos (24:25-32, 44-49). Además, Lucas señaló en Hechos que los apóstoles predicaban de forma habitual sobre el sufrimiento y la muerte de Jesús y que guiaban a las personas a arrepentirse de sus pecados (Hch. 2:22-36; 3:13-20; 4:10-12; 5:30-32; 7:52; 8:32-39; 10:39-43; 13:27-41; 17:2-3; 26:22-23). Por lo tanto, Lucas está de acuerdo con la enseñanza general del Nuevo Testamento de que Jesús murió por nosotros conforme al plan de Dios para salvarnos del pecado.

Con más frecuencia, Lucas vincula el regalo de Dios de la salvación con la resurrección y la ascensión, más que directamente con la muerte de Jesús, pero también vincula en ocasiones su exaltación con su sufrimiento y muerte (p. ej.: 9:22; 18:31-33; 24:7, 25-27, 44-49). Lucas creía que la resurrección era el sello divino que autenticaba la obra redentora de Jesús.

Para Lucas, la exaltación de Jesús no solo incluía su resurrección, sino también su **ascensión** al cielo. Aunque otros escritores neotestamentarios claramente afirman este suceso (p. ej.: Jn. 6:62; 20:17; Ef. 4:8-10; 1 Ti. 3:16), Lucas fue el único autor que documentó el evento, e incluso con dos relatos (24:50-53; Hch. 1:9-11). El punto de Lucas es profundo: desde el cielo, el Jesús exaltado continúa actuando en la vida de la iglesia (p. ej.: Hch. 2:32-33; 7:56; 9:3-16; 16:7) y, algún día, regresará para juzgar al mundo (Hch. 1:9-11; 10:42; 17:31).

Arrepentimiento y conversión

Lucas afirmó con claridad que la salvación que ofrece la muerte y resurrección de Jesús llega por medio del **arrepentimiento**; es decir, apartarse del pecado. Lucas colocó un mayor énfasis en el arrepentimiento que otros evangelistas. Este énfasis es evidente desde el principio, ya que Lucas es el único que incluyó el término en su resumen de la misión de Jesús: "No he venido a llamar a justos, sino a pecadores al arrepentimiento" (5:32; cp. Mt. 9:13; Mr. 2:17). Solo Lucas incluyó la parábola de la higuera estéril con su advertencia introductoria doble sobre el arrepentimiento (13:1-9). Solo Lucas incluyó el arrepentimiento al final de las parábolas de la oveja perdida (15:7; cp. Mt. 18:14) y de la moneda perdida (15:10). Solo Lucas utilizó la frase "Me arrepiento" en la enseñanza sobre el perdón entre hermanos (17:3-4; cp. Mt. 18:15-22). El arrepentimiento también aparece únicamente en la versión de Lucas de la Gran Comisión (24:44-49; cp. Mt. 28:18-20).

> **Lucas estaría preocupado de que algunos piensen que arrepentirse del mal es simplemente decir: "lo siento".**

Para Lucas, Jesús no fue solo otra persona que enseñó sobre cómo tener una buena vida. Lucas documentó la vida y la enseñanza de Jesús para demostrar que su misión era de importancia vital y eterna para todos, que Jesús es el Mesías que murió y resucitó para ofrecer salvación a todos los que se arrepintieran de sus pecados y pusieran su fe en Él; es decir, los que se comprometieran a una vida de seguirlo.

Lucas (en su Evangelio) anunció la misión de Jesús de llevar la salvación de Dios a *todas las personas*

Si Jesús vino para traer salvación, entonces ¿quién puede ser salvo? ¿Quién puede ser un seguidor de Jesús? Lucas se preocupó por mostrar que Jesús tuvo todo tipo de seguidores de todos los estratos de la vida: gentiles y judíos, hombres y mujeres, pobres y ricos, soldados y civiles. Ninguno está descalificado de seguir a Jesús por su ascendencia, su profesión, su pasado ni su popularidad. De hecho, más que ningún otro Evangelio, Lucas enfatiza que los marginados, los que están en las afueras de la sociedad, también pueden encontrar salvación en Jesús.

Gentiles y judíos

Lucas indicó que las buenas nuevas de salvación estaban pensadas para los judíos, de manera que ellos pudieran ser misioneros del mensaje del evangelio al resto de la humanidad (p. ej.: 2:25-32; Hch. 1:8; 13:46-47; 26:22-23). Siempre fue la intención de Dios bendecir a todas las naciones y utilizar a los judíos para traer al Mesías prometido (cp. Gn. 12:1-3). El uso de Lucas de frases específicas también indica este interés universal: "todo el pueblo" (2:10), "todos los pueblos" (2:31), "toda carne" (3:6) y "todas las naciones" (24:47). De hecho, Lucas demostró que la oferta universal de salvación ya era evidente en el ministerio mismo de Jesús y que no fue solamente una evolución posterior (p. ej.: 2:10, 29-32; 3:4-6; 4:25-27; 13:28-29; 14:15-24; 24:46-48). Lucas incluso afirmó que Jesús reconoció que un gentil tuvo mayor fe que cualquier otro israelita que había conocido (7:1-10). La fe cristiana no es únicamente para los judíos; los gentiles también son llamados a creer en Cristo.

Hombres y mujeres

En muchas partes del mundo del siglo i, las mujeres eran consideradas inferiores a los hombres (24:1-11). Sin embargo, Lucas rebatió esta perspectiva. Jesús y sus apóstoles ministraron a mujeres (p. ej.: 7:11-17, 36-50; 8:40-56; 13:10-17). Lucas se aseguró de mostrar que las mujeres podían tener fe en Dios (p. ej.: 1:30, 38; 7:36-50; 10:38-42). Además, él demostró que Dios podía usar a las mujeres en el ministerio (p. ej.: 2:36-38; 8:1-3; Hch. 2:17-21; 18:24-28; 21:9).

La tendencia de Lucas de contraponer historias de hombres y de mujeres es digna de notar: el anuncio de nacimiento a Zacarías y a María (1:5-38); las profecías de Simeón y de Ana (2:25-38); la sanación de un hombre endemoniado y de la suegra de Simón en día de reposo (4:31-39); el nombramiento de seguidores varones (6:12-16) y también de mujeres (8:1-3); la exhortación de Jesús a Juan el Bautista y el perdón de la mujer pecadora (7:18-50); la resurrección de un niño (7:11-17) y de una niña (8:49-56); la sanación de una mujer encorvada en día de reposo (13:10-17) y de un hombre enfermo en día de reposo (14:1-6); un hombre que planta y una mujer que cocina (13:18-21); un hombre con una oveja perdida y una mujer con una moneda perdida (15:1-10); una viuda persistente y hombres que oran (18:1-14). Se puede observar también el especial interés de Lucas en las viudas, uno de los grupos más necesitados del siglo i (7:11-15; 18:1-5; 20:45-47; 21:1-4).

Marginados y populares

Las leyes de pureza del Antiguo Testamento tenían la intención de ejemplificar la santidad de Dios. Desafortunadamente, en la sociedad judía se desarrollaron valores sociales erróneos que excluían a personas que originalmente no debían serlo. Al contario de la costumbre judía, que asumía que la impureza en todas sus formas era contagiosa, Jesús estuvo dispuesto a comer con los marginados (5:27-32; 15:1-2; cp. 14:12-14) y a tocarlos cuando los sanaba (5:13; 7:14, 39). Él los valoraba tanto que realizaba milagros de sanación incluso en día de reposo (6:6-11; 13:10-17; 14:1-6). Jesús, además, incluyó a **personas marginadas** como ejemplos a seguir en su enseñanza (10:25-37; 18:9-14). Lucas se interesó por estas personas y demostró su inclusión en la oferta universal de salvación mediante la fe en Jesús.

> A veces, las personas sienten que están fuera del alcance del amor de Dios, pero Lucas querría que sepamos que la invitación del evangelio nos incluye a cada uno de nosotros.

Los marginados sociales que más resaltan en el Evangelio de Lucas son los que tenían problemas de salud, porque Jesús los sanaba. Además de pasajes de resumen sobre este tipo de sanaciones (4:40-41; 7:21-23; 9:1-6), Lucas ofreció historias específicas sobre personas con una gran diversidad de problemas: fiebre elevada (4:38-39); lepra (5:12-14; 17:11-19); parálisis o discapacidad (5:17-26; 13:10-17); una mano seca (6:6-11); enfermedad (7:1-10); posesión demoníaca (4:33-37; 8:26-39; 9:37-43; 10:17-20; 11:14-20); hemorragia (8:42-48); hidropesía (14:1-6); ceguera (18:35-43); una oreja cortada (22:49-51); y muerte (7:11-17; 8:49-56).

Es posible que el interés de Lucas en las sanidades se debiera a que probablemente era médico. Quizá, su propia posición precaria en la sociedad, como médico, influenció su énfasis en los marginados. Escritos judíos posteriores que recuerdan esta época mencionan la medicina entre los "oficios despreciados". A menudo, se los consideraba ladrones por su deseo de cuidar solo a los pacientes ricos y poder así obtener ganancias (cp. Mr. 5:25-26; cp. Lc. 8:43).

Lucas describe a otros tipos de personas excluidas (los que tenían reputaciones pecaminosas, oficios despreciados o afiliaciones políticas consideradas traidoras) con un potencial para la fe. Estos incluían los "pecadores" (5:27-32; 7:34, 36-50; 15:1-2); los soldados (3:14; 7:1-10; 23:47); los recaudadores de impuestos (5:27-32; 7:29; 15:1-2; 18:9-14; 19:1-10); y los oficiales del gobierno (Hch. 13:6-12; 17:22-34). Los pastores de ovejas eran menospreciados, aborrecidos, privados de sus derechos

> Si Lucas estuviera aquí hoy, aplaudiría los esfuerzos por extender el mensaje del evangelio a los que son diferentes a nosotros.

y excluidos. Sin embargo, Lucas resalta a los pastores en el nacimiento del Salvador (2:8-20; y no a los acaudalados magos de Mt. 2:1-12).

Pobres y ricos

La manera en que Lucas trata a los **pobres** y a los adinerados es especialmente interesante. Al igual que en nuestra época, en el siglo I era fácil dar por sentado que los ricos contaban con el favor de Dios (cp. 18:24-26). Sin embargo, Lucas dejó claro que las riquezas pueden ser peligrosas para la vida espiritual (12:13-21; cp. 6:24-26; 8:14; 16:13-15, 19-31; 18:18-30; 21:34). Jesús pasó tiempo con los ricos y estos sí podían convertirse (7:1-10; 19:1-10); no obstante, es evidente que tenía a los pobres (y el ministerio hacia ellos) en alta estima (6:20; 14:13-14; 18:22; 21:1-4). Lucas mencionó varios ejemplos de personas que manejaron de forma incorrecta las riquezas (18:18-30; 22:1-6; Hch. 1:18-19; 5:1-11), por tanto queda evidente que la posición de una persona ante Dios no puede ser medida solo por el estatus financiero. Las riquezas son un regalo de Dios que no debe ser adorado, sino más bien usado para su gloria. El dinero es una buena herramienta, pero un mal amo (16:1-15). Compartir es un uso adecuado de las riquezas (3:10-14; 6:27-38; 7:1-10; 16:1-13; 19:1-10; 23:50-53) y, de hecho, hacerlo de manera sacrificial es importante (5:11, 28; 12:33-34; 14:33; 18:18-30; 21:1-4).

Lucas (en su Evangelio) recordó a los discípulos de Jesús las *prioridades radicalmente diferentes* para la vida

Lucas observó que otros maestros del siglo I tenían seguidores o "**discípulos**"; es decir, personas dedicadas al estilo de vida que el líder enseñaba (p. ej.: 5:33-34; 7:18; 11:1). Lucas afirmó que Jesús tuvo doce seguidores a los que llamó "**apóstoles**" (6:13-16). Sin embargo, este escritor prefería referirse a los apóstoles como "**los doce**" (6:13; 8:1; 9:1, 12; 18:31; 22:3, 47) y nunca usó la frase "doce discípulos". De manera que Lucas no especifica el número de los discípulos. De hecho, en varias ocasiones, menciona que Jesús tuvo discípulos antes del nombramiento de los doce (5:30; 6:1; cp. 5:33). Al nombrar a los doce, leemos que Jesús "llamó a sus discípulos, y escogió a doce de ellos, a los cuales también llamó apóstoles" (6:13). Después de nombrar a estos doce apóstoles, Lucas afirma que Jesús "descendió con ellos, y se detuvo en un lugar llano, en compañía de sus discípulos y de una gran multitud de gente" (6:17). Así pues, desde el principio, sin negar la importancia de los doce apóstoles, Lucas resalta que Jesús tuvo muchos discípulos, no solo doce (cp. 10:1-24). En Hechos, Lucas a menudo usa el término "discípulo" para referirse a un "cristiano" (ver Hch. 11:26).

¿Qué significa en la práctica ser discípulo de Jesús? Implica *prioridades radicalmente diferentes* para el resto de la vida. Aunque la salvación por la fe en Jesucristo es un regalo *gratuito* de Dios, el *costo* para el receptor es absoluto. Solo Lucas menciona que Pedro, Jacobo (Santiago) y Juan, "dejándolo todo", siguieron a Jesús (5:11; cp. Mt. 4:22; Mr. 1:20). Asimismo, solo Lucas hizo notar que Leví, "dejándolo todo", siguió a Jesús (5:28; cp. Mt. 9:9; Mr. 2:14). Seguir a Jesús puede implicar conflictos familiares (8:19-21; 12:49-53; 18:28-30), algo que Lucas subrayó con más palabras y con términos más fuertes que el relato paralelo de Mateo (14:25-27; cp. Mt. 10:37-39). Solo Lucas documenta que Jesús dijo a sus seguidores que tomaran su cruz "cada día" (9:23; cp. Mt. 16:24; Mr. 8:34). Lucas quería enfatizar que un discípulo debe estar listo para morir *todos los días.*

> Si Lucas pudiera pasar algo de tiempo con nosotros, señalaría que creer en Jesús trae salvación y que esta salvación produce ajustes en las prioridades de nuestra vida.

Lucas también narra dos parábolas únicas sobre la necesidad de considerar el costo del discipulado: la parábola del edificador de la torre y la de los reyes guerreros (14:28-23). Con estas breves parábolas, entendemos que comprometernos a seguir a Jesús es una decisión que debemos evaluar porque implica las prioridades y los recursos de nuestra vida.

Al inicio del relato del viaje, Lucas narró el encuentro de Jesús con tres hombres que tenían una excusa para no seguirlo. Sus palabras allí abordan lo que los discípulos valoran, la forma en que deben invertir su tiempo y el objeto de su enfoque (9:57-62). Más adelante en el relato del viaje, Lucas recoge varias parábolas únicas en las que Jesús reta a sus seguidores a reordenar sus prioridades conforme a los valores de Él.

Las posesiones materiales

Respecto a las posesiones materiales de los discípulos, Jesús dijo: "Las zorras tienen guaridas, y las aves de los cielos nidos; mas el Hijo del Hombre no tiene dónde recostar la cabeza" (9:58). Las **posesiones materiales** no son incorrectas, a menos que separen a la persona de Jesús. Lucas es el único que documenta la parábola del rico insensato, una advertencia contra la avaricia (12:13-21). Lucas no alienta la negligencia hacia los regalos materiales de Dios. Esto quedó claro en la parábola, única de Lucas, del mayordomo infiel también llamada del administrador astuto en algunas versiones (16:1-13). Aunque los detalles de esta parábola la vuelven una de las más difíciles del Nuevo Testamento, la lección general sigue siendo clara: es deseable planear para el futuro y utilizar los recursos de manera sabia con metas más grandes que una acumulación egoísta. Lucas cierra esta lección con un resumen: "Ningún siervo puede servir a dos señores [...]. No podéis servir a Dios y a las riquezas" (16:13). La parábola única en Lucas del rico y Lázaro (16:19-31) no solo aborda el tema de las posesiones materiales, sino también el de dar prioridad a la verdad de la Palabra de Dios (cp. v. 31).

Las personas, una prioridad

Con dos historias únicas de sanaciones en día de reposo (la mujer encorvada en 13:10-17 y el hombre hidrópico en 14:1-6), Lucas dejó claro que el valor de las personas es mayor que el de las posesiones materiales y las costumbres humanas. Este valor que se asigna a las personas no debe depender de los beneficios que otros puedan ofrecernos, sino que debe ser ofrecido en humildad (14:7-14; 17:7-10). Lucas no se contentó con documentar solo la parábola de la oveja perdida (15:1-7; cp. Mt. 18:12-14), sino que también incluyó las parábolas únicas de la moneda perdida (15:8-10) y del hijo perdido (o pródigo) (15:11-32). De esta manera, el evangelista retó a sus lectores a reconocer que las personas arrepentidas tienen un valor más alto que las posesiones materiales. La historia única de Zaqueo (el recaudador de impuestos arrepentido que antes había sido despreciado, en 19:1-10) ofrece otro ejemplo del valor de las personas y cierra con lo que algunos consideran el resumen que Lucas hace de la misión entera de Jesús: "Porque el Hijo del Hombre vino a buscar y a salvar lo que se había perdido" (19:10).

Poner a Dios en primer lugar

Jesús dijo: "Deja que los muertos entierren a sus muertos; y tú ve, y anuncia el reino de Dios" (9:60). Debemos entender que, probablemente, el padre del hombre en la historia no había muerto aun cuando puso esta excusa. "Señor, déjame que primero vaya y entierre a mi padre" (9:59) significaba: "Tengo otras obligaciones que resolver y mi agenda no quedará libre para poder seguirte hasta algún momento en el futuro, después que mi padre fallezca". Lucas no afirma que cuidar de los padres esté mal; no obstante, si esto se entromete entre una persona y Jesús, entonces esta no puede ser un discípulo.

Solo Lucas incluyó una parábola en la enseñanza sobre los dos mandamientos más importantes (10:25-37; cp. Mt. 22:34-40; Mr. 12:28-34). La persona que preguntó sobre amar a Dios y al prójimo deseaba justificarse en el diálogo y preguntó exactamente quién era su prójimo (es decir, ¡para saber a quién no era necesario amar!). No obstante, Jesús respondió a la pregunta con la parábola del buen samaritano, que desafía a todos a tomarse el tiempo para ser un buen prójimo.

Solo Lucas documentó la historia de la sanación de los diez leprosos (17:11-19). Aunque los otros nueve hombres sanados se apresuraron a retomar sus vidas renovadas, Jesús felicitó al que "volvió, glorificando a Dios" por su intervención en su vida.

La oración

Lucas habla más sobre la **oración** que cualquier otro Evangelio y muestra a Jesús orando más que los demás (3:21; 5:16; 6:12; 9:18, 28-29; 10:21; 11:1; 22:40-46; 23:34, 46). Aunque Mateo incluyó una versión (ligeramente más larga) del "Padre Nuestro" (Mt. 6:9-13), solo Lucas menciona que Jesús usó este bosquejo de oración en respuesta a la petición de un discípulo de una lección sobre la oración (11:1-4). Lucas continuó con una parábola única de Lucas sobre la oración (el amigo que se presenta a medianoche, 11:5-8) y luego con un resumen para exhortar a orar porque se puede confiar en que Dios responderá de buena manera (11:9-13). Más adelante en el relato del viaje, Lucas incluye dos parábolas únicas adicionales que alientan a la persistencia y a la humildad en la oración (la viuda persistente y el juez injusto en 18:1-8 y el fariseo y el publicano en 18:9-14).

Mantener en orden nuestras prioridades

En respuesta al deseo de una persona que quería ser discípulo de despedirse de su familia, Jesús dijo: "Ninguno que poniendo su mano en el arado mira hacia atrás, es apto para el reino de Dios" (9:62). Despedirse de los miembros de la familia no está mal; sin embargo, si prestar atención a estas cosas implica ignorar a Jesús, entonces la persona no se puede ser su discípulo.

Solo Lucas documenta el viaje misionero de corto plazo de setenta discípulos (10:1-24; "setenta y dos", NVI). Cuando regresaron, regocijándose por el éxito de su ministerio, Jesús les advirtió que no debían regocijarse ni siquiera en el poder sobrenatural que les había sido dado por Dios, sino más bien en su salvación.

Aunque los demás Evangelios mencionan a las hermanas María y Marta, solo Lucas documenta la historia de sus conflictos de prioridades (10:38-42). María eligió enfocarse en escuchar la enseñanza de Jesús, pero Marta "se preocupaba con muchos quehaceres" como anfitriona. Sin condenar a Marta por su servicio, Jesús la reprende por su ansiedad y felicita a María por el enfoque correcto de su atención.

De manera similar, Lucas menciona que Jesús tuvo algunos enfrentamientos con los líderes religiosos, en especial con los fariseos (11:37-54; 14:1-24), donde los reta a pensar de forma correcta en sus prioridades. Con demasiada frecuencia, estos respetadísimos conservadores que creían en la Biblia se distraían con su propio comportamiento religioso y sentido de importancia; esto provocaba que cayeran con demasiada facilidad en una vida hipócrita (cp. 12:1).

> **Si Lucas pudiera ver nuestras prioridades, percataría de si somos o no verdaderos seguidores de Jesús.**

Además de estos puntos sobre las prioridades de vida radicalmente diferentes de los discípulos de Jesús, Lucas indicó algunas otras características generales de la vida de los creyentes. En particular, él habló más que los demás evangelistas sobre el gozo (treinta y seis usos de palabras relacionadas con "gozo"), sobre alabar a Dios (cuarenta y cinco usos de palabras relacionadas con "alabanza" y "gloria") y sobre celebrar (diecinueve referencias a comidas y banquetes). Como símbolo del gozo de la vida, pero también del ofrecimiento de Jesús de salvación vivificante, Lucas a menudo describe a Jesús en la **"comunión a la mesa"** (término académico para el acto de compartir alimentos durante el siglo I, símbolo de la amistad y la unidad íntimas), incluso con diferentes personas marginadas (5:29-32; 7:34, 36-50; 11:37-54; 14:1-6; 19:1-10). Al reflexionar en la prioridad que deben tener los creyentes de mantener una perspectiva eterna, Jesús también habló de momentos de comunión a la mesa que anticipan la celebración en el cielo (14:7-11, 12-14, 15-24; 15:23; 16:20-21; cf. 22:7-30).

Resumen

En su Evangelio, el enfoque central de Lucas es documentar de forma precisa los eventos históricos, porque estos comunicaban con claridad la naturaleza única de Jesús como el Hijo de Dios en la misión de llevar su salvación a todas las personas. Además, Lucas enfatizó que los seguidores de Jesús no solo tienen salvación en el futuro, sino también prioridades radicalmente diferentes en el presente.

PALABRAS Y CONCEPTOS CLAVE

(en orden de su aparición destacada en el texto)

1. Evangelios Sinópticos
2. precisión histórica
3. Septuaginta
4. profecías cumplidas
5. Juan el Bautista
6. bautismo
7. genealogía
8. tentación
9. Espíritu Santo
10. Hijo de Dios
11. Cristo/Mesías
12. Hijo de David
13. Hijo del Hombre
14. relato del viaje
15. salvación
16. reino de Dios
17. escatología inaugurada
18. ascensión
19. arrepentimiento
20. fe
21. personas marginadas
22. pobres
23. discípulos
24. apóstoles
25. los doce
26. prioridades
27. posesiones materiales
28. oración
29. comunión a la mesa

RECURSOS CLAVE PARA PROFUNDIZAR EN EL ESTUDIO

Bock, Darrell L. *Lucas*. CBANVI. Nashville: Vida, 2021.

Garland, David E. *Lucas*. Comentario exegético-práctico del Nuevo Testamento. Barcelona: Andamio, 2019.

Stein, Robert. *Lucas*. NCANT. Bellingham: Editorial Tesoro Bíblico, 2021.

HECHOS

¿Quién?

Remitente: Aunque son anónimos, tanto el tercer Evangelio como los Hechos de los Apóstoles fueron atribuidos a Lucas por la iglesia primitiva y por manuscritos que datan del siglo ɪɪ. Lucas era un médico gentil y colaborador del apóstol Pablo (Col. 4:10-14; Flm. 24; 2 Ti. 4:11). Las introducciones de Lucas y de Hechos muestran que los libros comparten el mismo autor (Lc. 1:1-4; Hch. 1:1-2) y las **"secciones en primera persona"** de Hechos (donde la tercera persona "él" o "ellos" cambia a la primera persona "yo" o "nosotros") indican que el escritor acompañó en ocasiones a Pablo (Hch. 16:10-17; 20:5-15; 21:1-18; 27:1–28:16).

Destinatarios: Ambos libros de Lucas están dedicados expresamente a un personaje desconocido de nombre Teófilo (ver Lc. 1:3; Hch. 1:1), probablemente el mecenas de Lucas que pagó sus gastos editoriales. Sin embargo, al igual que las dedicatorias de otros libros (tanto antiguos como modernos), esto no limita su audiencia.

¿Cuándo?

Ya que Hechos termina de forma abrupta con Pablo en un arresto domiciliario de dos años sin mencionar ninguno de los eventos universales importantes que afectaron la historia después del 64 d. C. (p. ej.: la revuelta judía contra Roma, la caída de Jerusalén, la persecución romana de los cristianos y la muerte de Jacobo, el líder de la iglesia en Jerusalén), lo más probable es que Lucas haya escrito Hechos antes de esta fecha.

No obstante, otros piensan que Lucas escribió muchos años después de los acontecimientos, pero que concluyó el libro de los Hechos de esta forma por otras razones. Si el propósito de Lucas era describir el movimiento del evangelio desde Jerusalén hasta "lo último de la tierra", entonces la conclusión con Pablo en Roma predicando "sin impedimento" es apropiada (Hch. 28:30-31).

¿Dónde?

Algunos lugares como Alejandría, Antioquía, Cesarea y Roma han sido sugeridos como posibles ubicaciones para Lucas (y sus primeros lectores) al escribir Hechos. El prólogo antimarcionita (siglo ɪɪ) sugiere algún lugar en Acaya (en el sur de Grecia).

¿Por qué?

Lucas es el único evangelista que escribe una secuela, los Hechos de los Apóstoles, *para documentar la expansión continua de la fe en Jesucristo hasta "lo último de la tierra"* (ver Hch. 1:1, 8; 28:31). Lucas escribió para demostrar que el crecimiento asombroso del cristianismo desde Jerusalén hasta Roma y, más importante aún, de judíos a gentiles, era parte del plan divino.

CAPÍTULO 5

LOS HECHOS DE LOS APÓSTOLES

Bobby Kelly

Versículos clave

Pero recibiréis poder, cuando haya venido sobre vosotros el Espíritu Santo, y me seréis testigos en Jerusalén, en toda Judea, en Samaria, y hasta lo último de la tierra (Hch. 1:8).

Por lo cual yo juzgo que no se inquiete a los gentiles que se convierten a Dios (Hch. 15:19).

Pero [el Señor] me dijo [a Pablo]: Ve, porque yo te enviaré lejos a los gentiles (Hch. 22:21).

LUCAS (EN LOS HECHOS)...

- fundamentó el nacimiento y el crecimiento de la iglesia en la *historia*;
- defendió la *misión a los gentiles* como el plan de Dios;
- infundió confianza en que los propósitos de Dios *triunfan* por sobre toda oposición;
- presentó el ideal para la *iglesia* en todas las edades.

Lucas (en los Hechos) fundamentó el nacimiento y el crecimiento de la iglesia en la *historia*

Es imposible evaluar el enfoque central de Lucas en los Hechos sin considerar también el Evangelio de Lucas. Si tenía ambos tomos en mente cuando comenzó a escribir, entonces el prólogo en Lucas 1:1-4 es, en realidad, la introducción tanto de Lucas como de Hechos. Su propósito era escribir un relato "por orden, oh excelentísimo Teófilo, para que conozcas bien la verdad de las cosas en las cuales has sido instruido" (Lc. 1:3-4). Lucas escribió su Evangelio y los Hechos a cristianos gentiles que necesitaban la certeza de que la enseñanza y la predicación de la iglesia estaba enraizada en eventos históricos reales. Por esta razón, Lucas demostró que la historia del cristianismo, desde el nacimiento de Jesús hasta la expansión rápida del evangelio por todo el imperio era parte de la historia universal continua.

Panorama de Hechos
Introducción (1:1-26)
El testimonio en Jerusalén (2:1–8:3)
El testimonio en Judea y en Samaria (8:4–11:18)
El testimonio hasta lo último de la tierra (11:19–28:31)

Este énfasis en la historia es evidente desde el comienzo del Evangelio de Lucas, cuando coloca el nacimiento de Jesús en el contexto de un censo de todo el imperio bajo César Augusto (Lc. 2:1). En el siguiente capítulo, colocó el ministerio de Juan el Bautista en el contexto del reinado de Tiberio César, así como de un buen número de otros líderes locales (Lc. 3:1-2). En Hechos, Lucas continuó anclando su relato en la historia mediante detalles geográficos y de navegación, eventos históricos específicos y referencias repetidas a gobernantes reales y a sus títulos. Por ejemplo, Lucas incluyó muchos detalles históricos en el viaje de Pablo a Roma que han sido verificados históricamente y hallados precisos. La mención de figuras prominentes como Gamaliel, el nieto de Hilel (Hch. 5:33-40); Galio, el procónsul romano en Acaya (18:12-17); y los gobernadores Félix y Festo en el juicio y encarcelamiento de Pablo en Cesarea (caps. 23–25), sirven para recordar a la audiencia que estos eventos no sucedieron en un vacío ni en una esquina oscura del mundo. Lucas deseaba colocar al cristianismo directamente en el escenario de la historia universal. Al cimentar su relato en la historia, infundió confianza en los creyentes y dio a ese relato legitimidad a los ojos de creyentes potenciales. (Ver el capítulo sobre el Evangelio de Lucas para una breve defensa de la precisión de Lucas como historiador).

> Si Lucas estuviera aquí, nos diría que también somos parte del plan de Dios para cambiar la historia del mundo.

Lucas (en los Hechos) defendió la *misión a los gentiles* como el plan de Dios

Lucas estableció una defensa minuciosa de la expansión del evangelio a los gentiles. El acogimiento de estos en la iglesia (y bajo qué condiciones) representaba un reto importante para el éxito de la iglesia en sus años formativos.

Por una parte, Lucas escribió sobre algunos judíos, muchos de ellos fariseos, que habían aceptado que Jesús era el Mesías pero que argumentaban que, para que los gentiles fueran considerados verdaderos seguidores de Jesús, debían primero circuncidarse y vivir según la ley de Moisés (15:1-5). Por otro lado, varios creyentes judíos prominentes, como Pedro, Pablo y Bernabé, insistían en que los gentiles debían estar libres para seguir a Jesús sin obedecer la circuncisión y las demás obligaciones de la ley de Moisés.

Quizás el argumento más poderoso a favor de la inclusión de los gentiles fue pronunciado por Pedro: "Dios, que conoce los corazones, les dio testimonio [a los gentiles], dándoles el Espíritu Santo lo mismo que a nosotros" (15:8). Pedro se estaba refiriendo a su experiencia cuando el Espíritu Santo fue dado a Cornelio, un gentil, y a toda su familia (cap. 10). Dios ya había abierto un camino para que los gentiles entraran al pueblo de Dios con base únicamente en la fe en Jesús; por consiguiente, la iglesia debía seguir este ejemplo.

Aunque Lucas mencionó que la iglesia se puso del lado de Pedro y de Pablo y en contra del grupo que abogaba por la circuncisión, siguió habiendo preocupación respecto a la aceptación de los gentiles en la iglesia y la forma en que debían interactuar los judíos y los gentiles convertidos. Lucas compuso un relato maestro con el propósito de confirmar que la expansión del evangelio a los gentiles no era la obra de algunos teólogos marginales que se apartaron de la verdad, sino que de hecho era la voluntad y el plan de Dios desde el principio.

La expansión geográfica y étnica del evangelio

El interés de Lucas en el movimiento geográfico del evangelio desde Jerusalén hasta Roma y étnico de judíos a gentiles nos da la clave para entender la estructura de Hechos. Aunque no todos concuerdan en la estructura precisa que Lucas utilizó al redactar el libro, los dos enfoques más comunes se derivan de este sentido de movimiento. Un enfoque popular toma Hechos 1:8: "Pero recibiréis poder, cuando haya venido sobre vosotros el Espíritu Santo, y me seréis testigos en Jerusalén, en toda Judea, en Samaria, y hasta lo último de la tierra", como el enunciado del programa para determinar la estructura de Hechos. Según esta postura, este pasaje bosqueja la expansión histórica que se encuentra en el resto del libro: de Jerusalén (2:1–8:3), a Judea y Samaria (8:4–11:8) y hasta lo último de la tierra (11:19–28:31). Lucas hizo notar que el evento clave fue la persecución de los creyentes, comenzando con Esteban, que provocó que los creyentes huyeran a Judea y Samaria (8:1) y luego a Antioquía y más allá (11:19). A medida que se dispersaron, llevaron consigo el evangelio.

Una segunda estructura posible se deriva del uso de Lucas de cinco **enunciados de resumen** que indican el movimiento continuo del evangelio, tanto en lo geográfico como en lo étnico (6:7; 9:31; 12:24; 16:5; 19:20). Lucas enfatizó la expansión del evangelio mediante la frase estereotípica "y crecía la palabra del Señor" (o "se extendía") que se encuentra en estos enunciados de resumen. Estos cinco enunciados resultan en la siguiente estructura séxtuple para Hechos:

1. Hechos 1:1–6:7: Lucas se concentró en el cumplimiento de la promesa del don del Espíritu Santo en Pentecostés y en el crecimiento de la iglesia en Jerusalén.

2. Hechos 6:8–9:31: Lucas se enfocó en el mensaje y martirio de Esteban y en la persecución resultante de los creyentes en Jerusalén que los obligó a esparcirse a Judea y a Samaria. También relató el éxito de la predicación de Felipe en Samaria, así como la conversión del eunuco etíope por conducto del testimonio de Felipe. Finalmente, Lucas presentó la experiencia de Pablo en el camino a Damasco y su llamado a los gentiles.

3. Hechos 9:32–12:24: Aquí, Lucas habló sobre el inicio de la misión a los gentiles. Esta sección se ve dominada por la conversión de Cornelio, un varón gentil, como resultado de la visión y predicación de Pedro. Lucas también describió la plantación de la iglesia en Antioquía de Siria.

4. Hechos 12:25–16:5: Lucas relató el primer viaje misionero dirigido por Pablo y Bernabé. Aunque Pablo predicaba primero en la sinagoga, cuando le era posible, también proclamaba libremente el evangelio a los gentiles. El éxito del ministerio de Pablo entre los gentiles condujo a una crisis en la iglesia de tal magnitud que fue necesaria una reunión de todo del liderazgo de la iglesia en

Jerusalén, junto con Pablo y Bernabé, para tratar el "problema" de los gentiles. Bajo el liderazgo de Jacobo, la iglesia determinó que los gentiles tenían libertad para unirse al "Camino" sin circuncidarse.

5. Hechos 16:6–19:20: Lucas describió los esfuerzos misioneros continuos de Pablo y de sus colaboradores en toda Macedonia, Acaya y Asia Menor.

6. Hechos 19:21–28:31: Lucas se enfocó en los juicios y encarcelamiento de Pablo y concluye con Pablo en Roma, bajo arresto domiciliario, pero sin dejar de proclamar el evangelio.

Sin importar qué estructura tenía Lucas en mente al redactar Hechos, es evidente que su preocupación era establecer el movimiento del evangelio en términos geográficos desde Jerusalén hasta Roma, el corazón del mundo gentil, y resaltar el derrumbe de las barreras étnicas entre judíos y gentiles.

Personajes clave en la expansión del evangelio

Observar los eventos y los personajes que dominan el relato de Lucas nos da otra indicación de que la misión a los gentiles era algo bastante relevante para Lucas.

Esteban

En la conclusión de la primera sección de Hechos, Lucas documentó que los apóstoles escogieron a siete varones de buena reputación, llenos del Espíritu Santo y de sabiduría, para asegurarse de que todas las viudas de la iglesia recibieran un trato justo (6:1-6). Dos de los varones elegidos, **Esteban** y Felipe, jugaron papeles vitales más allá del cuidado de las viudas. Lucas nos muestra la importancia de Esteban al registrar su discurso de defensa y su martirio (6:8–8:1). Este discurso, que abarca cincuenta y dos versículos, es el más extenso en Hechos. Es evidente que Lucas consideraba importante la historia del martirio de Esteban y la usó para conectar la primera sección principal con la segunda. La persecución que se levantó a partir de su martirio sirvió como catalizador para la expansión del evangelio fuera de Jerusalén y hacia las regiones aledañas de Judea y Samaria (8:1-4) y, más tarde, hacia Antioquía (11:19-21).

Felipe

El colega de Esteban, **Felipe,** también extendió las fronteras del evangelio al comenzar a derrumbar las murallas de la iglesia exclusivamente judía con sus predicaciones en Samaria (8:5-25) y con un testimonio exitoso al eunuco etíope (8:26-40).

Pablo

Lucas dio un lugar prominente a la conversión y al llamamiento de **Pablo** al incluir la historia en tres ocasiones (9:1-19; 22:1-21; 26:1-23). Aunque la experiencia de Pablo en Damasco es considerada comúnmente una conversión, Lucas parece igualmente interesado en describirla como su llamado a los gentiles.

En Hechos 9:15, el Señor ordenó a Ananías que buscara a Pablo con estas palabras: "Instrumento escogido me es este, para llevar mi nombre en presencia de los gentiles, y de reyes, y de los hijos de Israel". En Hechos 22, Pablo volvió a relatar su experiencia en Damasco como parte de su defensa ante la turba judía. En su relato, Lucas menciona que Ananías dijo: "Serás testigo [del Señor] a todos los hombres, de lo que has visto y oído" (22:15). Lucas agregó que, cuando Pablo regresó de Damasco a Jerusalén, estuvo en el templo orando. Pablo tuvo una visión del Señor que le dijo que se fuera de Jerusalén porque el pueblo allí no aceptaría su testimonio: "Ve, porque yo [el Señor] te enviaré lejos a los gentiles" (22:21). En la tercera ocasión que Lucas relata el evento en Damasco como parte de la defensa de Pablo ante Herodes Agripa II, él afirma que la comisión de Pablo vino directamente de Jesús en el camino a Damasco: "[Te libraré] de tu pueblo, y de los gentiles, a quienes ahora te envío, para que abras sus ojos, para que se conviertan de las tinieblas a la luz, y de la potestad de Satanás a Dios; para que reciban, por la fe que es en mí, perdón de pecados" (26:17-18).

El rol de Pablo como el misionero a los gentiles por excelencia explica el espacio que Lucas le otorgó en su libro. Pablo se convierte en el personaje principal de la segunda mitad de Hechos, desde el inicio de su primer viaje misionero en el capítulo 13 hasta su arribo en Roma en el capítulo 28.

Pedro y Cornelio

Lucas también relató la conversión de **Cornelio** y de su familia como resultado de la predicación de **Pedro**. Esta historia comparte la distinción, junto con la experiencia de Pablo en el camino a Damasco, de ser las únicas que se relatan tres veces en Hechos. La conversión como tal aparece en Hechos 10. Lucas la repite en Hechos 11, ya que Pedro relata los eventos a los creyentes en Jerusalén que se habían turbado por la asociación de Pedro con los gentiles. Los judíos pensaban que Pedro se contaminaría si se acercaba a un gentil. Sin embargo, Pedro les explicó cómo el Espíritu Santo había descendido sobre Cornelio y su familia cuando creyeron en Jesús, de la misma manera que los cristianos judíos lo habían experimentado. Pedro volvió a hacer referencia a esta experiencia cuando testificó en el Concilio de Jerusalén (cap. 15). ¿Qué vio Lucas en la conversión de Cornelio que justificó semejante atención? En términos sencillos, fue lo que marcó el inicio de la misión a los gentiles.

> **Lucas estaría encantado de recordarnos que Dios usa a las personas para cumplir su plan.**

El Concilio de Jerusalén

Lucas marcó el punto de inflexión de su relato con el debate en Hechos 15 en el **Concilio de Jerusalén**. Este es el verdadero centro de Hechos, tanto desde una perspectiva narrativa como teológica. El debate se enfocó en definir las fronteras del verdadero pueblo de Dios. Por un lado, Pedro, Pablo y Bernabé representaron la perspectiva de que la fe y la presencia del Espíritu Santo ahora definían al verdadero pueblo de Dios. Por otro lado, los **judaizantes**, los que intentaban imponer sobre los gentiles las costumbres judías, no rechazaban la fe, pero también enfatizaban la circuncisión y la obediencia a la ley de Moisés. Finalmente, después de mucho debate, la iglesia de Jerusalén, bajo el liderazgo de Jacobo, autorizó la expansión del evangelio a los gentiles sin la circuncisión ni la obediencia a la ley (15:19).

La misión a los gentiles como cumplimiento de las Escrituras de Israel

El propósito de Lucas no fue únicamente relatar la historia de la inclusión de los gentiles al pueblo de Dios; él también quería demostrar que la expansión del evangelio y, en específico, la misión a los gentiles, había sido el plan de Dios desde el principio. Lucas sostuvo su argumento con una demostración de que la misión a los gentiles era el cumplimiento de las Escrituras de Israel. El evangelista infundió su relato con un sentido de la única Biblia que conocía, las Escrituras hebreas, lo que los cristianos ahora llaman el Antiguo Testamento. El abundante uso de pasajes del Antiguo Testamento por parte de Lucas (treinta y siete citas y muchas alusiones adicionales) revela una mente y un corazón saturados con la Palabra de Dios. Es interesante que el uso más frecuente del Antiguo Testamento en Hechos está en los discursos, que componen más de trescientos de los mil versículos en Hechos. Un ejemplo de algunos discursos importantes nos aclara el uso continuo de Lucas de las Escrituras hebreas.

Pentecostés

En el sermón fundacional en **Pentecostés,** Lucas documentó que Pedro citó Joel 2:28-32 para demostrar que las Escrituras estaban siendo cumplidas en los eventos de ese día (2:17-21). Él desarrolló aún más el argumento en Hechos 2:22-36 y usó Salmos 16:8-11 y 110:1 para demostrar que (1) la resurrección de Jesús era el único resultado posible, con base en la presencia continua de Dios con Él y (2) la ascensión de Jesús a la diestra del Padre revelaba que era el Señor del universo. El posterior sermón de Pedro en el recinto del templo comenzó con una afirmación de que Dios había predicho por medio de "todos sus profetas" que el Cristo habría de sufrir (3:18). En una movida clave, Pedro luego vinculó a su audiencia aquel día con los propósitos de salvación de Dios, comenzando desde Abraham: "En tu simiente serán benditas todas las familias de la tierra" (3:25, citando Gn. 12:3; 22:18; 26:4). Por tanto, Pedro argumentó que, en Cristo y en la misión de la iglesia primitiva, Dios había cumplido su promesa a Abraham. Las Escrituras profetizaban, no solo de Jesús como Señor del universo, sino también del plan supremo de Dios de bendecir a todas las naciones.

El discurso de Esteban

Lucas hace un despliegue de la historia de Israel, más que en ninguna otra parte en Hechos, en la defensa de Esteban (7:2-53). El discurso fue una respuesta directa a la acusación de blasfemia hecha contra Esteban ante el Sanedrín (6:8-14). En su respuesta, Esteban argumentó que el cristianismo no era una desviación del judaísmo, sino que era su continuación e, incluso, su cumplimiento.

Esteban resumió un milenio de historia de Israel, comenzando desde Abraham (7:2-8), continuando con José y la traición de sus hermanos

(7:9-19) y con Moisés (7:20-44) y concluyendo con David, Salomón y la superioridad del tabernáculo comparado con el templo, un edificio hecho por manos humanas (7:45-50).

El discurso de Esteban afirmaba varios puntos clave. (1) El cristianismo era la continuación natural de la historia de Israel y el cumplimiento de la Escritura. (2) La presencia y la actividad de Dios no pueden ser limitadas a un solo lugar, ni a Jerusalén ni al templo. (3) La historia de Israel estuvo marcada por rebeliones contra Dios y contra sus mensajeros; el asesinato de Jesús ofrecía un ejemplo adicional de esta rebelión. El discurso de Esteban preparó el camino para el movimiento del evangelio fuera de Jerusalén. De la misma manera, colocó a los israelitas que habían matado al Mesías en continuidad con sus padres que habían rechazado a los profetas.

El sermón de Pablo

El primer discurso importante de Pablo que Lucas documenta fue su sermón en la sinagoga de Antioquía de Pisidia (13:16-41). Aunque el sermón aparece en un contexto radicalmente diferente del de Esteban, ambos usaron las Escrituras de Israel para demostrar que (1) Jesús fue el cumplimiento del Antiguo Testamento y, como tal, el cristianismo era la continuación del plan de Dios (13:16-37); y (2) el camino a Dios ahora estaba abierto para todo el que creyera, incluyendo los gentiles (13:38-41).

Una vez más, Lucas resaltó que la caída de las barreras entre los judíos y los gentiles estaba en el centro del plan divino. Pablo concluyó el sermón citando Habacuc 1:5 como una advertencia a su audiencia

> Si Lucas estuviera aquí, nos recordaría que Dios es un Dios fiel que siempre cumple sus promesas.

judía de que debían evitar ser contados entre los burladores que rechazaban el plan de Dios. Es interesante que, cuando Pablo regresó a la sinagoga después del día de reposo, algunos judíos tomaron el rol de "burladores" y retaron a Pablo. Este, hablando por sí mismo y por Bernabé, respondió: "A vosotros [los judíos] a la verdad era necesario que se os hablase primero la palabra de Dios; mas puesto que la desecháis, y no os juzgáis dignos de la vida eterna, he aquí, nos volvemos a los gentiles. Porque así nos ha mandado el Señor" (13:44-47). Pablo luego citó Isaías 49:6 como fundamento bíblico para testificar a los gentiles: "Te he puesto para luz de los gentiles, a fin de que seas para salvación hasta lo último de la tierra".

Lucas insertó su relato en las Escrituras de Israel por al menos dos razones. Primero, quería confirmar el rol de Jesús como el cumplimiento de la Escritura. Jesús era la simiente de David, el Salvador mesiánico de Israel. Segundo, deseaba justificar el plan de Dios para la salvación de todos, judíos y gentiles, como el cumplimiento supremo de los propósitos de Dios.

La misión a los gentiles dirigida por la obra del Espíritu Santo

Si bien la voluntad de Dios determinó el movimiento del evangelio desde Jerusalén hasta lo último la tierra, fue el Espíritu Santo quien de hecho dirigió los eventos. En realidad, Lucas enfatizó al Espíritu tanto que el libro bien pudo haber sido llamado "Los Hechos del Espíritu Santo", en lugar de "Los Hechos de los Apóstoles". Lucas dejó muy claro que el Espíritu fue la fuerza dinámica que se manifestó en los milagros, las lenguas, los sueños, las visiones y los pronunciamientos proféticos.

Lucas trasladó este énfasis en el Espíritu Santo desde su Evangelio. Así como el Espíritu descendió sobre Jesús en su bautismo y lo llenó de poder para su misión (Lc. 3:22), de la misma manera el Espíritu descendió sobre los creyentes en Pentecostés y los llenó de poder para su misión (Hch. 1:8; 2:1-4). Tal como el ministerio público de Jesús comenzó con un reconocimiento de que el "Espíritu del Señor" estaba sobre Él (Lc. 4:18), también el ministerio público de los apóstoles Pedro y Juan comenzó con el reconocimiento de que el Espíritu del Señor estaba sobre ellos (Hch. 4:8, 31). De hecho, los principales personajes en la expansión del evangelio son descritos con las palabras "llenos del Espíritu Santo" (Esteban y Felipe en 6:3-5; 7:55; Bernabé en 11:24; y Pablo en 9:17; 16:6-7; 20:22-23).

Milagros y lenguas

Una gran variedad de **milagros** aparece en Hechos, incluyendo sanaciones de cojos (caps. 3; 5; 9; 14), de un ciego (cap. 9), exorcismos (cap. 16), la resurrección de muertos (caps. 9; 20), liberaciones de la cárcel (caps. 12; 16), así como juicios milagrosos (caps. 5; 13). Estos milagros sirvieron como certificación de la resurrección de Jesús, ya que fueron hechos "en el nombre de Jesucristo" (3:6; 4:10, 30; 16:18). Estos también confirmaron que el poder y la presencia de Jesús continuaron mediante la obra del Espíritu Santo en la vida de Pedro, Pablo y de los demás apóstoles que los realizaron.

Existen numerosos paralelos entre los milagros realizados por Jesús en el Evangelio de Lucas, los milagros de Pedro entre los judíos y los de Pablo entre los gentiles. Por ejemplo, la sanación de un paralítico por parte de Jesús en Lucas 5:17-26 tiene una semejanza asombrosa con la sanación de un cojo por parte de Pedro (13:1-10) y de Pablo (14:8-10). La resurrección de Tabita por parte de Pedro (9:36-43) y de Eutico por parte de Pablo (20:7-10) recuerda la resurrección del hijo de una viuda de Naín por parte de Jesús en Lucas 7:11-17. La sanación de una mujer con flujo de sangre durante doce años cuando ella solamente tocó el borde del manto de Jesús en Lucas 8:43-44 corresponde con las personas que fueron sanadas por la sombra de Pedro que caía sobre ellos (5:15) y otros por tocar los paños de Pablo (19:12). Las similitudes entre los milagros de Jesús y de los apóstoles sirven como confirmación de que el poder de Dios que estuvo activo durante el ministerio de Jesús siguió estándolo en el de los apóstoles.

La capacidad de los apóstoles de hablar en las diferentes lenguas de la multitud reunida en Pentecostés constituyó el primer milagro del Espíritu Santo en Hechos (2:1-11). Aunque existe un gran debate sobre este asunto, la habilidad de hablar en "lenguas" marcó la presencia y el poder del Espíritu en momentos clave del movimiento del evangelio. Por tanto, fue *el* milagro en Pentecostés, cuando la iglesia estaba siendo fundada en Jerusalén, y también es mencionado de forma notoria cuando el Espíritu descendió sobre Cornelio, el gentil, y sobre su familia (10:44-47). Como resultado de estas señales y prodigios realizados por los apóstoles mediante el poder del Espíritu Santo, los individuos fueron evangelizados y el evangelio continuó su expansión hasta lo último de la tierra.

Sueños y visiones

Lucas demostró la forma en que el Espíritu Santo utilizó sueños y visiones para asegurar que se cumpliera el plan de Dios. Pedro predijo la importancia que los sueños y las visiones tendrían al citar Joel 2:28-29 en su sermón en Pentecostés. Pedro insistió en que los eventos que sucedieron aquel día representaban el derramamiento prometido del Espíritu de Dios, que resultaría en jóvenes viendo visiones y ancianos teniendo sueños (2:17). Estas palabras se cumplieron en Esteban, que tuvo una visión del Cristo resucitado, sentado a la diestra de Dios (7:55-56); en Pedro, cuya visión de los animales impuros que descendían del cielo, acompañada por la voz de Dios que decía: "mata y come", hizo que Pedro entendiera que todos, incluso los gentiles, eran

> Lucas nos preguntaría hoy si el Espíritu Santo está o no dirigiendo y llenando de poder nuestro ministerio.

aceptables ante Dios (10:9-16); y en Pablo, que tuvo una visión del Cristo resucitado que lo llamaba a predicar el evangelio a los gentiles (9:3-6). Fue una visión lo que movió a Pablo a ir a Macedonia (16:9-10). Más adelante, el Señor habló a Pablo en una visión y le aseguró que debía continuar predicando, pues el Señor estaba con él (18:6-10). Finalmente, el Señor se apareció a Pablo en una visión en medio de una terrible tormenta en el mar y le aseguró que sobreviviría y que llegaría a salvo a Roma (27:23-25). Estas visiones ofrecieron aliento y guía en los momentos críticos de la expansión del evangelio.

Profecías

Lucas también demuestra que el Espíritu Santo dirigió los eventos mediante la profecía. La cita de Pedro de Joel 2:28-29 en su sermón en Pentecostés introdujo la importancia de la profecía: "vuestros hijos y vuestras hijas profetizarán" (2:17). Las palabras de Pedro hallaron su cumplimiento en el profeta Agabo (11:27-29; 21:9-11), en Judas y Silas (15:32), en los creyentes de Éfeso (19:6) y en las hijas de Felipe (21:8-9).

Lucas (en los Hechos) infundió confianza en que los propósitos de Dios *triunfan* por sobre toda oposición

Es comprensible que los primeros creyentes a veces se desanimaran y dudaran del poder de Dios. Aunque no sabemos cuál fue la audiencia específica a la que Lucas se dirigió, sí sabemos que los primeros seguidores de Jesús enfrentaron dificultades, conflictos, persecución e, incluso, martirio. Para él, era importante relatar la historia del triunfo de Dios para animar a los seguidores de Jesús. A pesar del sufrimiento, de la oposición y hasta de la muerte, los propósitos de Dios y su pueblo triunfarían. De hecho, la persecución serviría como un catalizador para los propósitos de Dios.

Al inicio de Hechos, Lucas relató que algunos eventos importantes conspiraron para amenazar el compromiso de los seguidores de Jesús y su determinación de compartir con valentía el evangelio "hasta lo último de la tierra". En el primer capítulo, la ascensión de Jesús al cielo significó que el pequeño grupo de seguidores de Jesús ahora estaría sin su presencia física (1:9-11). Sin embargo, ellos regresaron obedientemente a Jerusalén, tal como lo había mandado Jesús (1:4) y esperaron la venida prometida del Espíritu Santo. El derramamiento del Espíritu en Pentecostés significó que la presencia de Dios estaría con ellos de una forma aún más íntima. Tras la sanación del mendigo cojo fuera del templo por mano de Pedro y de Juan y el sermón de Pedro a la multitud que se había reunido (3:1-26), los dos fueron arrestados por los líderes judíos y se les prohibió hablar en el nombre de Jesús (4:1-18). A pesar del decreto de las autoridades, Pedro y Juan, llenos del Espíritu Santo, continuaron hablando la Palabra de Dios con valor (4:31).

Lucas documentó el intento de Ananías y de Safira de mentir al Espíritu Santo y engañar a la iglesia para su propia gloria. Esto presentó una amenaza interna a la unidad de la iglesia (5:1-11). El juicio veloz y brutal de Dios, que resultó en la muerte de estos dos, reveló su deseo no solo de proteger la santidad de su pueblo, sino también la unidad de la iglesia, sin importar el costo. El resultado fue que la reverencia a Dios creció, la unidad quedó intacta y "los que creían en el Señor aumentaban más, gran número así de hombres como de mujeres" (5:14). La muerte brutal de Herodes Agripa I, que murió comido por gusanos (12:20-23), y el juicio que dejó ciego a Elimas Barjesús, el mago que intentaba desanimar a Sergio Paulo de creer en Jesús (13:1-11), demostró de la misma manera que Dios no sería derrotado y que caerían calamidades contra los que se oponían a sus propósitos.

No se puede hablar de sufrimiento por causa del evangelio sin mencionar a Pablo. Lucas dio una lista notable de las aflicciones de Pablo: oposición incitada por los líderes de la sinagoga en Antioquía de Pisidia (13:44-47), en Iconio (14:1-2) y en Corinto (18:12-17), lapidación en Listra (14:19), resistencia demoníaca, golpes con varas y cárcel en Filipos (16:16-40), hostilidad de toda la ciudad que lo obligó a huir a Tesalónica (17:5-9), juicio ante el procónsul Galión en Corinto (18:12-16), una turba violenta en Éfeso (19:23-41), arresto en Jerusalén (21:27-36), cárcel por dos años en Cesarea (caps. 24–26), naufragio (cap. 27), una mordedura de serpiente en Malta (28:1-6) y arresto domiciliario por dos años en Roma (28:16-31). Pablo no exageró cuando afirmó que llevaba en su cuerpo "las marcas del Señor Jesús" (Gá. 6:17). Y, aun así, Pablo fue vindicado en cada oportunidad y, más importante aún, el evangelio continuó extendiéndose a todos los pueblos y lugares. Probablemente, la victoria de los propósitos de Dios queda mejor demostrada en la última palabra de Hechos en el texto griego, un adverbio que significa "sin impedimento". A pesar

Si Lucas estuviera aquí hoy, nos retaría a enfrentar nuestras pruebas con confianza porque Dios está con nosotros y es soberano.

de todo, después de treinta años de aflicción, ahora encadenado entre guardias romanos, Pablo seguía proclamando el reino de Dios y la enseñanza sobre el Señor Jesucristo "sin impedimento".

Lucas indicó que la oposición, las dificultades y el sufrimiento ofrecieron más oportunidades para el ministerio. Él quería que todos supieran que Dios y sus propósitos no pueden ser derrotados por la oposición. Al mismo tiempo, Lucas no menospreció el sufrimiento y hasta el martirio del pueblo de Dios. El triunfo de Dios y de sus propósitos no negaba la realidad del sufrimiento. De hecho, como lo reconocerían cristianos posteriores, "La sangre de los mártires es la semilla de la iglesia" (Tertuliano, *c.* 200).

Lucas (en los Hechos) presentó el ideal para la *iglesia* en todas las edades

El reto interpretativo

Lucas escribió un libro informativo y retador. Sin embargo, para los que lo aceptan como la Palabra de Dios, es también un relato acreditado de lo que sucedió en las tres décadas tras la muerte y la resurrección de Jesús. Aún más, es una guía para la vida hoy.

El reto es distinguir entre lo que Lucas describía solamente y lo que pretendía enseñar como doctrina **normativa** para la iglesia en todas las edades. Ciertamente, no todo en Hechos fue escrito como un mandato para la iglesia en el futuro. La mayoría de los cristianos hoy se sentirían cómodos con usar Hechos 1:8 como un reto para llevar el evangelio fuera de nuestra propia "Jerusalén" a los pueblos no alcanzados del mundo. En cambio, ¿usarían esos mismos cristianos el juicio sobre Ananías y Safira en Hechos 5 como un modelo para la disciplina en la iglesia? Cuando Lucas incluyó las suertes como método para seleccionar el remplazo de Judas, ¿pretendía que fuera un modelo para determinar la voluntad de Dios (1:15-26)?

El reto interpretativo es determinar cuándo Lucas se limita a describir eventos y cuándo busca prescribir acciones para su audiencia. Una de las pautas clave para reconocer la enseñanza normativa es la presencia de un patrón repetido en diferentes episodios. Es mucho más probable que Lucas haya pretendido que algo se convirtiera en un modelo para todos los cristianos de la posteridad si lo repitió. Sin embargo, incluso en este caso, esta enseñanza debe compararse con otros pasajes de las Escrituras para ser confirmada.

Relatos de resumen

Lucas usó tres **relatos de resumen** que describen prácticas habituales de la iglesia primitiva (2:42-47; 4:32-35; 5:12-16) como modelo a seguir por la iglesia en el futuro. Una comparación entre los tres relatos de resumen revela: (1) una comunión caracterizada por la generosidad en cuanto a los bienes y (2) una comunión caracterizada por el testimonio.

Una comunión caracterizada por la generosidad en cuanto a los bienes

Lucas dejó claro que una preocupación por los pobres y una mayordomía adecuada de las posesiones eran una marca unificadora de la iglesia primitiva. La unidad y el compañerismo (*koinonía*) que fueron tan vitales para la vida de la iglesia se expresan de forma tangible en la generosidad con los que tienen necesidad. Aunque la comunión también se expresaba en comidas y adoración compartidas, Lucas enfatiza las posesiones compartidas (2:44-45; 4:32-35). El espíritu de compañerismo que permeaba la iglesia primitiva movía a los individuos a compartir entre sí sus propiedades. "Así que no había entre ellos ningún necesitado; porque todos los que poseían heredades o casas, las vendían, y traían el precio de lo vendido, y lo ponían a los pies de los apóstoles; y se repartía a cada uno según su necesidad" (4:34-35).

Sin embargo, debemos tener cuidado al aplicar esto a la iglesia actual. La afirmación de Lucas en Hechos 4:32 de que "tenían todas las cosas en común" no debe ser interpretada como una especie de comunismo cristiano obligatorio. Tampoco debemos interpretar estos textos como un mandamiento para todos los cristianos de "venderlo todo y darlo a los pobres". Un examen del relato más amplio de Hechos indica que la práctica era una generosidad voluntaria con los bienes materiales. La afirmación de que los creyentes de Jerusalén se reunían en la casa de María asume que ella seguía siendo la propietaria de su casa (12:12); ella no la vendió ni dio el precio a los pobres. Bernabé vendió de forma voluntaria una heredad y llevó el dinero ante los apóstoles como resultado de un espíritu de compañerismo (4:36-37). La acusación subsecuente de Pedro contra Ananías y Safira afirmaba que la propiedad, antes de haberla vendido, les pertenecía y que estaban libres de hacer lo que quisieran con ella. Si decidían vender la propiedad, ellos eran libres de contribuir con las ganancias como mejor les pareciera (5:1-11). Lucas no describe una situación donde los creyentes tienen una posesión común de todos sus bienes, sino más bien un escenario donde había tal unidad y compañerismo que ningún creyente verdadero se contentaba con tener abundancia cuando había otros que carecían de tanto (4:34).

Una comunión caracterizada por el testimonio

Las palabras de Jesús a los apóstoles en Hechos 1:8 establecieron la agenda de la iglesia primitiva. Los relatos de resumen confirman que era costumbre de la iglesia primitiva testificar de Jesús. Lucas, en forma culminante, describe la vida de la iglesia primitiva en los días después de Pentecostés: "Y el Señor añadía cada día a la iglesia los que habían de ser salvos" (2:47).

El segundo relato de resumen (4:32-35) resalta la generosidad en cuanto a las posesiones, pero no debemos pasar por alto su afirmación central: "Con gran poder los apóstoles daban testimonio de la resurrección del Señor Jesús" (4:33). Lucas no separó la preocupación por las necesidades materiales del ser humano de un testimonio poderoso del Cristo resucitado. Ambas cosas eran centrales para la vida de la iglesia primitiva.

Finalmente, el relato de resumen en Hechos 5:12-16 enfatizó el impacto del testimonio de la iglesia en la comunidad. El poder de los apóstoles fue evidente en las "señales y prodigios" (5:12), en un sentido de asombro (5:13) y en los enfermos que eran llevados a ellos para ser sanados (5:15-16). Sin embargo, tal como en el relato de resumen en 4:32-35, el elemento central fue el testimonio poderoso de la iglesia que condujo a un crecimiento de esta (5:14). El deseo de ser liberado de forma milagrosa de la enfermedad o de los espíritus inmundos se convirtió en un imán que atrajo a las multitudes, que a su vez experimentaron el testimonio poderoso del Cristo resucitado.

PALABRAS Y CONCEPTOS CLAVE

(en orden de su aparición destacada en el texto)

1. secciones en primera persona
2. enunciado de resumen
3. Esteban
4. Felipe
5. Pablo
6. Cornelio
7. Pedro
8. Concilio de Jerusalén
9. judaizantes
10. Pentecostés
11. milagros
12. normativa
13. relato de resumen
14. *koinonía*

RECURSOS CLAVE PARA PROFUNDIZAR EN EL ESTUDIO

Arnold, Clinton E. *Acts*. Zondervan Illustrated Bible Background Commentary. Grand Rapids: Zondervan, 2007.

Larkin, William J. *Acts*. IVP New Testament Commentary Series. Downer's Grove, IL: InterVarsity Press, 1995.

Stott, John. *El mensaje de Hechos*. Buenos Aires: Certeza Unida, 2010.

JUAN

¿Quién?

Remitente: La tradición eclesiástica temprana nombra al apóstol Juan como el escritor. La evidencia más temprana proviene de Teófilo de Antioquía (c. 180) y de Irineo (*c.* 180), quien dijo: "Juan mismo, el discípulo del Señor […] publicó el Evangelio mientras vivía en Éfeso". Si el apóstol Juan escribió el Evangelio, podemos entender por qué fue reconocido como autoritativo, a pesar de sus diferencias con los **Evangelios Sinópticos** (Mateo, Marcos, Lucas).

El apóstol Juan se refiere, con gran probabilidad, a sí mismo como el "el discípulo a quien amaba Jesús" (o "el discípulo amado"). El escritor fue testigo ocular de la vida de Jesús (1:14; 21:24-25), uno de los doce (13:23-24; cp. Mr. 14:17), uno de los siete en 21:2 (ya sea un discípulo desconocido o uno de los hijos de Zebedeo, aunque no Jacobo porque este fue martirizado poco tiempo después, Hch. 12:1-2) y recibió la confianza plena de Jesús para cuidar a su madre (19:26-27).

Sin embargo, algunos eruditos actuales no creen que Juan haya escrito el cuarto Evangelio y sugieren otros escritores como Juan el Anciano (fundamentado en una interpretación de una cita de Papías), Juan Marcos o Lázaro, quien es llamado "el que amas" (11:3). La opinión tradicional de que el escritor es Juan, el hijo de Zebedeo, es más factible.

Destinatarios: Es probable que Juan no haya escrito su Evangelio solamente a una "comunidad juanina" (como algunos afirman), sino a una comunidad cristiana más amplia.

¿Cuándo?

Ya que Juan no muestra una clara dependencia en los Evangelios Sinópticos y no menciona la destrucción del templo (a pesar de 2:13ss.; 4:21ss.), una fecha antes del 70 d. C. es factible, aunque sigue siendo posible entre el 65 y el 95. Fechas posteriores al 125 han sido rechazadas desde el descubrimiento del Papiro Biblioteca Rylands 457, fechado entre el 135 y el 150.

¿Dónde?

Éfeso es el sitio tradicional de autoría.

¿Por qué?

Algunos piensan que Juan escribió su Evangelio para suplementar los Evangelios Sinópticos, a fin de corregir un énfasis excesivo en Juan el Bautista (ver Hch. 19:1-7) o combatir ideas pregnósticas (los humanos son almas divinas atrapadas en un cuerpo malvado; ver 1:14). Juan mismo nos dice que su propósito principal fue fortalecer a los creyentes y probablemente también evangelizar: "Estas se han escrito para que creáis que Jesús es el Cristo, el Hijo de Dios, y para que creyendo, tengáis vida en su nombre" (20:31).

EL EVANGELIO DE JUAN

Matt Williams

Versículos clave

Porque de tal manera amó Dios al mundo, que ha dado a su Hijo unigénito, para que todo aquel que en él cree, no se pierda, mas tenga vida eterna (Jn. 3:16).

El ladrón no viene sino para hurtar y matar y destruir; yo he venido para que tengan vida, y para que la tengan en abundancia (Jn. 10:10).

Juan (en su Evangelio) proclamó que *Dios* el Padre *envió* a Jesús porque *amó* al mundo

JUAN (EN SU EVANGELIO)...

- proclamó que *Dios* el Padre *envió* a Jesús porque *amó* al mundo;
- demostró que Jesús era el *Cristo*, el Hijo de Dios;
- dejó claro que Jesús cumplió lo antiguo y trajo consigo lo *nuevo*;
- celebró que Jesús haya provisto *un camino*;
- se deleitó de que el camino estuviera abierto para *todos*;
- se regocijó porque los que creen pueden entrar a la vida *ahora*;
- explicó que, tal como el Padre envió a Jesús, así *Jesús envió* a sus seguidores.

Dios...

Todo debe comenzar y terminar con Dios, en especial en el Evangelio de Juan. Juan usó el término *Dios* ochenta y tres veces y *Padre* más de cien veces en referencia a Dios el Padre, el iniciador de la salvación, el que envió, el que amó, el que dirigió y el que fue glorificado. Aunque Juan mostró que Jesús, el Hijo, recibió gloria, la preocupación suprema de Jesús era glorificar al Padre: "Padre, glorifica tu nombre" (12:28); "Glorifica a tu Hijo, para que también tu Hijo te glorifique a ti" (17:1). Juan quería comunicar que Dios era un Dios relacional y amoroso que deseaba consolar a un mundo oscuro y pecaminoso que estaba de camino a la muerte y la destrucción. Dios… amó… al mundo… de tal manera que envió a Jesús.

Panorama de Juan (el Evangelio)

El libro de las señales (1–12)

El libro de la gloria (13–21)

Dios amó…

A menudo, se considera que la religión es el intento de la humanidad por alcanzar el cielo. Sin embargo, Juan nos muestra que Dios estaba cumpliendo la expectativa del Antiguo Testamento de un Dios amoroso que vendría a consolar a su creación caída: "Consolaos, consolaos, pueblo mío, dice vuestro Dios. Hablad al corazón de Jerusalén; decidle a voces que su tiempo es ya cumplido, que su pecado es perdonado" (Is. 40:1-2). Los seres humanos no podían ganarse el cielo mediante sus obras; en cambio, Dios vino y proveyó un camino.

> Juan enfatizaría que Dios se reveló a sí mismo no solo con palabras, sino también mediante el Verbo vivo, porque quería tener una relación personal con nosotros.

Juan mostró que Dios envió a su Hijo porque nos amó (3:16). Jesús entregó su vida como sacrificio porque nos amó ("Nadie tiene mayor amor que este, que uno ponga su vida por sus amigos", 15:13). Estas son "buenas nuevas" (= "evangelio") para una humanidad perdida. Dios el Creador, el todopoderoso Señor del universo, es amoroso y anhela una relación con su frágil creación, tanto que llegó al límite para ofrecerles una manera de ser perdonados y que pudieran regresar a una relación con Él.

Dios amó al mundo…

Juan quería que sus lectores entendieran cuánto había amado Dios *al mundo*, tanto que utilizó la palabra *mundo* setenta y ocho veces en su Evangelio. El término **mundo** (*kósmos*) se encuentra solo cuatro veces en la Septuaginta, la traducción griega del Antiguo Testamento. Aunque la idea de que Dios ama a todas las personas, tanto judíos como gentiles, aparece en el Antiguo Testamento, el énfasis era en el mensaje de que Dios había escogido a Israel como su pueblo especial. Aunque Dios escogió a Abraham inicialmente con la esperanza de que "serán benditas en [él] todas las familias de la tierra" (Gn. 12:3), muchos judíos de la época de Jesús habían quitado el énfasis del amor de Dios por los gentiles.

Dios amó al mundo de tal manera que envió a Jesús

De tal manera amó Dios a este mundo pecaminoso, que se sintió motivado a actuar. Él no podía quedarse inmóvil, pues el mundo estaba en una situación desesperada, cautivo al pecado y a la oscuridad, bajo la influencia del "príncipe de este mundo" (12:31; "el diablo", 8:44; 13:2; o "Satanás", 13:27) y, como resultado, sería juzgado, condenado y finalmente llevado a la muerte (5:24). Tan cierto como el ciego no puede ver (Jn. 9) y a menudo tropieza y cae, así también el mundo está en oscuridad y necesita con desesperación la invasión de la "luz del mundo" (8:12) para no tropezar y caer (11:10).

Jesús, el "Verbo" que estaba con Dios el Padre (1:1), fue enviado por Él al mundo para revelar su amor. Al usar verbos como "enviar" aproximadamente en sesenta ocasiones en su Evangelio, Juan mostró que la idea de que Jesús fue "enviado de lo alto" era muy importante. El principio *Shaliah* en el judaísmo afirmaba que "el enviado es como el que envía", lo que significa que el enviado tenía toda la autoridad de quien lo había enviado. Jesús, como el enviado, venía del Padre con toda su autoridad (3:34; 4:34; 7:29; 8:26).

Jesús vino como el "*Buen* Pastor" que amó y cuidó a sus ovejas (10:15, 28), en contraste con los pastores *malos* de Israel, que eran ciegos (9:40-41). Los líderes judíos de la época de Jesús no cuidaban de las ovejas, de manera que Dios envió un descendiente de David para rescatarlos en cumplimiento de Ezequiel 34:23: "Levantaré sobre ellas a un pastor, y él las apacentará; a mi siervo David, él las apacentará". Este buen pastor rescataría y buscaría a las ovejas perdidas, vendaría a las heridas, les daría paz, las conduciría a buenos pastos y las apacentaría (Ez. 34). Esto es amor: Jesús, el **Enviado** de Dios, sacrificó su propia vida por sus ovejas, todo porque Dios amó al mundo.

Como el Enviado, Jesús solo hacía lo que el Padre le indicaba (14:31; cp. 5:19). Jesús, el Hijo perfectamente obediente, participó en el ministerio del Padre y dijo, cerca del final de su vida: "Yo te he glorificado en la tierra; he acabado la obra que me diste que hiciese" (17:4; cp. 19:30: "Consumado es"). Así como la única esperanza para el hijo del oficial del rey que estaba tan cerca de la muerte era Jesús (4:47), este mundo "muerto" podía encontrar esperanza únicamente en la vida que vino por medio del Enviado, Jesús.

Juan (en su Evangelio) demostró que Jesús era el *Cristo*, el Hijo de Dios

Aunque Juan enfatizó a Dios el Padre, la **cristología** (= el estudio de la persona de Cristo) también fue uno de los énfasis más importantes de Juan. Jesús era el Mesías judío esperado, pero también era mucho, mucho más.

El Mesías esperado...

Aunque Dios había prometido a Israel una herencia eterna en la tierra y un trono eterno (Gn. 17:8; 2 S. 7:13), el pueblo judío en la época de Jesús vivió bajo opresión extranjera durante los seiscientos años anteriores. Esto, junto con numerosas profecías mesiánicas veterotestamentarias, despertaron en ellos un anhelo desesperado por un Mesías que viniera y los liberara de la opresión romana.

Una de las principales metas de Juan era convencer a todos de que "Jesús es el Cristo" (20:31). *Cristo* era el equivalente griego del término hebreo *Mesías*. Es decir, "Cristo" y "Mesías" significan exactamente lo mismo: "ungido". En el Antiguo Testamento, hubo muchos "ungidos" (sacerdotes, reyes, profetas y hasta el rey pagano Ciro). Sin embargo, a medida que crecía la expectativa de un Mesías venidero, las personas comenzaron a pensar menos en estos ungidos y más en un Ungido.

Las **expectativas mesiánicas** eran bastante variadas. Algunos esperaban a un sacerdote como Aarón y, otros, a un profeta como Moisés (Dt. 18:18), pero la mayoría esperaba a un **rey guerrero** como el rey David, que había liberado a Israel de la oposición de los pueblos foráneos mediante el poderío militar.

Podemos ver todas estas expectativas en Juan. Jesús fue llamado el "profeta" por la mujer samaritana (4:19) y por las multitudes judías después de la alimentación de los cinco mil (6:14; cp. 7:40; 9:17). Sin embargo, Juan demostró con claridad que la mayor parte de los judíos esperaban que el Mesías fuera un rey guerrero. Natanael afirmó: "Tú eres el Rey de Israel" (1:49). Después de la alimentación de los cinco mil, las multitudes quisieron hacer rey a Jesús por la fuerza (6:15). Cuando Jesús entró en Jerusalén, montado sobre una asna (12:13), las multitudes lo aclamaron como Rey, probablemente con la expectativa de que comenzara una revolución mesiánica contra Roma. Cuando no lo hizo, muchos de los que acababan de gritar: "Bendito el que viene en el nombre del Señor, el Rey de Israel" concluyeron que Jesús no era el Mesías y gritaron: "¡Crucifícale!". En el juicio de Jesús, el título *rey* aparece en once ocasiones. Pilato, en contra de los deseos de los principales sacerdotes, colgó un título sobre la cabeza de Jesús: "JESÚS NAZARENO, REY DE LOS JUDÍOS" (19:19).

El Mesías esperado era divino

Aunque Juan dejó claro que Jesús era el Mesías que cumplía y excedía todas las expectativas de los judíos, él no se detuvo allí. Demostró que Jesús era más que un Mesías; Él también era Dios. En el primer capítulo del Evangelio, encontramos un vistazo de esto: "el Verbo era Dios" (1:1) y "fue hecho carne" (1:14). Jesús era el Hijo preexistente y divino (1:1; 8:58; 17:5) que "habitó entre nosotros".

Como Dios, Jesús cumplía requisitos únicos para realizar acciones que corresponden a Dios, como proclamar juicio (5:22, 27-29), dar vida (5:21; 6:40) y trabajar en día de reposo (5:9-18).

La deidad de Jesús también es evidente en dos títulos diferentes que se utilizan para referirse a Jesús. El título "Hijo de Dios" puede ser usado en el Antiguo Testamento para hablar de ángeles, de Israel o del rey. Sin embargo, en Juan significa más que solo un fiel seguidor de Dios. Jesús era el "unigénito del Padre" (1:14) y el "el unigénito Dios" (1:18, NBLA). La conexión entre la palabra "unigénito" y el título "Hijo" en 3:16 nos muestra que el título "Hijo de Dios" en Juan implica **deidad ontológica**: Jesús es Dios.

Juan usó un segundo título, "**Yo soy**", con mucha más frecuencia que los escritores de los Evangelios Sinópticos. Este título fue usado por Dios en el Antiguo Testamento (Éx. 3:14: Dios dijo a Moisés: "YO SOY EL QUE SOY"). A menudo, Juan lo utilizó con un predicado: Yo soy… "el pan de vida" (6:35, 41, 48, 51), "la luz del mundo" (8:12; 9:5), "la puerta de las ovejas" (10:7, 9), "el buen pastor" (10:11, 14), "la resurrección y la vida" (11:25); "el camino, y la verdad, y la vida" (14:6) y "la vid verdadera" (15:1, 5). Sin embargo, en otras ocasiones, utilizó el título sin un predicado para indicar que Jesús era el "Yo soy" divino (8:24, 28, 58; 13:19). Al usar el título "Yo soy" con referencia a Jesús, Juan demostró que Jesús era Dios. Tomás lo entendió cuando exclamó: "¡Señor mío, y Dios mío!" (20:28).

Juan usó señales para demostrar quién era Jesús

Juan también documentó una gran cantidad de *"señales"*, que son actos o milagros importantes, para autentificar la identidad y la misión de Jesús (20:30-31). Estas señales obligaban a los testigos a decidirse a favor o en contra de Jesús. Aunque la fe basada en señales era insuficiente (2:23-24), sí era un paso hacia una fe verdadera.

Juan usó el término "señales" para solo cuatro actos de Jesús: la transformación de agua en vino, la sanación del hijo del oficial del rey, la alimentación de los cinco mil y la resurrección de Lázaro (2:1-11; 4:46-54; 6:1-14; 11:38-44; 12:18). Sin embargo, muchos eruditos también incluyen cuando Jesús sanó a un paralítico (5:1-9), cuando caminó sobre el agua (6:16-21) y cuando dio vista al ciego (9:1-7), lo que aumenta el número total de señales a siete, un número que indica perfección o plenitud. Juan también observó que "hizo además Jesús muchas otras señales en presencia de sus discípulos, las cuales no están escritas en este libro" (20:30).

Juan (en su Evangelio) dejó claro que Jesús cumplió lo antiguo y trajo consigo lo *nuevo*

Jesús trajo consigo la abundancia mesiánica esperada en cumplimiento del Antiguo Testamento. En contraste con los Sinópticos, Juan no cita de forma textual muchos versículos del Antiguo Testamento. Sin embargo, sí muestra que Jesús cumplió muchas de las metáforas y expectativas de este; muchos de estos relatos son únicos al Evangelio de Juan.

- Jesús era el nuevo templo, en cumplimiento del templo físico en Jerusalén (2:19-22).

- Jesús era el que sería levantado como la serpiente de bronce levantada por Moisés (3:14-15; cp. Nm. 21:9).

- Jesús era el "Hijo unigénito" (3:16) en cumplimiento de Israel, que era el hijo "unigénito" de Dios (Os. 11:1; cp. 4 Esd. 6:58: "Pero nosotros somos tu pueblo, tu primogénito, tu unigénito").

- Jesús sanó al cojo en cumplimiento de las expectativas del Antiguo Testamento de que el cojo "saltará como un ciervo" cuando el reino llegue (5:1-9; cp. Is. 35:6).

- Después de la alimentación milagrosa de cinco mil hombres (¡sin contar las mujeres y los niños!), ellos pidieron a Jesús que les mostrara una "señal" y que les diera maná. Los judíos esperaban que "así como el primer redentor hizo que descendiera maná […] también el último Redentor haría que descendiera maná" (Midrash Ec. 1:9). En otras palabras, lo que en realidad estaban diciendo era: "Pruébanos que eres el Mesías. ¡Muéstranos el maná!". Si Jesús les daba maná, como Moisés lo había hecho, ellos lo tomarían como una señal de que el "último Redentor" había llegado y eso sería prueba de que Jesús era el Mesías. Jesús centró su atención en sí mismo: "Yo soy el pan de vida" (6:1-51).

- Jesús dio vista al ciego en cumplimiento de las expectativas del Antiguo Testamento de que el ciego vería cuando el reino llegara (9:1-7; cp. Is. 35:5).

- Jesús era el Buen Pastor, en contraste con los malos pastores que gobernaban Israel (10:11; cp. Ez. 34).

- Jesús era la "vid verdadera" (15:1) en cumplimiento de Israel (Is. 5:7: "La viña de Jehová de los ejércitos es la casa de Israel" [cp. Jer. 2:21]).

Jesús cumplió la fiesta de los tabernáculos

Juan también se dio a la tarea de resaltar que Jesús cumplió varias fiestas judías. En la mañana, durante la **fiesta de los tabernáculos**, una fiesta para dar gracias a Dios por una buena cosecha y por sus beneficios en el desierto durante el éxodo de Egipto, los sacerdotes sacaban agua del pozo de Siloé y lo ofrecían en el altar del templo como ofrenda diaria a Dios. Esta ofrenda también servía como oración simbólica por las lluvias que traerían abundantes cosechas la temporada siguiente. En este contexto, Jesús dijo: "Si alguno tiene sed, venga a mí y beba" (7:37). El trasfondo de Ezequiel 47:1-12 nos muestra que, así como el agua física fluía del templo y producía fruto y vida, de la misma manera fluirían fruto (15:4) y vida (4:14) de los que siguieran a Jesús y que ahora son el nuevo templo de Dios.

En la fiesta de los tabernáculos, durante la noche, los sacerdotes encendían lámparas doradas en la zona del templo que producían una luz tan intensa que toda Jerusalén se iluminaba. En este contexto, Jesús anunció: "Yo soy la luz del mundo; el que me sigue, no andará en tinieblas, sino que tendrá la luz de la vida" (8:12). En esta fiesta, Jesús estaba cumpliendo los símbolos religiosos del judaísmo.

Jesús cumplió la fiesta de la dedicación

Jesús también cumplió la **fiesta de la dedicación**, o **Janucá**. Esta fiesta era una celebración tanto de la victoria judía sobre el gobernante pagano seléucida Antíoco Epífanes IV bajo la familia de los Macabeos como de la rededicación del templo. En la época de Jesús, también preveía la esperanza de la liberación de los romanos. En 10:24, los "**judíos**" (en Juan, el término "judíos" usualmente se refiere a los líderes judíos incrédulos) "rodearon" a Jesús para descubrir si era o no el Mesías. Ellos esperaban que Jesús fuera el liberador mesiánico que vencería a los romanos. Jesús era el Mesías, pero no un rey mesiánico vencedor. La respuesta de Jesús a estos líderes judíos era que ya había demostrado ser el Mesías mediante sus milagros y que sus ovejas lo conocían (10:25-27). Cuando los judíos intentaron matar a Jesús, Él pasó al otro lado del Jordán, donde muchos creyeron en Él (10:40-42). Es irónico que, del otro lado del Jordán, Jesús tuvo éxito, mientras que, en el corazón del judaísmo, en el templo, fue rechazado.

Jesús cumplió la fiesta de la pascua

Juan enfatizó la **pascua** más que cualquier otro Evangelio. Solo él mencionó que la muerte de Jesús ocurrió precisamente en el mismo momento en que los corderos pascuales estaban siendo sacrificados (19:14). Tal como el cordero pascual, ni un solo hueso de Jesús fue quebrado en su sacrificio por los pecados del mundo (19:33; Éx. 12:46). Juan es el único Evangelio que menciona que a Jesús le dieron de beber con una rama de hisopo, que se usaba en la pascua para pintar los marcos de las puertas con la sangre (19:29; Éx. 12:22). La sangre de Jesús, no de un cordero, ahora ofrece perdón para el pueblo de Dios.

Jesús fue rechazado por los judíos

A pesar de sus abrumadoras credenciales como el Hijo enviado de Dios, como el cumplimiento de las expectativas de los judíos, Jesús fue rechazado por muchos de entre su propio pueblo. "A lo suyo vino, y los suyos no le recibieron" (1:11). Una gran parte del Evangelio de Juan parece un "**juicio**" contra Jesús.

- Después de purificar el templo, los judíos pidieron una señal milagrosa que probara su autoridad (2:18).

- Después de sanar a un paralítico en el estanque de Betesda en día de reposo, los judíos lo persiguieron (5:16).

- A pesar de alimentar a cinco mil, muchos de sus "discípulos volvieron atrás, y ya no andaban con él" (6:66).

- En la fiesta de los tabernáculos, "procuraban prenderle" (7:30, 44).

- Después que Jesús enseñara que era la Luz del Mundo, los presentes pensaron que estaba poseído por un demonio (8:48).

- Después de la sanación de un ciego, los judíos afirmaron equivocadamente que este no había estado ciego (9:40).

- En la fiesta de la dedicación, tomaron piedras para matarlo (10:31).

- Juan afirmó en 11:53 que "desde aquel día acordaron matarle", lo que culminó en el juicio de Jesús ante oficiales judíos y romanos, y luego en su crucifixión.

Sin embargo, al mismo tiempo, algunos sí creyeron en Él. De hecho, después de casi todos los ejemplos de rechazo en el Evangelio, se menciona que algunos creyeron. Juan presentó este tema en el capítulo 1. "A lo suyo vino, y los suyos no le recibieron" es seguido inmediatamente por: "Mas a todos los que le recibieron, a los que creen en su nombre, les dio potestad de ser hechos hijos de Dios" (1:11-12). Esta oscilación entre el rechazo y la fe continúa hasta el final del Evangelio, donde, en la crucifixión, la gran mayoría del pueblo judío rechaza a Jesús, pero algunos creen. A los pies de la cruz, estuvieron "su madre, y la hermana de su madre, María mujer de Cleofas, y María Magdalena", así como el "discípulo a quien él amaba" (19:25-26).

> Juan nos animaría y nos recordaría que, cuando parece que todos rechazan a Jesús, siempre hay algunos que deciden seguirlo.

Jesús instauró el nuevo pacto

En cumplimiento del judaísmo, Jesús también instauró el nuevo pacto esperado (Jer. 31:31). Esto es ilustrado en la primera señal de Jesús, la transformación de agua en vino. Aunque esta señal a menudo es considerada "solamente" un milagro, una inspección más profunda de las conexiones con el Antiguo Testamento muestran lo *importante* que fue.

Los judíos esperaban que el **nuevo pacto** fuera como un banquete; este milagro ocurrió durante un banquete de bodas (cp. Mt. 22:2: "El reino de los cielos es semejante a un rey que hizo fiesta de bodas a su hijo"). Ellos también esperaban mucho vino en ese banquete (Is. 25:6; Jer. 31:12, 31). Esto se ve de forma más clara en Amós 9:11, donde la señal de la restauración del "tabernáculo caído de David" sería la presencia de vino en abundancia. "He aquí vienen días, dice Jehová, en que el que ara alcanzará al segador, y el pisador de las uvas al que lleve la simiente; y los montes destilarán mosto [= vino nuevo], y todos los collados se derretirán" (Am. 9:13). Cuando Jesús produjo una gran cantidad de vino en el banquete de bodas en Caná (¡aprox. 450-680 lt [120-180 gal]!), "manifestó su gloria; y sus discípulos creyeron en él" (2:11). Ya que ellos conocían el trasfondo judío, entendieron que, al transformar el agua, que se usaba para los rituales de purificación judíos, en el vino esperado del nuevo pacto, Jesús estaba haciendo algo extremadamente *importante*; estaba marcando el inicio del nuevo pacto, que era mejor que el antiguo ("has reservado el buen vino hasta ahora", 2:10; cp. He. 8:6-12).

Jesús instauró una revelación verdadera

Como el que inauguró el nuevo pacto, Jesús también instauró la **revelación** final y verdadera que sustituyó todas las revelaciones anteriores. Aunque Dios no había hablado a su pueblo mediante profetas durante siglos (los "siglos de silencio" duraron desde Malaquías, el último profeta del Antiguo Testamento, hasta el comienzo de la época del Nuevo Testamento), Dios ahora envió su "Verbo" vivo. Como el Hijo unigénito que está en el seno del Padre (1:18; cp. 3:31-33; 7:16), Jesús no recibió su información sobre las cosas "celestiales" de segunda mano. Como resultado, Él reveló a Dios el Padre de forma única al hablar de cosas celestiales (3:11-13).

> Juan nos preguntaría por qué tantos cristianos miran al mundo para encontrar su definición de lo bueno y lo malo cuando Jesús reveló la verdad de Dios.

Juan no solo dijo que Jesús descendió del cielo, sino también que "Dios mismo le [dio] su Espíritu sin restricción" (3:34, NVI). La recepción de Jesús del Espíritu se contrasta con la experiencia de los profetas. Tal como un texto judío del siglo V a. C. comenta: "El Espíritu Santo, que desciende sobre los profetas, desciende sobre ellos de forma limitada".[1] En el Antiguo Testamento, uno de los resultados de recibir el Espíritu era la habilidad para revelar la palabra de Dios a otros: "así dice el Señor". Ya que Jesús recibió el Espíritu "sin restricción", Él pudo revelar a Dios de forma completa y definitiva.

Como la Luz del Mundo, Jesús vino para brillar con la **luz** reveladora de Dios. Cuando las personas encontraban esta luz, podían ver *espiritualmente*, con tanta claridad como el ciego de Juan 9 pudo ver físicamente cuando la Luz del Mundo lo sanó. Cuando Jesús alumbra la luz de la revelación, Él instaura verdad, porque "Dios es veraz" (3:33; cp. 4:18; 8:31-32).

Juan (en su Evangelio) celebró que Jesús haya provisto un *camino*

A pesar del rechazo de muchos de los de su pueblo, Jesús fue a la cruz y "su vida [dio] por las ovejas" (10:11). El dador de la vida murió. Paradójicamente, Juan se refiere a la "hora" de la muerte de Jesús con los términos "glorificado" (12:23; 13:31) y "levantado" (3:14; 8:28; 12:32). El término "levantado" era usado en griego para cuando una figura real llegaba al trono; ¡Jesús fue coronado como rey cuando fue "levantado" en la cruz! Fue levantado espiritualmente cuando lo fue físicamente.

La afirmación de Juan el Bautista: "He aquí el Cordero de Dios, que quita el pecado del mundo" (1:29) pudo haber sido una alusión a la futura muerte de Jesús en cumplimiento del cordero pascual que fue sacrificado para salvar a los israelitas (Éx. 12:21, 27) o bien pudo haber sido una referencia a Isaías 53:4-7, donde el profeta habla de un "siervo" que sufriría.

Después de la alimentación de los cinco mil, Jesús enseñó que Él era el "pan de vida". "El pan que yo daré es mi carne, la cual yo daré por la vida del mundo" (6:51). Es gracias a la muerte sacrificial de Jesús que creer en Él conduce a la vida.

"El buen pastor su vida da por las ovejas" (10:11). Aunque la preposición que usa Juan ("por" o "en lugar de") no parece demasiado relevante, sí es importante teológicamente porque contiene la idea de una **expiación sustitutiva**. Juan observa que Jesús dio su vida como sacrificio "por" o "en lugar de" otros. Pablo explicó la teología: "Al que no conoció pecado, *por* nosotros lo hizo pecado, para que nosotros fuésemos hechos justicia de Dios en él" (2 Co. 5:21, énfasis añadido).

> Si Juan estuviera aquí hoy, nos diría que podemos recibir perdón *completo* de nuestros pecados porque Jesús pagó el precio en la cruz.

Juan también señaló a sus lectores la muerte sacrificial de Jesús en 11:50: "Nos conviene que un hombre muera por el pueblo".

La vida se encuentra en Jesús al creer

Sin embargo, la muerte sacrificial de Jesús no extendió vida eterna de manera automática a todos en el mundo. Para recibir esa vida, es necesario creer en Jesús (20:31). En el original, Juan nunca usó el sustantivo aislado "fe"; siempre usó el verbo que se traduce "**creer**" o "**tener fe**" (¡en noventa y ocho ocasiones!). Con el uso constante del verbo, Juan enfatizó la respuesta activa de creer.

La idea de "creer" en la iglesia contemporánea se ve a menudo como un acto realizado únicamente por el cerebro; es decir, un acto intelectual. Es cierto que creer incluye un asentimiento intelectual de los hechos, pero Juan mostró que el verdadero creer en Jesús siempre conduce a la obediencia. Por ejemplo, fue solo porque el oficial del rey creyó en Jesús que pudo irse y regresar a su hijo (4:50). Fue solo porque el ciego creyó en Jesús que fue al estanque de Siloé para lavarse (9:7, 38).

La vida se encuentra solo en Jesús

Juan dejó claro que el camino a la vida es *solo* por la fe en Jesús. Los discípulos no pueden encontrar vida en la ley, ni en Moisés ni en ningún otro camino a Dios. Deben creer en Jesús: "Mas a todos los que le recibieron, a los que creen en su nombre, les dio potestad de ser hechos hijos de Dios" (1:12).

En la actualidad, no es popular hacer la afirmación exclusiva de que Jesús es *la* Puerta, *el* Camino, *la* Verdad, *la* Vida, *la* Resurrección, *el* Pastor, *el* Pan de Vida y *la* Luz. Sin embargo, Juan enseñó, en su igualmente pluralista siglo I, que en ningún otro nombre hay vida más que en Jesús y que "el que no cree, ya ha sido condenado, porque no ha creído en el nombre del unigénito Hijo de Dios" (3:18).

Juan (en su Evangelio) se deleitó de que el camino estuviera abierto para *todos*

Salvación para los judíos

Aunque era cierto que Jesús fue enviado al pueblo de Israel para consolarlo (Is. 40:1), Juan escribió que Israel como conjunto no aceptó a su Mesías:

"A lo suyo vino, y los suyos no le recibieron" (1:11). Aunque Jesús trajo juicio sobre el príncipe de este mundo (12:31), Israel también sería juzgada si no respondía a Jesús. Por ejemplo, Él les dijo a los fariseos que serían juzgados por su ceguera (9:39-41). Este juicio no significaba que todos los judíos serían excluidos de la vida que Jesús ofrecía. Más bien, significaba que la definición misma del pueblo de Dios se había expandido. Juan enfatizó que el ofrecimiento de la vida eterna era para "todo aquel que en él cree" (1:12; 3:16).

Si bien esta oferta universal tiene todo el sentido para las personas actuales que asisten a iglesias compuestas principalmente de gentiles, habría sido mucho más difícil de entender en el contexto judío del siglo i. Los judíos de la época de Jesús esperaban que el Mesías trajera gloria y bendiciones a Israel. Ellos habrían citado: "Sobre ti [Israel] amanecerá Jehová, y sobre ti será vista su gloria" (Is. 60:2). No obstante, el siguiente versículo en Isaías muestra que las naciones también participarían de las bendiciones del Mesías, pero solo al unirse a Israel: "Andarán las naciones a tu luz" (Is. 60:3). Aun así, muchos en el judaísmo del siglo i no pensaban que los gentiles recibirían bendiciones cuando llegara el Mesías. Un texto judío afirma: "Jehová de los ejércitos dará banquete para todos los pueblos en este monte; y, aunque los gentiles se imaginen que es un honor, será para ellos vergüenza y grandes plagas [vendrán], plagas de las que serán incapaces de escapar, plagas con las que llegará su fin" (Tárgum de Is. 25:6).

Salvación para los gentiles

Como resultado, habría sido sorprendente para muchos judíos escuchar a Jesús hablar de una oferta universal de salvación: "Y yo, si fuere levantado de la tierra, a todos atraeré a mí mismo" (12:32). En el pasaje del Buen Pastor, Jesús habló de reunir a "otras ovejas", una referencia a los gentiles (10:16). Juan explicó la profecía de Caifás sobre la muerte sustitutoria de Jesús de esta manera: "Jesús había de morir por la nación; y no solamente por la nación, sino también para congregar en uno a los hijos de Dios que estaban dispersos" (11:51-52).

En la explicación de Juan de la misión de Jesús en los capítulos 2–4, vemos un paralelo de la expansión del mensaje del evangelio que se encuentra en Hechos 1:8 ("me seréis testigos en Jerusalén, en toda Judea, en Samaria, y hasta lo último de la tierra"). Como se mencionó antes, el milagro de la transformación de *agua en vino* mostró que Jesús instauró el nuevo pacto (2:1-11).

Todos los textos del Antiguo Testamento que mencionan la expectativa de vino (Is. 25:6; Jer. 31:6, 12; Am. 9:11-14) también mencionan a las "naciones" o "pueblos". Pareciera que Dios quería enfatizar que las naciones, o los gentiles, serían incluidos en la inauguración del nuevo pacto.

Cuando Jesús expulsó a los cambistas y a sus animales del *templo* (2:12-15), ellos probablemente se encontraban vendiendo sus artículos en el gran Atrio de los Gentiles, una zona exterior del templo donde los gentiles podían adorar a Dios. Al eliminar el escándalo, Jesús demostró compasión a los gentiles al hacer posible para ellos adorar a Dios.

Más adelante, Juan documentó que *Nicodemo* vino a Jesús de noche. Ni siquiera Nicodemo, un judío de alto rango, fue aceptado de forma automática al nuevo pacto. Nicodemo no podía confiar en su propio linaje como descendiente de Abraham; le era necesario tener fe en Jesús porque Dios amaba al "mundo" (3:16). ¡El mundo incluye tanto a judíos como a gentiles! El amor de Dios se extiende más allá de Israel e incluye a *todos los pueblos* del mundo.

En el siguiente pasaje, Juan afirmó que la *mujer samaritana* creyó, junto con toda la ciudad (4:1-42). Los samaritanos eran los enemigos de los judíos y estos consideraban que las *mujeres samaritanas* eran impuras. No obstante, esta *mujer samaritana* creyó en Jesús. La afirmación final es altamente teológica y relevante: "Ya no creemos solamente por tu dicho, porque nosotros mismos hemos oído, y sabemos que verdaderamente este es el Salvador del mundo, el Cristo" (4:42). Jesús no era solo el Salvador de los judíos; ¡era el Salvador de todo el mundo!

Después, Juan afirmó que Jesús sanó al *hijo de un oficial del rey* (4:43-54), probablemente un gentil. Cuando se dio cuenta de que Jesús había sanado a su hijo en el momento en que Jesús declaró: "Tu hijo vive […] creyó él con toda su casa" (4:53).

En otras palabras, en estos tres capítulos, Juan documentó que la oferta de salvación se extendía de Jerusalén a Samaria y hasta "lo último de la tierra" (simbolizado por el oficial gentil del rey). Juan no concluyó aquí su tema de la expansión del evangelio a los gentiles. Más adelante, en el capítulo 12, mostró que algunos griegos vinieron a hablar con Jesús. En lugar de responderles, Jesús comenzó a hablar de su muerte. Era solo por medio de su muerte que la puerta quedaría abierta de par en par para la misión a los gentiles, como lo vemos en el libro de los Hechos. Jesús dijo: "Y yo, si fuere levantado de la tierra, a todos atraeré a mí mismo" (12:32). Probablemente, las palabras escritas sobre la cruz de Jesús que afirmaban que era el "REY DE LOS JUDÍOS" fueron escritas en arameo, latín y griego (19:20) para simbolizar esta naturaleza inclusiva de la muerte de Jesús. Lo que dijeron los fariseos se volvería realidad: "Mirad, el mundo se va tras él" (12:19).

Juan (en su Evangelio) se regocijó porque los que creen pueden entrar a la vida *ahora*

Juan dijo que los judíos y gentiles que creyeran en Jesús encontrarían salvación o, en términos de Juan, "**vida**" o "**vida eterna**". En Juan, estos dos términos son sinónimos. Aunque a menudo pensamos en el futuro, posiblemente, incluso en el cielo, cuando escuchamos el término "vida eterna" (una *cantidad* de tiempo), lo principal que Juan quería que entendiéramos tiene que ver con el presente (una *calidad* de vida *ahora*). Juan sí incluyó la idea de bendiciones celestiales futuras en un par de ocasiones (p. ej.: 6:40, 54), pero puso mucho más énfasis en los beneficios de una vida transformada en el presente. "Yo he venido para que tengan vida, y para que la tengan en abundancia" (10:10). Jesús no solo da vida, sino que también la sustenta como el Pan de Vida (6:50). En la fiesta de los tabernáculos, Jesús afirmó: "Yo les doy vida eterna; y no perecerán jamás, ni nadie las arrebatará de mi mano" (10:28).

Bendiciones para los que han encontrado la vida

¿Cómo es esta "vida en abundancia"? Juan enfatizó muchas bendiciones para los que creían en Jesús: ellos recibirían todos los beneficios de ser aceptados en la familia de Dios como "hijos de Dios" (1:12). Las bendiciones del reino mesiánico son abundantes. Estas comienzan con una relación eterna y empírica con el Padre y con Jesús (14:23), que incluye adorar a Dios (4:21), pero que no se limita a esto.

> Juan nos preguntaría si, como cristianos, entendemos de verdad lo que significa "libertad".

Libertad

Los que han creído en Jesús también encuentran *libertad*: "Y conoceréis la verdad, y la verdad os hará libres" (8:32). En nuestra cultura, este término usualmente significa libertad para hacer todo lo que queramos. Sin embargo, para Juan, "libertad" significaba algo muy diferente. Juan dijo que el que creyera en Jesús conocería y obedecería la verdad de las enseñanzas de Jesús. Esta "verdad os hará libres" de la esclavitud al pecado (8:31-34). Jesús redefinió la "libertad" de forma drástica. En lugar de hacer todo lo que uno quiere, la libertad debe entenderse como la habilidad para vencer el pecado mediante la obediencia a la verdad de las enseñanzas de Jesús y el poder del Espíritu (14:26; 16:13-15).

El Espíritu Santo y paz

Aunque la persona libre sigue teniendo "aflicción" hasta cierto punto "en este mundo" (16:33), los que creen en Jesús recibirán la presencia del *Espíritu Santo* (7:37-38). El Espíritu les enseñaría y les recordaría las palabras de Jesús y les daría la *paz* que el mundo no puede entender (14:26-27). Como resultado, Jesús nos dice: "No se turbe vuestro corazón" (14:1).

Amor

Juan incluyó el *amor* como otro de los beneficios que Jesús otorga. Él quería que sus lectores supieran que eran amados con extravagancia. Este amor tiene una dimensión vertical (ya que los creyentes son amados por Dios y por Jesús [3:16; 15:12]) y una dimensión horizontal (ya que los creyentes son amados por los demás creyentes [13:34-35]). El amor y la unidad de la Trinidad sirven como el fundamento para la unidad y el amor que debe caracterizar a sus discípulos (17:26).

Gozo

Un último beneficio que los creyentes reciben es *gozo*: "Estas cosas os he hablado, para que mi gozo esté en vosotros, y vuestro gozo sea cumplido" (15:11). Jesús no estaba interesado en que sus discípulos recibieran un poquito de gozo; más bien, Él oró "para que tengan mi alegría [gozo] en plenitud" (17:13, NVI).

Como resultado de todos estos beneficios, el discípulo de Jesús "nunca tendrá hambre […] no tendrá sed jamás" (6:35). La vida con Jesús sería una vida satisfactoria que no dejaría anhelos profundos sin cubrir. "Yo he venido para que tengan vida, y para que la tengan en abundancia" (10:10). No obstante, debemos tener en cuenta que, aunque ya somos miembros del reino de Dios, también es cierto que el reino no ha llegado por completo. Como señala Juan, el príncipe de este mundo continúa ejerciendo su influencia. Los creyentes viven en un **reino inaugurado** aquí en la tierra; es decir, los creyentes pueden vencer el pecado, aunque no por completo; Dios sana, pero no siempre; y los creyentes experimentan una paz verdadera, pero siguen teniendo problemas en esta vida.

Las responsabilidades de los que han encontrado la vida

Juan quería que sus lectores supieran que no era suficiente simplemente creer en Jesús y recibir los beneficios de la fe. Convertirse en un seguidor de Jesús no es solo repetir la oración del pecador, sino que incluye una *reorientación radical* de sus pensamientos y acciones. El mundo debe poder ver una diferencia en la vida del creyente. Cuando Jesús instruyó a sus discípulos: "creed en la luz", el resultado era que vendrían a ser "hijos de luz" (12:36). La frase "hijos de luz" puede significar simplemente "caracterizados por la luz". En otras palabras, los seguidores de Jesús, la Luz del Mundo, se vuelven más como su "Padre santo" y "justo" (17:11, 25).

Santidad

El judaísmo del siglo I esperaba que el Mesías instaurara *santidad* ("No habrá injusticia entre ellos en su día, porque todos serán santos y su rey será el Señor Mesías" [*Salmos de Salomón* 17:32]). Juan llamó a los creyentes a vivir vidas santas (= "apartadas") y a no comprometer sus valores, aunque vivieran y testificaran en medio del mundo oscuro y pecaminoso ("No ruego que los quites del mundo, sino que los guardes del mal", 17:15). El *Espíritu Santo* fue dado para sernos de ayuda en el camino hacia la santidad (**santificación**).

Amor

El amor no solo es un beneficio de la salvación, sino también quizás la responsabilidad más importante que Juan nos dio. Para Juan, "**amor**" no es una emoción sentimental vaga, sino que está íntimamente conectada con actos de amor hacia Dios, Jesús y otros. El amor debe ser ejemplificado en obediencia: "El que me ama, mi palabra guardará" (14:23). Así como Jesús obedeció de manera perfecta al Padre, el creyente debe obedecer las enseñanzas de Jesús. Tal como las ovejas se colocan en fila detrás del pastor y lo siguen, de la misma manera los creyentes deben seguir al Buen Pastor "porque conocen su voz" (10:4). No se van tras el "ladrón" que solo pretende "hurtar y matar y destruir" (10:10).

Amor sacrificial

"Este es mi mandamiento: Que os améis unos a otros, como yo os he amado" (15:12). El amor a otros debe ser *sacrificial*: "Nadie tiene mayor amor que este, que

> Si Juan visitara nuestras iglesias, nos retaría a sacrificar el "éxito" para servir a otros.

uno ponga su vida por sus amigos" (15:13). El llamado para Pedro fue un llamado para todos: "Apacienta mis corderos" (21:15, 16, 17). El creyente debe cuidar con amor de las necesidades de otros. Este llamado es sacrificial; ciertamente, no es fácil. Así como el Buen Pastor lavó con humildad los pies de los discípulos (13:1-17) y entregó su vida para la gloria de Dios (10:11; 12:24), el creyente también debe negar sus deseos egoístas y servir con humildad a otros para la gloria de Dios (13:14-15).

Fruto

Con la metáfora de la vid y de los pámpanos, Jesús llamó a los creyentes: "*Permaneced* en mí" (15:4, énfasis añadido). Permanecer en Jesús y en sus palabras indica que el discípulo necesita conocer y obedecer las enseñanzas de Jesús. Si el discípulo permanece en Jesús, él o ella llevará "*fruto*" (15:5). Muchos van a los escritos de Pablo sobre el fruto del espíritu para definir lo que significa "fruto" en el Evangelio de Juan. Sin embargo, en Juan, el "fruto" está conectado exclusivamente con el amor (15:6, 9, 12, 17) y se extiende de forma remota a guiar a otros a la fe en Cristo (15:16). En otras palabras, los que "llevan fruto" son los que aman a Jesús y a otros. En última instancia, este amor conduce a la unidad en la iglesia (17:11, 22).

Juan (en su Evangelio) explicó que, tal como el Padre envió a Jesús, así *Jesús envió* a sus seguidores

Dios envió a Jesús en la misión más importante de la historia: ofrecer vida a un mundo oscuro. Aunque es cierto que Jesús completó su misión, la misión de Dios no ha sido completada del todo. La misión continúa en los seguidores de Jesús: "Como me envió el Padre, así también yo os envío" (20:21; cp. 17:18).

> Juan nos recordaría que, al ser "enviados", tenemos un papel importante en la misión de Dios.

- Así como Jesús enseñó a otros sobre Dios, sus discípulos deben enseñar a otros sobre Él (18:20).

- Así como Jesús usó "obras" (incluyendo señales milagrosas) para cuidar de las necesidades físicas y espirituales de otros, sus discípulos también hacen "obras" para cuidar de las necesidades de otros (14:12).

- Así como Jesús testificó a otros sobre el camino de la vida mediante *palabras* y *obras*, incluso en medio de la persecución y el peligro, sus discípulos deben también testificar a otros mediante sus palabras y obras ("Alzad vuestros ojos y mirad los campos, porque ya están blancos para la siega", 4:35).

- Así como Jesús experimentó odio y rechazo de parte del mundo, también sus discípulos experimentarán lo mismo por su testimonio (15:18-19; cp. 15:27–16:2).

- Así como Jesús y el Padre viven en unidad, los discípulos deben vivir también en unidad entre sí (17:23). De hecho, Juan enfatizó que la unidad de los creyentes era un elemento vital para evangelizar al mundo. Cuando la iglesia pone por obra la unidad que Jesús brinda, el mundo creerá (17:21).

- Así como Jesús ofreció perdón a muchos, los discípulos deben perdonar a otros: "A quienes remitiereis los pecados, les son remitidos" (20:23).

- Así como Jesús es el Buen Pastor, sus discípulos deben apacentar las ovejas de Él (21:15-17).

Ayuda para completar la misión

Jesús no dejó esta importante misión a sus discípulos sin darles ayuda. Tal como el Espíritu Santo tuvo un papel vital en el propio ministerio de Jesús (1:32-33; 3:34), el Espíritu Santo (también llamado el "Ayudador", el "Consolador" o el *Paracleto*) ayudaría a los discípulos (16:7-16). El Espíritu sería la poderosa presencia divina que permanecería para siempre con el creyente (20:22). El discípulo evangelizaría, pero el Espíritu sería quien convencería a otros de pecado (16:8).

Juan también documentó la poderosa promesa de Jesús sobre la **oración**. Tal como el Padre escuchó las oraciones de Jesús (11:42), Jesús prometió escuchar y responder las oraciones de los discípulos. Esta promesa vino inmediatamente tras la afirmación sobre cómo los discípulos harían obras mayores que las de Jesús: "De cierto, de cierto os digo: El que en mí cree, las obras que yo hago, él las hará también; y aun mayores hará, porque yo voy al Padre. Y todo lo que pidiereis al Padre en mi nombre, lo haré, para que el Padre sea glorificado en el Hijo. Si algo pidiereis en mi nombre, yo lo haré" (14:12-14).

No obstante, la promesa de la respuesta a la oración debe ser entendida en el contexto de Juan. Estas no son oraciones sobre deseos egoístas, sino que están conectadas con las obras "mayores"; es decir, la continuación de la misión de Dios en la tierra después de la partida de Jesús. Él continuaría su ministerio mediante respuestas a la oración de sus discípulos en busca de ayuda. Estas oraciones son para la gloria de *Dios*: "Todo lo que pidiereis al Padre en mi nombre, lo haré, para que el Padre sea glorificado en el Hijo" (14:13). Los discípulos recibieron la instrucción de orar "en el nombre de Jesús", lo que significaba que estaban pidiendo cosas que se ajustaban con el carácter y los deseos del mismo Jesús. Los creyentes son embajadores de Jesús, continúan su ministerio y buscan su ayuda para aquellas cosas que se ajustan con lo que Jesús mismo pediría en oración.

> Si Juan pudiera orar con nosotros, nos recordaría el poder de la oración y nos animaría a seguir orando, a pesar de las dificultades.

PALABRAS Y CONCEPTOS CLAVE

(en orden de su aparición destacada en el texto)

1. Evangelios Sinópticos
2. mundo
3. *Shaliah*
4. Enviado
5. cristología
6. Mesías/Cristo
7. expectativas mesiánicas
8. rey guerrero
9. deidad ontológica
10. Yo soy
11. señales
12. fiesta de los tabernáculos
13. fiesta de la dedicación
14. Janucá
15. los "judíos" en Juan
16. fiesta de la pascua
17. tema del "juicio"
18. nuevo pacto
19. revelación
20. luz
21. expiación sustitutiva
22. creer/tener fe
23. vida/vida eterna
24. reino inaugurado
25. santificación
26. amor
27. *Paracleto*
28. oración

RECURSOS CLAVE PARA PROFUNDIZAR EN EL ESTUDIO

Burge, Gary. *Juan*. CBANVI. Nashville: Editorial Vida, 2021.

Carson, D. A. *The Gospel According to John*. PNTC. Grand Rapids: Eerdmans, 1991.

Nota

1. *Leviticus Rabbah* 15.2.

LAS CARTAS DE JUAN

¿Quién?

Remitente: Cuando Eusebio (*c.* 325) habló de los Evangelios de Mateo y Marcos, dijo que Papías (*c.* 125) usó testimonios de la primera Epístola de Juan. Irineo (*c.* 180) era consciente de al menos las primeras dos epístolas y las atribuyó al apóstol Juan, el escritor del Evangelio de Juan. Clemente de Alejandría (*c.* 200) sabía al menos de una carta también. Las conclusiones sobre la autoría usualmente dependen de la relación de cada carta con el cuarto Evangelio, "Juan".

Las cartas de Juan y el cuarto Evangelio son similares en tema, sintaxis y vocabulario, lo que ha persuadido a muchos eruditos de una autoría común.

Destinatario: En 1 Juan no se mencionan destinatarios. En 2 Juan leemos que fue escrita "a la señora elegida y a sus hijos", una expresión que probablemente se refiere a una iglesia local. El destinatario de 3 Juan es Gayo. Es probable que las tres fueran dirigidas a iglesias en Asia Menor.

¿Cuándo?

La fecha de las cartas de Juan depende de la fecha del cuarto Evangelio, que pudo haber sido escrito en cualquier punto entre el 65 y el 95 d. C. Las cartas pudieron haber sido escritas poco tiempo después del Evangelio.

¿Dónde?

El consenso de los padres de la iglesia era Éfeso, donde Juan vivió después de la década del 60.

¿Por qué?

Juan escribió sus cartas:

1. para completar su gozo al saber que los creyentes experimentaban todas las bendiciones que les habían sido ofrecidas (1 Jn. 1:4);
2. para exhortarlos a no pecar (1 Jn. 2:1), sino a amar (1 Jn. 2:5; 2 Jn. 5; 3 Jn. 6);
3. para diferenciar entre los hijos de Dios y los hijos del diablo (1 Jn. 3:10);
4. para advertir a sus lectores de los peligros de la falsa doctrina y de los falsos maestros (1 Jn. 2:22; 2 Jn. 10-11; 3 Jn. 9), incluyendo las enseñanzas del pregnosticismo (ver p. 104);
5. para asegurar a los creyentes cristianos de que poseían vida eterna (1 Jn. 5:13).

LAS CARTAS DE JUAN

David A. Croteau

Versículos clave

Hijitos míos, estas cosas os escribo para que no pequéis; y si alguno hubiere pecado, abogado tenemos para con el Padre, a Jesucristo el justo (1 Jn. 2:1).

Amados, amémonos unos a otros; porque el amor es de Dios. Todo aquel que ama, es nacido de Dios, y conoce a Dios (1 Jn. 4:7).

JUAN (EN SUS CARTAS)...

- se preocupó por la verdad acerca de la identidad de Jesús: la prueba *doctrinal*;
- deseaba profundamente que los cristianos actuaran como tales: la prueba *moral*;
- estaba profundamente interesado en que los cristianos amaran como tales: la prueba del *amor*.

Estas cosas os he escrito a vosotros que creéis en el nombre del Hijo de Dios, para que sepáis que tenéis vida eterna, y para que creáis en el nombre del Hijo de Dios (1 Jn. 5:13).

Juan (en sus cartas) se preocupó por la verdad acerca de la identidad de Jesús: la prueba *doctrinal*

En la actualidad, muchas personas consideran la "doctrina" como algo tabú por causa de las "divisiones doctrinales". Sin embargo, Juan nos muestra en sus cartas que hay cosas por las que vale la pena dividirnos. Si alguno dijera que Jesús era *solo* un gran maestro de moralidad y creyera en *ese* Jesús, ¿lo salvaría tal creencia? ¿Importa quién fue Jesús en realidad o es suficiente un mero concepto general? Juan nos ofrece una verdad importante: Jesús vino en carne y es el Cristo, el Hijo de Dios. En sus cartas, Juan nos dio tres pruebas (doctrinal, moral y del amor) para que sus lectores puedan saber que tienen vida eterna (1 Jn. 5:13).

Panorama de 1 Juan

Prólogo (1:1-4)

Enseñanza e instrucción (1:5–5:12)

Conclusión (5:13-25)

Los oponentes

En las iglesias a las que escribió Juan, había surgido una controversia que se había vuelto tan divisiva que algunos "cristianos" se habían alejado de la iglesia. Aunque se han sugerido varios oponentes, el gnosticismo es la propuesta más prevalente. Sería más preciso llamar a este grupo pregnosticismo, ya que el gnosticismo no se había desarrollado por completo en la época de Juan. El **gnosticismo** era un sistema de creencias tremendamente diverso, pero todos los gnósticos creían en esencia que (1) la carne era mala y pecaminosa, mientras que el espíritu era bueno y que (2) la salvación consistía en vencer la prisión física del cuerpo al rendirse por completo a lo espiritual mediante un conocimiento especial y secreto, que solo estaba disponible para algunos (en griego, *gnósis* significa "conocimiento"). Concluyeron que Cristo no pudo haberse hecho carne, pues la carne era maligna y que tan solo *aparentó* haber tomado forma humana.

> Si Juan entrara hoy a nuestras iglesias, le sorprendería cuán poco importante es la doctrina para muchos cristianos.

La importancia de la doctrina

Este asunto doctrinal era tan fundamental que Juan llamó "anticristos" a sus oponentes (1 Jn. 2:22). En 2 Juan, dijo que, si alguno proclama esta falsa doctrina, a esa persona no se le debe permitir una base para su ministerio entre los creyentes (2 Jn. 10-11). Recibir a tales personas con hospitalidad cristiana habría indicado a otros que su enseñanza era aceptable.

La respuesta

Juan respondió a esta enseñanza inadecuada con una afirmación de lo que había oído, visto y palpado (1 Jn. 1:1-3). Por lo tanto, solo los que reconocen que Jesucristo vino en *carne* son de Dios (1 Jn. 4:2). Asimismo, afirmó con claridad que Jesús era el Hijo de Dios (1 Jn. 4:14-15) y sostuvo tanto la deidad como la humanidad de Cristo. Al contrario de las creencias de los oponentes, si los lectores de Juan creían en la humanidad de Cristo, no estarían en riesgo de comprometer su deidad. Fue este Jesús plenamente humano y plenamente divino quien fue "la propiciación por nuestros pecados; y no solamente por los nuestros, sino también por los de todo el mundo" (1 Jn. 2:2). No hay doctrina más fundamental que la identidad de Jesús. Juan creía con firmeza que la unidad a expensas de la doctrina de Cristo significaba abandonar el verdadero cristianismo.

Una fe correcta respecto a Dios el Padre

Aunque Juan no enfatizó una fe correcta en Dios el Padre tanto como lo hizo respecto a Jesús, esto siempre estuvo en el trasfondo. Juan describió a Dios como el Dios verdadero (1 Jn. 5:20), la luz (1:5), el que es omnisciente (3:20), el que es amor (4:8) y el que habita en los que lo aman (4:12, 15, 16). El objetivo de Juan fue mostrar que este Dios estaba conectado de forma íntima con Jesús, su Hijo (5:5, 10).

Juan (en sus cartas) deseaba profundamente que los cristianos actuaran como tales: la prueba *moral*

Juan dio a su audiencia una segunda prueba: si realmente crees en el Jesús verdadero, ¿estás demostrándolo con tu vida? Si crees, obedecerás sus mandamientos porque el pecado es contrario a la naturaleza de Dios y de Jesús: "Dios es **luz**, y no hay ningunas **tinieblas** en él" (1 Jn 1:5). Juan dijo: "En esto sabemos que nosotros le conocemos, si guardamos sus mandamientos" (1 Jn. 2:3).

Juan ilustró esta verdad de muchas maneras. Para que una persona pase la prueba moral, debe amar a Dios, no al mundo: "No améis al mundo, ni las cosas que están en el mundo" (1 Jn. 2:15). Amar al **mundo** incluye buscar la seguridad en lo material, como las riquezas o el estatus social. Juan dijo que ninguno que anda en tinieblas (= que vive en pecado constante) tiene **comunión** (= relación) con Dios (1 Jn. 1:5-7). Contrastó a los hijos de Dios con los hijos del diablo: "En esto se manifiestan los hijos de Dios, y los hijos del diablo: todo aquel que no hace justicia, y que no ama a su hermano, no es de Dios" (1 Jn. 3:10). Juan no requería perfección (1 Jn. 1:8), pero sí reconocer y confesar el pecado, lo que conduce al perdón (1 Jn. 1:9). Él también mencionó un ejemplo de alguien había fallado en la

> Si Juan estuviera aquí hoy, nos desafiaría a demostrar nuestra fe mediante la obediencia.

prueba moral. Juan afirmó que Diótrefes no había sido hospitalario y concluyó que, ya que había hecho lo malo, "no ha visto a Dios" (3 Jn. 9-11).

Es importante notar que Juan no dijo que la **obediencia** es la forma de ganarse la vida eterna, sino que el resultado de conocer realmente a Jesús sería la obediencia. Juan ofreció un ejemplo en Gayo (3 Jn. 1-8), que vivió una vida obediente y ayudó a otros ministros del evangelio. Un cristiano no puede afirmar que conoce a Jesús y, al mismo tiempo, vivir en desobediencia constante a las Escrituras. De hecho, "El que dice: Yo le conozco, y no guarda sus mandamientos, el tal es mentiroso, y la verdad no está en él" (1 Jn. 2:4).

Juan (en sus cartas) estaba profundamente interesado en que los cristianos amaran como tales: la prueba del *amor*

Juan estaba convencido de que un verdadero cristiano (1) tenía una perspectiva correcta de Jesús, (2) vivía en obediencia a sus enseñanzas y (3) ahora vivía una vida caracterizada por amor hacia el pueblo de Dios (= la **prueba del amor**). Ya que Dios es amor, el amor debería ser prominente en la vida del cristiano. "Y nosotros tenemos este mandamiento de él: El que ama a Dios, ame también a su hermano" (1 Jn. 4:21; este es un paralelo de las palabras de Jesús en Jn. 13:35). Juan no enseñó que el amor fluye del cristiano por pura fuerza de voluntad, sino más bien que el amor proviene de Dios y es posible por Él (1 Jn. 4:7).

> Si no amamos a otros, Juan cuestionaría si en verdad conocemos a Dios.

"El que permanece en amor, permanece en Dios, y Dios en él" (1 Jn. 4:16b). Juan se aseguró de explicar que este "amor" no era solo un sentimiento, sino que daba como resultado acciones específicas (1 Jn. 3:18). Él también dijo que "el que tiene bienes de este mundo y ve a su hermano tener necesidad, y cierra contra él su corazón, ¿cómo mora el amor de Dios en él?" (1 Jn. 3:17). Esta falta de amor mostraría que la persona en realidad permanece en tinieblas. Juan enfatizó que, si alguno dice permanecer en la luz, él o ella no puede aborrecer a otro cristiano. Esta prueba era importante porque "El que no ama a su hermano, permanece en muerte" (1 Jn. 3:14b).

PALABRAS Y CONCEPTOS CLAVE

(en orden de su aparición destacada en el texto)

1. gnosticismo
2. luz y tinieblas
3. mundo
4. comunión

5. prueba moral
6. obediencia
7. prueba del amor

RECURSOS CLAVE PARA PROFUNDIZAR EN EL ESTUDIO

Burge, Gary M. *Cartas de Juan.* CBANVI. Nashville: Editorial Vida, 2021.

Kruse, Colin G. *The Letters of John.* PNTC. Grand Rapids: Eerdmans, 2000.

Marshall, I. Howard. *Las cartas de Juan.* Buenos Aires: Nueva Creación, 1991.

APOCALIPSIS

¿Quién?

Remitente: Para determinar la identidad del autor de Apocalipsis, es necesario evaluar la evidencia externa e interna. La primera consiste en el testimonio de los padres de la iglesia, la mayoría de los cuales consideraba que el apóstol Juan escribió Apocalipsis. Las dos excepciones fueron Dionisio (siglo III) y Eusebio (siglo IV). Cuatro elementos de evidencia interna apuntan hacia la perspectiva tradicional de la autoría de Juan. Primero, el escritor menciona su nombre, Juan (1:1, 4, 9; 22:8), sin incluir sus credenciales. Esto sugiere que era bien conocido en las iglesias de Asia Menor. Segundo, Apocalipsis 19:13 conecta a Cristo con el "Verbo", al igual que Juan 1:1, 18. Tercero, el vocabulario de Apocalipsis no difiere mucho del resto de literatura neotestamentaria escrita por Juan. Cuarto, el griego más pobre de Apocalipsis, comparado con el Evangelio y las cartas de Juan, probablemente se deriva de que Juan utilizó un secretario para estos primeros escritos, pero escribió Apocalipsis por su cuenta, ya que en ese tiempo se hallaba exiliado en la isla de Patmos. Por lo tanto, es probable que el apóstol Juan sea el escritor de Apocalipsis, al igual que del Evangelio y las cartas.

Destinatarios: Siete iglesias en Asia Menor (Turquía moderna)

¿Cuándo?

Aunque algunos han sugerido fechas entre el 68 y el 70 d. C., durante o poco después del reinado de Nerón, parece más probable que Apocalipsis haya sido escrito por Juan en el 95 d. C., durante el reinado de **Domiciano**, el emperador romano. Primero, Apocalipsis 11:2 insinúa que Jerusalén ya había caído (70 d. C.). Segundo, Apocalipsis 17:10-11 sugiere que Domiciano es el octavo rey profetizado, el que está reinando cuando se escribió Apocalipsis. Tercero, "seiscientos sesenta y seis" (Ap. 13:3, 18) puede estar igualando a Domiciano con la leyenda de *Nero redivivus* (ver págs. 141, 144).

¿Dónde?

El autor mismo dice que está en la isla de Patmos, frente a la costa de Asia Menor (1:9).

¿Por qué?

Apocalipsis fue escrito para fortalecer la fe de los cristianos en Asia Menor mientras enfrentaban la amenaza del culto obligatorio al emperador y la persecución. Como carta apocalíptica profética, Apocalipsis retira el telón del cielo para mostrar a los creyentes que Cristo es el verdadero soberano del universo, no Roma ni ningún otro imperio terrenal en el futuro. Cristo reina ahora mismo, aunque de forma invisible. Sin embargo, cuando Él vuelva, hará visible su reinado y todo el mundo lo verá. En ese momento, los cristianos reinarán con Él.

APOCALIPSIS

C. Marvin Pate

Versículos clave

Bienaventurado el que lee, y los que oyen las palabras de esta profecía, y guardan las cosas en ella escritas; porque el tiempo está cerca (Ap. 1:3).

Escribe las cosas que has visto, y las que son, y las que han de ser después de estas (Ap. 1:19).

Yo Jesús he enviado mi ángel para daros testimonio de estas cosas en las iglesias. Yo soy la raíz y el linaje de David, la estrella resplandeciente de la mañana (Ap. 22:16).

> ### JUAN (EN APOCALIPSIS):
>
> - bosquejó los eventos de los *últimos tiempos*;
> - dramatizó los aspectos *"ya, pero todavía no"* de los últimos tiempos;
> - *exaltó a Dios* sobre todos los que se dicen ser dioses;
> - describió a *Cristo* al mismo nivel que Dios;
> - fortaleció la fe de los cristianos para que *permanecieran fieles* a Cristo y a su nuevo pacto.

Juan (en Apocalipsis) bosquejó los eventos de los *últimos tiempos*

Apocalipsis ha sido interpretado de muchas maneras diferentes a lo largo de los siglos. Existen tres enfoques principales para interpretar este libro entre los eruditos bíblicos actuales. (Un cuarto enfoque, el enfoque historicista, fue popular en el pasado, pero no muchos lo consideran válido hoy).

1. El *enfoque preterista* interpreta la mayor parte del libro como una representación simbólica de personas y eventos reales del *siglo I*.

2. El ***enfoque futurista*** interpreta la mayor parte del libro como una representación simbólica de personas y eventos reales que sucederán en el *futuro*, aun desde nuestra perspectiva. (Nótese que hay una gran variedad de enfoques futuristas).

3. El ***enfoque simbólico*** (o *enfoque espiritual*) dice que el libro no habla de eventos reales en el futuro ni en el pasado durante el siglo i, sino que es una descripción simbólica de la lucha del bien contra el mal y de las *realidades espirituales* que los creyentes enfrentan en cualquier momento de la historia (como persecución o guerra espiritual).

Panorama de Apocalipsis
Introducción (1)
Cartas a las siete iglesias (2–3)
Una visión del cielo (4–5)
Los siete sellos y las siete trompetas (6–11)
Incremento en el conflicto y las últimas siete plagas (12–16)
La victoria final de Dios y la Nueva Jerusalén (17–22)

El enfoque que se toma en este capítulo es una combinación de estos tres enfoques. Afirma que Juan usó estos símbolos para establecer conexiones reales con personas y eventos del siglo i (preterista), pero que estos símbolos también tendrán un cumplimiento histórico genuino en los últimos días antes de la segunda venida de Cristo (futurista). También afirma el valor continuo de las verdades espirituales (simbólico) en todo el Apocalipsis que animan a los creyentes en cualquier siglo que enfrentan persecuciones similares a las de los creyentes del siglo i o los creyentes de los últimos tiempos.

Apocalipsis 1:19 establece un bosquejo general para el resto del libro. El Cristo resucitado manda a Juan escribir

- las cosas que has visto (cap. 1);
- las que son (caps. 2–5);
- y las que han de ser después de estas (caps. 6–22).

Apocalipsis 1: "Las cosas que has visto"

Juan recibió una visión en la isla de Patmos del glorioso Cristo resucitado, basada en Daniel 7. La visión indica que Jesús mismo era el Hijo del Hombre celestial, el Anciano de días. En otras palabras, Jesús es Dios (cp. Ap. 4–5).

Apocalipsis 2–5: "Las cosas que son"

Las cartas de Juan a las siete iglesias de Asia Menor (la Turquía moderna) son mensajes de salvación o de juicio que nos recuerdan la literatura profética del Antiguo Testamento. La estructura de cada una de estas cartas puede ser divida en cuatro componentes. *(a)* Cada una comienza con una fórmula de comisión: un mandato de escribir a una iglesia específica, junto con una descripción del Hijo del Hombre que encaja en las necesidades respectivas de la congregación (2:1, 8, 12, 18; 3:1, 7, 14). *(b)* El oráculo de salvación o de juicio constituye el corazón de cada una de las cartas. Así como Dios habló por medio de los profetas del Antiguo Testamento, también el Jesús resucitado elogia o critica por medio de Juan a cada una de las siete iglesias según su situación individual. Hay tanto elogios como críticas para las iglesias en Éfeso, Pérgamo, Tiatira y Sardis (2:2-6, 13-16, 19-25; 3:1-4). Las únicas iglesias que reciben solo elogios son las de Esmirna y Filadelfia (2:9-10; 3:8-11), mientras que la iglesia en Laodicea recibe solo críticas (3:15-20). *(c)* El siguiente componente es un desafío para oír y obedecer las palabras del Señor mediante el Espíritu (2:7, 11, 17, 29; 3:6, 13, 22). *(d)* El último componente llama a las iglesias a vencer y, así, recibir bendiciones escatológicas (de los últimos tiempos) de parte de Dios (2:7, 11, 17, 26-28; 3:5, 12, 21). La tabla de la página 136 resume estos componentes.

La situación histórica de estas siete iglesias y el dilema teológico resultante era si podían o no adorar al César y a Cristo de forma simultánea. La respuesta de Juan fue un resonante ¡no! Los cristianos deben reverenciar solo a Cristo, no al César. Por tanto, en realidad estos oráculos proféticos pueden ser vistos como elogios por resistir o advertencias por no resistir la tentación de sucumbir ante el culto al César.

Caracte-rística	Éfeso 2:1-7	Esmirna 2:8-11	Pérgamo 2:12-17	Tiatira 2:18-29	Sardis 3:1-6	Filadelfia 3:7-13	Laodicea 3:14-22
Instrucción de escribir	Al ángel: iglesia en Éfeso	Al ángel: iglesia en Esmirna	Al ángel: iglesia en Pérgamo	Al ángel: iglesia en Tiatira	Al ángel: iglesia en Sardis	Al ángel: iglesia en Filadelfia	Al ángel: iglesia en Laodicea
Autodescripción de Cristo	El que tiene las siete estrellas/ en medio de los candeleros	El primero y el postrero; estuvo muerto y vivió	Espada de dos filos	Ojos y pies semejantes al bronce	Tiene los siete espíritus y las siete estrellas	El Santo, el Verdadero, el que tiene la llave de David	El testigo fiel y verdadero
Elogios	Arduo trabajo, ortodoxos (anti nicolaítas)	Resistieron la persecución de los judíos	Resistieron durante la persecución del trono de Satanás	Perseverancia	Unos pocos fieles	Fieles durante la persecución de la sinagoga de Satanás	
Críticas	Perdieron su primer amor por Cristo		Toleraban a los de la doctrina de Balaam y a los nicolaítas	Toleraban a Jezabel	Muerta		Tibio, pobre y ciego
Desafío	Regresar al primer amor o su candelero será quitado	Continuar siendo fieles	Arrepiéntete o pelearé contra ti	Resistan a Jezabel o perezcan con ella	Despierta o vendré a ti como ladrón	Continuar perseverando; serán protegidos de la hora de la prueba	Arrepiéntete, deja que Jesús entre
Llamado a oír/ obedecer	El que tiene oído, oiga	El que tiene oído, oiga	El que tiene oído, oiga	El que tiene oído, oiga	El que tiene oído, oiga	El que tiene oído, oiga	El que tiene oído, oiga
Promesa al vencedor	Comer del árbol de la vida	No sufrirán daño de la segunda muerte	Maná escondido, piedrecita blanca, nombre nuevo	Autoridad sobre naciones, la estrella de la mañana	Vestiduras blancas, nombre no borrado del libro de la vida, confesado delante del cielo	Templo de Dios, nombre de Dios	Reinará con Cristo en su trono

¿Qué hay detrás de los nombres y las descripciones de los capítulos 2–3? Los nicolaítas (2:6, 15) y la doctrina de Balaam (2:14) (ambos nombres significan "vencer al pueblo") parecen señalar a los miembros de la iglesia que decían que era permisible rendir culto al César. La doctrina de Jezabel (2:20-22) puede incluirse en esta categoría, en especial porque el culto al César y la idolatría pagana a menudo estaban conectadas en el siglo i. Vincular el culto al emperador y la idolatría pagana eran comunes en los gremios, el equivalente en el siglo i de los sindicatos modernos. Estos requerían ser miembro para poder trabajar en un ramo específico (p. ej., en la manufactura de lana o de tintes). A causa de esta tentación, el Jesús resucitado desafía a la iglesia a serle fiel (2:4-6, 8-10, 12-16, 20-25; 3:1-5, 7-12, 14-21). Los que sufrieron hasta la muerte por obedecer a Cristo, no al César, reciben especial elogio (2:8-10, 12-13), mientras que, por otro lado, los judíos que expulsaron a cristianos judíos de sus sinagogas reciben juicio. Ya que solo los judíos estaban exentos de rendir culto al César en el siglo i d. C., los cristianos judíos expulsados de la sinagoga ya no eran considerados "judíos" por Roma y, como tal, les era requerido rendir culto al emperador o recibir la persecución resultante de parte de Roma (2:9; 3:9).

Apocalipsis 4–5 regresa al punto de Juan de que Cristo, no el César, debe ser adorado. Esto puede ser visto en la manera en que Juan iguala a Cristo con Dios en su descripción de la adoración celestial (ver más adelante). Por lo tanto, como es Dios, Cristo es supremo; el César no lo es. Así pues, como David Aune ha demostrado, Apocalipsis 4–5 también retoma terminología de la corte ceremonial del imperio.[1] Los siguientes puntos de contacto con el escenario emergen en el simbolismo de los capítulos 4–5. *(a)* Los reyes romanos eran considerados divinos; sus salas de audiencia a menudo tenían arreglos artísticos que hacían referencia a las deidades. *(b)* Los asistentes a menudo eran asociados con la astrología (siete esferas planetarias [cp. Ap. 4:5], veinticuatro [el doble de los doce signos del Zodiaco] adeptos [cp. 4:4, 10; 5:6-10]). *(c)* Estos asistentes entonaban himnos de alabanza al rey divino (cp. 4:8-11; 5:9-14). *(d)* El rey dictaba justicia sobre su imperio, simbolizado por un rollo (cp. 5:1-8). Sin embargo, Juan quiso mostrar que el único Dios verdadero era, de hecho, supremo y que el César no era divino. A propósito, Juan aplicó a Jesús los títulos que comúnmente se utilizaban en el culto al emperador ("dios", "hijo de dios", "el día del señor", "el salvador del mundo") para enfatizar que su lealtad era a Cristo, no al César.

Apocalipsis 6–22: "Las cosas que han de ser después de estas"

Apocalipsis 6–18: Los ayes mesiánicos

En los siglos anteriores a la primera venida de Cristo y también durante un poco de tiempo después de esta, se escribió una buena cantidad de **literatura apocalíptica** judía. La literatura apocalíptica es un género que busca retirar el velo entre el cielo y la tierra y explicar, por medio de visiones y de símbolos, que Dios está llevando a cabo sus propósitos mientras su pueblo experimenta sufrimiento en la tierra. En esta literatura, los ayes mesiánicos se refieren al tiempo de la **gran tribulación** que vendría sobre el pueblo de Dios inmediatamente antes de la venida del Mesías (4 Esdras 7:37; Jubileos 23:11; 24:3; 2 Apocalipsis de Baruc 55:6; 1 Enoc 80:4-5). Este mismo concepto ya estaba presagiado en el Antiguo Testamento, relacionado con el día del Señor (p. ej.: Is. 24:17-23; Dn. 12:1; Jl. 2:1-11, 28-32; Am. 5:16-20; Sof. 1:14–2:3) y se encuentra en algunos puntos clave del Nuevo Testamento (Mt. 24; Mr. 13; Lc. 21; 2 Ts. 2; Ap. 6–18). Según las descripciones apocalípticas de Apocalipsis 6–18, Dios derramaría los **ayes mesiánicos**, la gran tribulación, sobre la tierra en tres oleadas de juicios: sellos, trompetas y copas. La tabla en la página 139 resume sus contenidos.

> A menudo, a la gente no le gusta pensar que Jesús vendrá a juzgar al mundo, pero Juan nos asegura que así será.

Existe un debate entre los intérpretes de Apocalipsis 6–18 acerca de si la iglesia estará o no presente en la tierra durante la expresión aún futura de la gran tribulación. Muchos piensan que no; yo pienso que sí. Si la iglesia está presente, podemos suponer que Dios la protegerá de la ira divina tal como protegió al antiguo Israel durante las plagas egipcias.

Apocalipsis 19: La parousía

Apocalipsis 19 predice el regreso de Cristo; es decir, la *"parousía"*, que derrotará las fuerzas del anticristo en Armagedón.

Apocalipsis 20: El milenio

Existen tres enfoques básicos en cuanto al tema del **milenio** (el reinado de "mil años" de Cristo): (1) **Amilenialismo:** El milenio describe el reinado espiritual *presente* de los creyentes con Cristo, tanto los que ahora viven en la tierra como los que han muerto y están en el cielo. Esta forma del reino de Dios será seguida por el regreso de Cristo, la resurrección general, el juicio final y el reinado continuo de Cristo sobre un reino perfecto en una nueva tierra en el estado eterno. (2) **Premilenialismo:** La forma presente del reino de Dios está avanzando hacia un gran clímax cuando Cristo regrese; sucederá la primera resurrección y su reino encontrará expresión en el reinado literal y visible de paz y de justicia de Jesús sobre la tierra. Después de la resurrección final, el juicio final y la renovación de los cielos y de la tierra, este reino futuro y temporal se unirá al reino eterno y Jesús reinará para siempre en la nueva tierra. (3) **Posmilenialismo:** Con el tiempo, el mundo será cristianizado, lo que resultará en un largo período de paz y de prosperidad llamado el milenio. Este período futuro terminará con la segunda venida de Jesús, la resurrección de los muertos, el juicio final y el estado eterno. Muchos intérpretes bíblicos recientes han considerado que la perspectiva premilenialista es la manera apropiada de interpretar Apocalipsis 20.

> Si Juan estuviera aquí, nos retaría a prepararnos para el regreso inminente de Cristo.

Cuatro catástrofes	Sellos		Trompetas		Copas	
	6:1-2:	caballo blanco, arco, corona, vencer	8:7:	granizo, fuego, sangre	16:2:	úlceras
	6.3-4:	caballo bermejo, la espada quita la paz de la tierra	8:8-9:	montaña ardiendo en el mar, 1/3 del mar en sangre	16:3:	mar en sangre
	6:5-6:	caballo negro, balanza	8:10-11:	estrella cae en 1/3 de los ríos, agua se vuelve amarga	16:4-7:	ríos en sangre
	6:7-8:	caballo amarillo, espada, hambre, mortandad, fieras	8:12:	1/3 del sol, 1/3 de la luna, 1/3 de las estrellas	16:8-9:	sol

Los ayes se intensifican: El fin se acerca			
6:9-11: mártires bajo el altar, "¿hasta cuándo?", "todavía un poco de tiempo"	8:13-9:11: "Ay, ay, ay", langostas demoníacas del pozo del abismo	16:10: oscuridad
6:12-17: terremoto, sol y luna, estrellas cayeron, temor general	9:13-21: doscientos millones de jinetes demoníacos junto del Éufrates	16:12-16: reyes del oriente cruzan el Éufrates para prepararse para Armagedón

Interludio			
7:1-8: sello de los 144.000, gran multitud	10:1-11: comió el rollo 11:1-3: los dos testigos	(el patrón se rompe)

El fin			
8:1: silencio	11:15: el final anunciado y celebrado, pero no descrito	16:17-21: teofanía, "la gran Babilonia vino en memoria delante de Dios"
		Caps. 17–18: La séptima copa: Roma como continuación y elaboración de la caída de Babilonia

Tomado de G. K. Beale, *The Book of Revelation*, The New International Greek Testament Commentary © 1998 Wm. B. Eerdmans Publishing Company, Grand Rapids, Michigan. Reimpreso con permiso de la editorial; todos los derechos reservados.

Apocalipsis 21–22: El estado eterno

Apocalipsis 21–22 describe la futura transformación de los cielos y de la tierra que ocurrirá tras el milenio. Si uno compara en paralelo Génesis (en especial los caps. 1–3) y Apocalipsis 21–22, es posible ver que el estado eterno restaurará lo que se perdió en el huerto del Edén.[2] (Ver tabla en págs. 142-143).

> Ya que el reino de Dios ha invadido esta era, Juan nos alentaría a entregarnos por completo al avance del reino.

Juan (en Apocalipsis) dramatizó los aspectos *"ya, pero todavía no"* de los últimos tiempos

La era venidera ha llegado, pero no ha sido completada. El reino de Dios apareció con la primera venida de Cristo (Ap. 1:1, 3, 19), pero la era venidera no será completada hasta la *parousía* y el estado eterno (Ap. 1:19; caps. 19–22). Esta tensión escatológica se revela en Apocalipsis en cinco temas relacionados:

Los cristianos reinan ahora, pero no en la tierra

Aunque los cristianos reinan con Cristo ahora desde el cielo (Ap. 1:6; 5:10, etc.), reinarán con Él en la tierra solo cuando llegue el milenio (Ap. 20:1-6).

La gran tribulación ha comenzado, pero no ha sido completada

La gran tribulación comenzó con la primera venida de Cristo (Ap. 1:9; caps. 2–3), pero solo será completada al final de una serie de juicios divinos derramados sobre la tierra en el futuro (Ap. 6–18). Estos juicios consisten en los sellos, las trompetas y las copas.

El anticristo ha llegado, pero no ha sido revelado por completo

Según el apóstol Juan, el espíritu del anticristo llegó en las personas de los césares Nerón y Domiciano (cp. 1 Jn. 2:18 con Ap. 6–16). Apocalipsis 13 iguala a estos emperadores romanos del siglo I con el anticristo o, cuando menos, con el espíritu del anticristo. En este sentido, Nerón recibe atención especial en Apocalipsis 13 relacionado con las dos bestias descritas ahí (cp. Ap. 17:9-11).

Las siete cabezas pueden referirse a las siete colinas de Roma y los diez cuernos a diez emperadores del siglo I. La bestia que subió del mar representa al procónsul romano, cuya tarea era imponer el culto al César en Asia Menor; por otra parte, la bestia que subía de la tierra alude al sacerdocio imperial en Asia Menor que tenía la tarea de ayudar al procónsul a propagar el culto al emperador. La referencia a la bestia que sobrevive una herida de muerte en la cabeza recuerda la leyenda de *Nero redivivus*, una idea que se extendió después de la muerte Nerón de que este regresaría a la vida y dirigiría a los ejércitos partos para vencer a Roma. La marca de la bestia pudo haber sido un certificado dado a quienes adoraban al emperador que les permitía comprar y vender. El número de la bestia (666) probablemente es un código matemático que simboliza el valor numérico del nombre de Nerón (las letras del alfabeto hebreo también representan números; por tanto, César Nerón en hebreo = NRWN QSR: N = 50; R = 200; W = 6; N = 50; Q = 100; S = 60; R = 200 = **666**!). Sin embargo, según Apocalipsis 17–18, la revelación completa del anticristo y la destrucción de su imperio aguardan la caída inminente de Babilonia/Roma. Por tanto, debemos anticipar que, al final de los tiempos, haya un anticristo similar a Nerón/Domiciano que exigirá adoración y perseguirá a todos los que se niegan a adorarlo.

Génesis	Restauración en Apocalipsis	
El pueblo pecador es esparcido	El pueblo de Dios se une para entonar sus alabanzas	19:6-7
"Matrimonio" de Adán y Eva	Matrimonio del Último Adán y su esposa, la iglesia	19:7; 21:2, 9
Un pueblo pecador abandona a Dios	El pueblo de Dios (la Nueva Jerusalén, la esposa de Cristo) alistado para Dios; las bodas del Cordero	19:7-8; 21:2, 9-21
Exclusión de las riquezas del Edén	Invitación a la cena de las bodas del Cordero	19:9
Satanás introduce el pecado en el mundo	Satanás y el pecado son juzgados	19:11-21; 20:7-10
La serpiente engaña a la humanidad	La serpiente antigua es atada "para que no engañase más a las naciones"	20:2-3
Dios da a los humanos dominio sobre la tierra	El pueblo de Dios reinará con Él para siempre	20:4, 6; 22:5
El pueblo se rebela contra el Dios verdadero; esto resulta en muerte física y espiritual	El pueblo de Dios se arriesga a morir por adorar al Dios verdadero y, como resultado, experimenta vida	20:4-6
El pueblo pecador es apartado de la vida	Los nombres del pueblo de Dios son escritos en el libro de la vida	20:4-6, 15; 21:6, 27
La muerte entra al mundo	La muerte es sometida a muerte	20:14; 21:4
Dios crea el primer cielo y la primera tierra, que luego son malditas por el pecado	Dios crea un nuevo cielo y tierra, donde ya no hay más pecado	21:1
El agua simboliza el caos y el desorden	Ya no hay más mar	21:1
El pecado produce dolor y lágrimas	Dios consuela a su pueblo y enjuga toda lágrima y dolor	21:4
La humanidad pecadora es maldita con peregrinaje (exilio)	El pueblo de Dios recibe un hogar permanente	21:3
La comunidad es abandonada	La comunidad genuina es experimentada	21:3, 7
El pueblo pecador es echado de la presencia de Dios	Dios habita en medio de su pueblo	21:3, 7, 22; 22:4

Génesis	Restauración en Apocalipsis	
La creación envejece y muere	Todas las cosas son hechas nuevas	21:5
El agua es usada para destruir a la humanidad malvada	Dios sacia la sed con agua de la fuente de la vida	21:6; 22:1
"En el principio [...] Dios..."	"Yo soy el Alfa y la Omega, el principio y el fin"	21:6
La humanidad pecadora sufre un exilio y peregrinaje en la tierra	Dios da una herencia a sus hijos	21:7
El pecado entra al mundo	El pecado es echado de la ciudad de Dios	21:8, 27; 22:15
La humanidad pecadora es separada de la presencia de Dios	El pueblo de Dios experimenta la santidad de Dios (una ciudad cúbica = el Lugar Santísimo)	21:15-21
Dios crea la luz y la separa de las tinieblas	No hay más noche ni luz natural; Dios mismo es la fuente de luz	21:23; 22:5
Los idiomas de la humanidad pecadora son confundidos	El pueblo de Dios es multicultural	21:24, 26; 22:2
Los pecadores son echados del huerto	El nuevo cielo/tierra incluye un huerto	22:2
Los pecadores tienen prohibido comer del árbol de la vida	El pueblo de Dios puede comer libremente del árbol de la vida	22:2 ,14
El pecado resulta en enfermedad espiritual	Dios sana a las naciones	22:2
El pueblo pecador es maldito	La maldición es quitada de la humanidad redimida y se convierte en una bendición	22:3
El pueblo pecador rehúsa servir y obedecer a Dios	El pueblo de Dios lo sirve	22:3
El pueblo pecador se avergüenza en la presencia de Dios	Los miembros del pueblo de Dios "verán su rostro"	22:4

Tomado de **The Story of Israel** por J. Daniel Hays, C. Marvin Pate, E. Randolph Richards, Preben Vang, W. Dennis Tucker Jr. y J. Scott Duvall. Copyright © 2004 por J. Daniel Hays, C. Marvin Pate, E. Randolph Richards, Preben Vang, W. Dennis Tucker Jr. y J. Scott Duvall. Usado con permiso de InterVarsity Press, PO Box 1400, Downers Grove, IL 60515. http://www.ivpress.com.

La caída de Jerusalén es el trasfondo
de la futura caída de Roma

La caída de Jerusalén en el 70 d. C. (Ap. 6–16) fue el trasfondo para la predicción de la caída de Babilonia/Roma (Ap. 17–18). En aquel momento, Dios ejecutará sus juicios sobre el anticristo y sus seguidores por perseguir al pueblo de Dios.

Satanás ha sido derrotado, pero aún no ha sido desterrado

La cruz y la resurrección de Cristo derrotaron a Satanás (Ap. 12:1-12), pero no será completamente derrotado hasta después del milenio (Ap. 20:9-15).

Podemos resumir los aspectos "ya, pero todavía no" de Apocalipsis de la siguiente manera: Al igual que los primeros cristianos, el apóstol Juan entendía que Jesús era el Mesías esperado y que, por tanto, los últimos días habían llegado en el siglo i con la primera venida de Jesús. Por tanto, la gran tribulación estaba ya sobre la iglesia; como el *Nero redivivus*, Domiciano era el anticristo; los procónsules de Roma eran la bestia que subió del mar; los sumos sacerdotes imperiales de Asia Menor eran la bestia que subía de la tierra; y la caída de Roma era inminente.

No obstante, lo que sucedió fue que la segunda venida de Jesús (la *parousía*) fue postergada (cp. 2 P 3:4) y el anticristo no fue derrotado de forma definitiva ni Roma fue destruida. Mientras tanto, la iglesia sufría los ayes mesiánicos. Sin embargo, ya Juan había contado con la posibilidad de una postergación en el cumplimiento de las profecías escatológicas después de sus días, pues había ya escrito que antes que llegara el anticristo final, este sería precedido por una serie de anticristos; es decir, falsos maestros (1 Jn. 2:18-19). De manera que el cumplimiento definitivo de estas profecías escatológicas en Apocalipsis (incluyendo la expresión final del anticristo) seguía en el futuro y, dos mil años después, aún estamos esperando su cumplimiento.

Juan (en Apocalipsis) *exaltó a Dios* sobre
todos los que se dicen ser dioses

Dios es soberano

Dios tiene el control. En especial, Él es el Señor de la historia y de la eternidad; Él era, es y ha de venir (1:4, 8; 4:8; 11:17; 16:5). Esta descripción tripartita de Dios (y de Cristo) es la contraparte de la descripción de los césares romanos que encontramos en Apocalipsis (ver, p. ej.: 13:1-18; 17:9-11).

De la misma manera, Dios es "el principio y el fin" (1:8; 21:6; cp. 1:17; 22:13). Como tal, Él es "Todopoderoso" (*pantokrátor*; ver 1:8; 4:8; 11:17; 15:3; 16:7, 14; 19:6, 15; 21:22), no el César.

De forma similar, Dios está sentado sobre el trono del cielo y de la tierra. El trono de Dios es mencionado unas cuarenta y seis veces en Apocalipsis, lo que demuestra que Dios gobierna tanto en el cielo como en la tierra.

Dios es santo

Ya que Dios es santo, debe ser adorado (ver, en especial, Ap. 4–5; cp. 7:11; 11:16; 15:4; 19:4; 20:4). Los himnos en Apocalipsis son la pieza central en la adoración a Dios y aparecen en dieciséis ocasiones en el libro.

> Juan querría que todos los cristianos fueran fieles a Cristo y que no dieran su lealtad al "César", ya sea que se trate de un gobierno impío o de una forma tibia de religión que no corresponde con una realidad espiritual.

Dios es una Trinidad: Padre, Hijo y Espíritu Santo

Aunque Dios es una Trinidad (1:4-6; 4:1–5:14; etc.), esto no menoscaba el compromiso de Juan con el monoteísmo. Y las tres personas de la Trinidad participan en la salvación del creyente.

Apocalipsis es una defensa del carácter justo y del juicio de Dios

Osborne identifica cuatro puntos relativos a la conducta justa de Dios en Apocalipsis.[3]

1. El juicio de Dios, en especial contra la maldad en el mundo (6:16-17; 11:18-19; 15:1, 7; 16:1, 19; 19:15), revela su carácter justo.

2. Aunque Dios juzga a los habitantes depravados del mundo que siguen a la bestia, Dios les da la oportunidad de arrepentirse (2:21-23; 9:20-21; 16:9, 11; etc.).

3. El juicio de Dios obedece el principio de retribución; Él ejecuta su justicia volviendo el pecado contra sí mismo (2:23; 11:18; 14:13; 18:6; 20:12-13).

4. La justicia de Dios se demuestra en su vindicación del justo (6:11, 15-17; 7:17; 8:2-5; 21:4; 22:5).

Juan (en Apocalipsis) describió a *Cristo* al mismo nivel que Dios

Las doxologías a Jesús en Apocalipsis demuestran que es igual a Dios

Apocalipsis 4–5 usa los mismos términos de honor para Dios y para Cristo: gloria, honor, poder, digno, sentado en el trono. Estos términos aparecen en **doxologías**, o himnos, entonados tanto a Dios como a Jesús por los ejércitos celestiales, lo que indica que ambos son adorados como iguales.

Al igual que Dios, Jesús es el juez divino

Como Guerrero Divino, Jesús regresará para juzgar a la tierra en su segunda venida (Ap 19). Esto nos recuerda la descripción de Dios como Guerrero Divino en el Antiguo Testamento; ver en especial Éxodo 15:3-4 e Isaías 63:1-3.

Jesús reinará sobre el reino de Dios

Si asumimos que Apocalipsis 20 se refiere a un reinado milenario futuro de Cristo en la tierra, Jesús reinará con sus seguidores como virrey de Dios.

Jesucristo está calificado para gobernar con Dios porque Él es el León y Cordero

Jesús, el **León y Cordero**, es el Mesías semejante a David (el león) y es exaltado como Señor del universo al convertirse en el Siervo Sufriente (el cordero sacrificial).

En nuestro sufrimiento, Juan nos apuntaría al ejemplo victorioso del León y Cordero.

Juan (en Apocalipsis) fortaleció la fe de los cristianos para que *permanecieran fieles* a Cristo y a su nuevo pacto

¿Por qué se escribió Apocalipsis? ¿Fue simplemente para satisfacer una curiosidad respecto al futuro? No. Apocalipsis fue escrito a cristianos del siglo I bajo persecución con el objetivo de animarlos y exhortarlos a permanecer fieles a Cristo y a su nuevo pacto. Observa los siguientes componentes del nuevo pacto esparcidos por todo Apocalipsis, que toman como punto de partida el libro de Deuteronomio.

El preámbulo del nuevo pacto: La identidad de Cristo

Cristo es el León y Cordero, el Hijo de Dios (Ap. 1:4-8; 4:1; 5:14, etc.; al igual que Dt. 1:1-5, la identidad de Dios).

El prólogo al nuevo pacto: La obra de Cristo

Cristo vence la maldad por medio de su reinado como el Mesías Davídico y Siervo Sufriente (Ap. 1:6; 5:6-10; 7:10, etc.; al igual que Dt. 1:6–3:29, lo que Dios hizo por Israel).

Las estipulaciones: Los requisitos para los cristianos

Los creyentes vencen al obedecer a Cristo, no al César, y mueren, si es necesario, como Cristo (Ap. 2:7, 11, 17, 26; 3:5, 12, 21; 7:14; 12:11; 14:12; 15:2, etc.; al igual que Dt. 4–26, lo que Dios esperaba del antiguo Israel en términos de la ley de Moisés). Por tanto, la fidelidad a Cristo es la estipulación del nuevo pacto en Apocalipsis.

Las bendiciones del nuevo pacto: La recompensa de los cristianos si son fieles a Cristo

Los cristianos participarán en el **reino de Cristo y de Dios** (Ap. 1:6; 5:9-10; 20:1-6) y de la Nueva Jerusalén (Ap. 21–22; al igual que Dt. 27–30, las bendiciones prometidas por Dios al antiguo Israel por obedecer su ley).

PALABRAS Y CONCEPTOS CLAVE

(en orden de su aparición destacada en el texto)

1. Domiciano	10. amilenialismo
2. enfoque preterista	11. premilenialismo
3. enfoque futurista	12. posmilenialismo
4. enfoque simbólico	13. *Nero redivivus*
5. literatura apocalíptica	14. "666"
6. gran tribulación	15. doxologías
7. ayes mesiánicos	16. León y Cordero
8. *parousía*	17. reino de Cristo y de Dios
9. milenio	

RECURSOS CLAVE PARA PROFUNDIZAR EN EL ESTUDIO

Keener, Craig S. *Apocalipsis*. CBANVI. Miami: Vida, 2013.

Michaels, J. Ramsay. *Interpreting the Book of Revelation*. Grand Rapids: Baker, 1998.

Mounce, Robert H. *The Book of Revelation*, ed. rev. NICNT. Grand Rapids: Eerdmans, 1998.

Poythress, Vern. *The Returning King: A Guide to the Book of Revelation*. Presbyterian & Reformed Publishing Co., 2000.

Pate, C. Marvin, ed. *Four Views on the Book of Revelation*. Grand Rapids: Zondervan, 1998.

Notas

1. David E. Aune, "The Influence of Roman Imperial Court Ceremonial on the Apocalypse of John", *Papers of the Chicago Society of Biblical Research* 28 (1983): 1-26.

2. J. Scott Duvall, "Revelation: The Transforming Vision", en *The Story of Israel: A Biblical Theology*, ed. C. Marvin Pate (Downers Grove, IL: InterVarsity Press, 2004), 271-72.

3. Grant Osborne, *Revelation*, Baker Exegetical Commentary on the New Testament (Grand Rapids: Baker, 2002), 38-39.

Apuntes

INTRODUCCIÓN A PABLO

¿Quién?

Se sabe poco de la vida temprana de Pablo (cuyo nombre en hebreo era Saulo). La mayoría de lo que sabemos se encuentra en tres pasajes cortos.

> ... circuncidado al octavo día, del linaje de Israel, de la tribu de Benjamín, hebreo de hebreos; en cuanto a la ley, fariseo (Fil. 3:5).

> Yo de cierto soy judío, nacido en **Tarso** de Cilicia, pero criado en esta ciudad [Jerusalén], instruido a los pies de **Gamaliel** [un respetado maestro de los fariseos], estrictamente conforme a la ley de nuestros padres, celoso de Dios, como hoy lo sois todos vosotros (Hch. 22:3).

> Porque ya habéis oído acerca de mi conducta en otro tiempo en el judaísmo, que perseguía sobremanera a la iglesia de Dios, y la asolaba; y en el judaísmo aventajaba a muchos de mis contemporáneos en mi nación, siendo mucho más celoso de las tradiciones de mis padres (Gá. 1:13-14).

Sin embargo, Pablo lo dejó todo atrás (Fil. 3:7-14) cuando se convirtió y fue llamado por Jesucristo en el camino a Damasco (Hch. 9).

¿Cuándo?

Década de los treinta

Conversión y llamado
Damasco, Arabia, Tarso

Década de los cuarenta

Ministerio en Antioquía (un año)
Primer viaje misionero
Gálatas (algunos la fechan más tarde)
Concilio de Jerusalén

Década de los cincuenta

Segundo viaje misionero
(Un año y medio en Corinto)
1 y 2 Tesalonicenses
Tercer viaje misionero
(Dos a tres años en Éfeso)
1 y 2 Corintios
Romanos
Encarcelamiento en Cesarea (dos años)

Década de los sesenta

Viaje (como prisionero) a Roma
Primer encarcelamiento en Roma (dos años)
Cartas desde la cárcel:
Colosenses y Filemón
Efesios
Filipenses
¿Liberación de la cárcel?
Cartas pastorales:
1 Timoteo y Tito
¿Segundo encarcelamiento en Roma?
2 Timoteo
¿Martirio en Roma en el 66 d. C.?

¿Dónde?

Pablo viajó por todo el mundo del Mediterráneo predicando el evangelio en las zonas que hoy conocemos como Palestina, Siria, Chipre, Turquía, Grecia, Italia y, posiblemente, España.

¿Por qué?

Pablo escribió **cartas "ocasionales"** para dar a conocer a Cristo. Es decir, las cartas de Pablo no eran tratados teológicos por sí mismos, sino cartas personales escritas en ocasiones específicas a congregaciones e individuos en las que ofrecía aliento y guía respecto a problemas y en las que ejercía su liderazgo apostólico.

INTRODUCCIÓN A PABLO

Kenneth Berding

Versículos clave

Para mí el vivir es Cristo (Fil. 1:21).

Y de esta manera me esforcé a predicar el evangelio, no donde Cristo ya hubiese sido nombrado, para no edificar sobre fundamento ajeno (Ro. 15:20).

> ### PABLO...
>
> - tenía una pasión por *Cristo*;
> - tenía una preocupación genuina por predicar *las buenas nuevas*;
> - buscaba entender la relación entre *lo viejo y lo nuevo*;
> - llamaba a los creyentes a *convertirse en lo que ya eran* en Cristo;
> - creía en *vivir ahora a la luz del futuro*.

Pablo tenía una pasión por *Cristo*

Saulo de Tarso, el **fariseo**, se encontró con Jesucristo resucitado en el camino a Damasco (Hch. 9). Saulo (o Pablo, como también fue conocido) nunca dejó atrás este encuentro con Cristo. Muchas personas estudian las cartas de Pablo para entender lo que *enseñó*; es decir, para aprender su *teología*. No obstante, nunca entenderás realmente a Pablo sin primero tener un vistazo de su pasión por Jesucristo. Aquí hay un ejemplo de las cosas que más le preocupaban.

> Pero cuantas cosas eran para mí ganancia, las he estimado como pérdida por amor de Cristo. Y ciertamente, aun estimo todas las cosas como pérdida por la excelencia del conocimiento de Cristo Jesús, mi Señor, por amor del cual lo he perdido todo, y lo tengo por basura, para ganar a Cristo (Fil. 3:7-8).

Existe un debate continuo entre los eruditos del Nuevo Testamento sobre cuál era el *centro* **de la teología de Pablo.** Un enfoque revelador para

> Pablo nos recordaría que debemos mantener a Cristo en el centro de todo lo que creemos y hacemos.

responder a esta pregunta es ver a *Jesucristo mismo* como el enfoque central de la vida de Pablo, incluyendo su pasión, su teología, su adoración y su misión. Todo lo demás en su vida tenía un énfasis menor que este compromiso central con el Cristo resucitado. En especial, Pablo regresó en repetidas ocasiones al tema de la muerte y la resurrección de Jesucristo. Por supuesto, él tenía conocimiento del ministerio terrenal de Jesús y de lo que Él había enseñado a sus discípulos, y hasta se refirió a estas cosas de forma ocasional. Sin embargo, eligió no escribir demasiado sobre la vida y la enseñanza de Jesús; en cambio, escogió enfocar su atención en la muerte y la resurrección de Jesucristo, pues sabía que la salvación viene solo por medio de la muerte y resurrección de Jesús.

Pablo sí enfatizó otros temas además de Jesucristo, como lo resaltará el resto del capítulo. Por ejemplo, subrayó la obra de Dios el Padre, en especial la importancia de su justicia. Además, en sus cartas, Pablo incluyó comentarios sobre el Espíritu Santo y enfatizó de forma especial el rol del Espíritu Santo en la salvación y la **santificación** (= el crecimiento en santidad). De hecho, Pablo era completamente trinitario, aunque los cristianos no comenzaron a usar la palabra "Trinidad" como tal sino hasta después.

Pablo tenía una preocupación genuina por predicar *las buenas nuevas*

Es irónico que, con frecuencia, estudiemos a Pablo como teólogo y sus cartas como si fueran un libro de texto de teología sistemática cuando, en realidad, él se consideraba a sí mismo un *misionero* que proclamaba las buenas nuevas (el evangelio) de Jesús. En sus propias palabras: "Del [evangelio] yo fui constituido predicador, apóstol y maestro de los gentiles" (2 Ti. 2:11). Él no solo se *convirtió* en el **camino a Damasco**, sino que fue *llamado* al ministerio. Dios habló a Ananías (un discípulos en Damasco) estas palabras sobre Saulo: "Instrumento escogido me es este, para llevar mi nombre en presencia de los gentiles, y de reyes, y de los hijos de Israel" (Hch. 9:15). Más tarde, Pablo diría que fue "llamado a ser apóstol, apartado para el

> Pablo fue valiente al predicar a Cristo a otros. ¿Estamos dispuestos a compartir las buenas nuevas incluso cuando es difícil?

evangelio de Dios" (Ro. 1:1). Como el "apóstol a los gentiles" (Ro. 11:13), él declaró en público y en privado las buenas nuevas de la muerte y la resurrección de Jesús y fundó iglesias en casas por todo el Imperio romano.

Ministerio en equipos

Pablo es quizás mejor conocido por sus **tres "viajes misioneros"**, descritos en el libro de Hechos (caps. 13–21). La mayoría de sus viajes fueron en las regiones de lo que ahora es Turquía y Grecia. Para usar la terminología moderna, Pablo fue un plantador de iglesias. Sin embargo, él no trabajó en solitario ni de forma independiente, como la mayoría de las personas en la actualidad se imaginan, sino que estaba comprometido con hacer **ministerio en *equipos***. Conocemos bien los nombres de algunos de sus colaboradores más constantes, como Bernabé, Silas, Timoteo, Priscila y Aquila, pero a menudo nos olvidamos de que, literalmente, hay docenas de nombres de colaboradores y de amigos en las páginas de sus cartas (ver Romanos 16, donde menciona ¡treinta y cinco nombres!).

Contextualización

Los misioneros modernos han inventado el término *contextualización*, pero el concepto lo tomaron de Pablo. Contextualización significa comunicar el evangelio mediante palabras y formas que los oyentes de un contexto cultural diferente puedan entender. Pablo quería contextualizar las buenas nuevas de Jesús y estaba comprometido con hacer conexiones con la cultura de sus oyentes con el objetivo de que estos recibieran el mensaje. Lo dijo de esta manera:

> Por lo cual, siendo libre de todos, me he hecho siervo de todos para ganar a mayor número. Me he hecho a los judíos como judío, para ganar a los judíos; a los que están sujetos a la ley (aunque yo no esté sujeto a la ley) como sujeto a la ley, para ganar a los que están sujetos a la ley; a los que están sin ley, como si yo estuviera sin ley (no estando yo sin ley de Dios, sino bajo la ley de Cristo), para ganar a los que están sin ley. Me he hecho débil a los débiles, para ganar a los débiles; a todos me he hecho de todo, para que de todos modos salve a algunos (1 Co. 9:19-22).

Aunque Pablo estaba comprometido con comunicar el evangelio de tal manera que las personas pudieran escucharlo y recibirlo, también estaba comprometido a nunca distorsionar el mensaje del evangelio ni *sincretizarlo*.

"**Sincretismo**" es cuando uno permite que se mezclen filosofías falsas en el mensaje y lo contaminen. Pablo estaba comprometido con mantener la pureza del mensaje del evangelio que había recibido del Señor Jesús y, al mismo tiempo, con buscar maneras para persuadir a las personas a entenderlo y aceptarlo.

El evangelio

Ahora bien, ¿cuál *era* el mensaje que Pablo había recibido? El resumen más conciso que ofreció él mismo fue Romanos 3:23-26:

> Todos pecaron, y están destituidos de la gloria de Dios, siendo justificados gratuitamente por su gracia, mediante la redención que es en Cristo Jesús, a quien Dios puso como propiciación por medio de la fe en su sangre, para manifestar su justicia, a causa de haber pasado por alto, en su paciencia, los pecados pasados, con la mira de manifestar en este tiempo su justicia, a fin de que él sea el justo, y el que justifica al que es de la fe de Jesús.

Muchas de las palabras, o formas de palabras, que se encuentran en este pasaje se han vuelto cotidianas en la teología cristiana. Estas palabras resumen el **evangelio** que Pablo proclamaba.

- *Pecado*. Todos hemos transgredido la ley de Dios, por lo que estamos "destituidos de la gloria de Dios". Nunca podremos alcanzar los requerimientos de un Dios perfectamente santo.

- *Justificación*. Dios nos ha declarado justos. Con base en lo que Jesús hizo en la cruz, Él nos ha declarado "inocentes" en el tribunal, a pesar de nuestro pecado y culpa. Él no podía buscar en el ser humano una base para justificarnos; esa base la tuvo que encontrar en su Hijo perfecto.

- *Gracia*. Aunque somos pecadores, hemos sido hecho aceptos, de forma inmerecida, por Dios.

- *Redención*. Dios nos compró por el precio de la sangre de Cristo y, así, nos liberó de nuestra esclavitud al pecado y a la muerte. La ilustración es de uno que paga el precio para liberar a un esclavo (cp. Lv. 25:47-49) o de Dios que "redimió" a su pueblo escogido de la esclavitud en Egipto (cp. Éx. 6:6).

- *Propiciación.* Algunas traducciones usan la frase *sacrificio de expiación*. La idea es que la ira de un Dios santo, que debió haber sido dirigida hacia nosotros por nuestro pecado, fue en cambio derramada sobre Cristo, el sacrificio perfecto.

- *Fe.* Debemos creer en Jesucristo; es decir, debemos confiar nuestra vida por completo a Él si queremos ser justificados.

Los oponentes

No obstante, mantener puro el evangelio no siempre fue fácil, ya que Pablo encontró muchos *oponentes*, que no querían que predicara este mensaje. Los lectores contemporáneos de las cartas de Pablo a menudo dan por sentado que todos los oponentes mencionados en sus cartas eran los mismos. No es así. Por ejemplo, Pablo tuvo que contender contra judaizantes en Galacia, que querían que los creyentes combinaran la obediencia a la ley dada a Moisés con la fe en Cristo. También se opuso a los supuestos "superapóstoles" en Corinto, que gustaban de una presentación poderosa, prestigiosa y habilidosa. Por otra parte, en su carta a los colosenses, retó a los creyentes nominales que buscaban combinar las prácticas judías con otras más místicas y mágicas. Pablo sentía una pasión por el mensaje que le había sido confiado por Jesucristo y, ciertamente, ¡no estaba dispuesto a dejar que nadie lo distorsionara!

Pablo buscaba entender la relación entre *lo viejo y lo nuevo*

Dios invadió de forma decisiva la historia de la humanidad, cuando envió a Jesús el Mesías a morir en una cruz y a levantarse de entre los muertos. Los primeros cristianos, incluyendo Pablo, celebraron y proclamaron este acto notable y maravilloso de Dios de enviar a Jesucristo. Sin embargo, ¿qué pasa con lo que Dios había hecho antes? ¿Acaso no había hablado Él en el pasado? ¿No había Él ya revelado su voluntad en las Escrituras de Israel? Probablemente, la pregunta más difícil que los primeros cristianos tuvieron que responder fue cómo lo viejo se relacionaba con lo nuevo. Ahora que Cristo ha venido e instaurado el nuevo pacto, ¿qué se hace con la anterior revelación de la voluntad de Dios? Pablo también buscó entender este asunto y llegó a las siguientes convicciones.

La historia de la redención

Pablo creía que toda la historia de Israel era una *historia de la redención*; es decir, que Dios había ordenado toda la historia como un relato de la forma en que compraría (redimiría) a la humanidad de la esclavitud al pecado. Para Pablo, todo en la historia de la redención culmina en la venida de Cristo y en su muerte y resurrección. Pablo dijo: "Pero cuando vino el cumplimiento del tiempo, Dios envió a su Hijo, nacido de mujer y nacido bajo la ley, para que redimiese a los que estaban bajo la ley, a fin de que recibiésemos la adopción de hijos" (Gá. 4:4-5). Para Pablo, toda la historia de la humanidad se enfoca en la redención de Dios por medio de Cristo.

El Antiguo Testamento

Pablo creía que toda la Escritura que había aprendido de niño, lo que ahora llamamos el Antiguo Testamento, seguía siendo la revelación de Dios (2 Ti. 3:16) y, de alguna u otra manera, señalaba a Jesucristo (Ro. 10:11; Gá. 3:16, 22). Con esta convicción en mente, escudriñó las Escrituras para mostrar tanto a creyentes como a incrédulos cómo estas testificaban de Jesús el Mesías. Las cartas de Pablo están llenas de citas de estas Escrituras y alusiones a ellas, y muchas aparecen con el único propósito de demostrar que la venida de Cristo siempre estuvo en el centro del plan de Dios. Él también explicó qué cosas eran *diferentes* ahora que Cristo había venido (Gá. 2–5; Ro. 3–8), en especial, en relación con la ley de Moisés (ver sección sobre la ley en el capítulo sobre Romanos).

La pared de separación

Pablo creía con firmeza y pasión que Dios había derribado "la pared intermedia de separación" y "las enemistades" entre judíos y gentiles, según la propia metáfora de Pablo (Ef. 2:14-15). El apóstol decía que, antes de la venida de Cristo, los gentiles estaban "sin Cristo, alejados de la ciudadanía de Israel y ajenos a los pactos de la promesa, sin esperanza y sin Dios en el mundo" (Ef. 2:12). Sin embargo, ahora todos, judíos y gentiles, tenían acceso a Dios mediante Jesucristo, sin importar su nacionalidad ni su etnia (Ef. 2:18-19; Ro. 10:12; Col. 3:11).

La iglesia

La venida del Espíritu Santo a morar de forma permanente en los creyentes y a darles poder (Gá. 3:14; Ef. 1:13; Ro. 8:9) estableció la **iglesia** en la nueva era (1 Co. 12:13; Ef. 2:22). Una de las metáforas favoritas de Pablo para la iglesia era el *cuerpo de Cristo* (p. ej.: 1 Co. 12:12-27; Ro. 12:4-5; Ef. 4:4, 12, 16). En otras palabras, aunque Cristo ascendió al cielo, sigue teniendo un "cuerpo", mediante el cual continúa su ministerio. También debemos recordar que, cuando Pablo pensaba en la iglesia, pensaba en una familia: hermanos y hermanas que eran parte de la familia de Dios (Ef. 2:19; 1 Ti. 3:5). Pablo se preocupaba mucho por estas personas porque las consideraba sus hermanos y hermanas espirituales. La nueva era del Espíritu marcó el nacimiento de la iglesia: un nuevo "cuerpo" y una nueva familia.

Pablo llamaba a los creyentes a convertirse en *lo que ya eran* en Cristo

Indicativos e imperativos

En la época de Pablo, había muchos moralistas que decían a otros lo que debían o no hacer. A diferencia de estos moralistas, Pablo no solo instruyó sobre lo que estaba bien y mal moralmente, sino que también se preocupó mucho por ayudar a los creyentes a saber *cómo* podían hacer lo correcto. Él quería que los miembros de las iglesias a las que escribía vivieran "agradándole [a Dios] en todo" (Col. 1:10; 1 Ts. 4:1). ¿Cuál era la solución de Pablo? Él llamó a los creyentes a *convertirse en lo que ya eran en Cristo.*

Los eruditos del Nuevo Testamento se refieren a este fenómeno en Pablo como *los indicativos y los imperativos.* Lo que esto significa es que Pablo no solo decía a las personas qué debían hacer (los imperativos), sino que también fundamentaba sus instrucciones en las *verdades* de lo que Dios había producido por Jesucristo (los indicativos). Lo que los creyentes son en Cristo se convirtió en la base de su llamado a la obediencia. Uno de los muchos ejemplos donde Pablo hizo esto es en Colosenses 3:1-15. Es verdad que, en este pasaje, Pablo instruyó a los colosenses a hacer lo que Dios esperaba de ellos (los imperativos), pero lo más importante es que ancló sus mandamientos en lo que Dios *ya había hecho por ellos por medio de Cristo* (los indicativos). Veamos el pasaje frase por frase.

> *Indicativo:*   Si, pues, habéis resucitado con Cristo,
>
> Imperativo: buscad las cosas de arriba,
>
> *Indicativo:*   donde está Cristo sentado a la diestra de Dios.
>
> Imperativo: Poned la mira en las cosas de arriba, no en las de la tierra.

Si Pablo estuviera aquí, animaría a los cristianos a darse cuenta de que **todas las Escrituras**, Antiguo y Nuevo Testamento, trabajan juntas como la historia de la redención de Dios por medio de Cristo.

Indicativo: Porque habéis muerto, y vuestra vida está escondida con Cristo en Dios.

Indicativo: Cuando Cristo, vuestra vida, se manifieste, entonces vosotros también seréis manifestados con él en gloria.

Imperativo: Haced morir, pues, lo terrenal en vosotros: fornicación, impureza, pasiones desordenadas, malos deseos y avaricia, que es idolatría.

En otras palabras, Pablo esperaba que sus lectores reconocieran lo que Dios había logrado por ellos mediante la muerte y la resurrección de Cristo, que entendieran quiénes eran en Cristo, y que luego trasladaran esas verdades espirituales en la práctica a su vida diaria. Es decir, Pablo quería que pusieran por obra en su vida diaria lo que ya eran en Cristo. Ya que muchas de las verdades que Pablo mencionó eran verdades sobre los cambios que Dios había producido en ellos cuando los redimió, los justificó y los hizo nuevas criaturas, él quería que *se convirtieran en lo que ya eran en Cristo*. Ahora bien, ¿qué eran exactamente? Esta lista incluye tan solo unos pocos ejemplos de las docenas que hay en las cartas de Pablo. Ellos eran:

- miembros del cuerpo de Cristo (1 Co. 12:27);
- ciudadanos del cielo (Fil. 20);
- tempo de Dios (1 Co. 3:16);
- hijos adoptados (Ef. 1:5);
- coherederos con Cristo (Ro. 8:17);
- hechura de Dios (Ef. 2:10);
- muertos al pecado (Ro. 6:2-7);
- sellados por el Espíritu (2 Co. 1:22);
- libres de condenación (Ro. 8:1).

Pablo quería asegurarse de que internalizaran en lo profundo de su ser estas verdades. Él quería que meditaran en los cambios increíbles que Dios había producido en su vida y que, luego, ¡vivieran como las personas transformadas que en verdad eran!

Así como en el ejemplo anterior de Colosenses 3, Pablo a menudo intercalaba indicativos e imperativos en sus cartas. De hecho, Pablo organizó algunas de sus cartas (en especial Romanos, Gálatas, Efesios y Colosenses) de tal manera que los temas más teológicos (los indicativos) aparecen sobre todo en la primera parte de la carta y a estos les siguen mandamientos éticos en la segunda parte (los imperativos). Un versículo bien conocido que marca la transición entre la sección de "indicativos" y la sección de "imperativos" es Romanos 12:1: "Así que, hermanos, os ruego por las misericordias de Dios, que presentéis vuestros cuerpos en sacrificio vivo, santo, agradable a Dios, que es vuestro culto racional". El "Así que" en este versículo es, probablemente, el más importante "Así que" de toda la Biblia, porque Pablo lo utilizó para fundamentar la sección ética a continuación (los imperativos) en su exposición teológica previa (los indicativos). De manera que, cuando Pablo escribió: "Así que [...] por las misericordias de Dios", en realidad estaba diciendo: "Ahora, a la luz de todo lo que he escrito en los capítulos 1–11 (el mundo bajo pecado, la justificación por fe, nuestra unión con Cristo, la obra del Espíritu Santo, la incorporación de los gentiles junto con los judíos), a la luz de *todos* estos cambios en la relación del creyente con Dios (los indicativos), presenten sus cuerpos en sacrificio vivo a Dios (los imperativos)". Con esta afirmación, arranca los capítulos 12–15 sobre cómo poner por obra estas verdades teológicas en maneras prácticas. En resumen, Pablo quería que todos los cristianos supieran que sus acciones debían estar arraigadas en una teología de lo que Dios había hecho por ellos en Cristo.

> Si Pablo estuviera aquí, él querría que viviéramos como las personas transformadas que ya somos.

El poder del Espíritu Santo

Pablo no solo quería que los creyentes en las iglesias a las que escribió se convirtieran en lo que ya eran en Cristo, sino que también quería que supieran que Dios les había dado el **Espíritu Santo** para darles *poder* para vivir como Dios esperaba. Algunos pasajes como Romanos 8 y Gálatas 5 resaltan la convicción de Pablo de que solo por medio del poder del Espíritu Santo era posible vencer el pecado y vivir de la manera que agrada a Dios. Esta nueva era del Espíritu cumplió la expectativa milenaria en Israel de que, un día, Dios inauguraría un nuevo pacto en el que el Espíritu Santo sería dado para dar el poder para cumplir los requisitos de Dios. Ezequiel 36:27 lo resume de la mejor manera: "Y pondré dentro de vosotros mi Espíritu, y haré que andéis en mis estatutos, y guardéis mis preceptos, y los pongáis por obra".

Pablo creía en *vivir ahora a la luz del futuro*

La forma en que Pablo veía los últimos tiempos (o "**escatología**") y la relación de estos últimos tiempos con el presente tuvieron un impacto significativo en su vida y en su enseñanza. Como judío, Pablo aceptaba la creencia judía común de que había dos eras: la presente y la por venir. Y, al igual que los profetas que lo precedieron, Pablo esperaba el futuro **día del Señor** (1 Ts. 5:1-8). El día del Señor en los profetas del Antiguo Testamento, al igual que en Pablo, podía referirse a algo negativo (es decir, un evento futuro cuando Dios ejecutaría juicio sobre los injustos) o a algo positivo (un evento futuro cuando Dios derramaría bendiciones sobre los justos y establecería su gobierno justo sobre la tierra). Sin embargo, a diferencia de los profetas que podían ver el futuro solo a través de sombras, Pablo esperaba específicamente el regreso de *Jesucristo* y, a veces, lo llamaba incluso "el día de Cristo" (Fil. 1:6, 10; 2:16). En el regreso de Cristo, los que creyeran en Él recibirían cuerpos glorificados y resucitados (Fil. 3:20-21).

Ahora bien, para Pablo, no solo se trataba de la era presente y de la futura, como si no hubiera una conexión entre ellas, sino que derribó las barreras entre el futuro y el presente. La resurrección de Cristo de entre los muertos y el derramamiento del Espíritu Santo (Ef. 1:13-14) eran, para Pablo, ambos eventos escatológicos (de los últimos tiempos). Es como si Pablo pensara que algunos eventos que tendrían lugar en el futuro fueron incorporados al presente, por lo que Cristo logró cuando murió en la cruz y resucitó de entre los muertos. En 1 Corintios 15, las dos resurrecciones (la pasada de Cristo y la futura de nosotros) son tratadas como dos partes de un solo evento. En otras palabras, la muerte y la resurrección de Cristo marcaron el inicio de los últimos días, de manera que, los que estamos "en Cristo", estamos viviendo *en el presente* los últimos tiempos. A diferencia de los Evangelios Sinópticos, que con frecuencia incluyen la expresión "el reino de Dios", Pablo no la usa muy a menudo. Sin embargo, cuando sí lo hace, su enfoque podía ser en sus aspectos presentes (Ro. 14:17; 1 Co. 4:20), en sus aspectos futuros (1 Co. 15:50; 2 Ti. 4:18) o en ambos, ya que los dos le interesaban intensamente.

El entendimiento de Pablo del final de los tiempos y de su relación con el presente moldearon su forma de ver la vida cristiana. Su entendimiento de que ciertos aspectos del futuro habían entrado al presente produjo una perspectiva rica de lo que significaba estar "en Cristo". El apóstol enseñó que los cristianos deben considerarse ciudadanos del cielo en el presente (Fil. 3:20) y reconocer que ya están sentados con Cristo "en los lugares celestiales" (Ef. 1:3; 2:6). El creyente debe seguir buscando las "cosas de arriba" y meditando en ellas (Col. 3:1-2). Esto no solo significa que debemos vivir con la consciencia de que el final de los tiempos está cerca y de que Jesús podría regresar en cualquier momento, aunque ciertamente incluye esto (1 Ts. 1:10; 1 Co. 7:29; Fil. 4:5). También significa que el cielo es el lugar "donde está Cristo sentado a la diestra de Dios" (Col. 3:1); es decir, que Cristo ya ha inaugurado su reino, aunque no se extenderá por completo hasta después. Por tanto, debemos hacerlo una realidad en nuestra experiencia diaria, incluso si el gobierno de Cristo sobre todo el mundo aún no se ha establecido por completo. Y, al hacerlo, debemos experimentar esperanza con respecto al futuro (Ro. 8:22-25; Fil. 1:19-25), consuelo en nuestros sufrimientos presentes (2 Co. 4:16-18) y motivación para compartir las buenas nuevas a otros (2 Co. 5:10-11).

> Conocer el final de la historia y la victoriosa resurrección y la existencia glorificada que nos aguardan nos proporciona una gran esperanza para continuar siguiendo a Cristo en el presente.

PALABRAS Y CONCEPTOS CLAVE

(en orden de su aparición destacada en el texto)

1. Tarso
2. Gamaliel
3. cartas "ocasionales"
4. fariseo
5. centro de la teología de Pablo
6. santificación
7. misionero
8. convertido/llamado
9. camino a Damasco
10. tres viajes misioneros
11. ministerio en equipos
12. contextualización
13. sincretismo
14. evangelio
15. pecado
16. justificación
17. gracia
18. redención
19. propiciación
20. fe
21. historia de la redención
22. iglesia
23. los indicativos y los imperativos
24. Espíritu Santo
25. escatología
26. día del Señor

ROMANOS

¿Quién?

Remitente: Pablo

Destinatarios: La iglesia en Roma

¿Cuándo?

Alrededor del 57 d. C.

¿Dónde?

Los planes de Pablo se enfocaban en tres lugares: Jerusalén, Roma y España (15:23-29). Durante su tercer viaje misionero, Pablo decidió ir a Jerusalén y a Roma (Hch. 19:21; cp. 20:16), lo que hace probable que haya escrito Romanos durante su tercer viaje. Corinto es una buena ubicación posible. Él pasó tres meses en Grecia, probablemente en Corinto (Hch. 20:3) y elogió en Romanos a varios que vivían en o alrededor de Corinto (Febe de Cencrea, a unos 11 km [7 mi] al sureste de Corinto, 16:1; y a Gayo, 16:23; ver 1 Co. 1:14).

¿Por qué?

Pablo no menciona explícitamente su propósito al escribir esta carta. Él deseaba visitar Roma para confirmarlos, tener algún fruto entre ellos (1:11, 13) y para gozarse con ellos (15:24). Escribió para recordarles las verdades que ya sabían y lo hizo con la autoridad de su comisión apostólica (15:15), una comisión diseñada para alcanzar a los gentiles (15:16-20). Pablo esperaba obtener una ayuda económica de los romanos para poder alcanzar España con el evangelio (15:24, 26-29). Si existiera un propósito principal para Romanos, sería infundir a los creyentes en Roma la urgencia de materializar sus valores doctrinales y ajustar la vida de la iglesia de manera que *el evangelio* pudiera ser proclamado (incluyendo el apoyo que darían para los planes de Pablo de alcanzar a España). En los capítulos 1–4, Pablo examina la desesperada condición espiritual del mundo y el remedio de Dios para esta condición, posiblemente con el objetivo de resaltar a la iglesia la necesidad de su ayuda *para extender el evangelio*. En los capítulos 5–8, presentó los enormes privilegios que poseen los creyentes, posiblemente para motivarlos a *apoyar sus planes de alcance*. En los capítulos 9–11, el apóstol dijo que Dios siempre cumple sus promesas, en especial a Israel y, por implicación, a los creyentes. ¿Por qué proclamar *el evangelio* si no se puede confiar en que Dios cumplirá sus promesas? En los capítulos 12–16, el tema es la armonía en la iglesia. Al igual que el desempeño de un atleta sufre si se enferma, una iglesia plagada de pleitos internos es *menos capaz de sostener la obra misionera*. En medio de esta sección sobre la armonía en la iglesia, está 13:1-7, que insta a la sumisión a las autoridades seculares. Provocar el antagonismo de las autoridades dificultaría la capacidad de la iglesia para ayudar a Pablo.

ROMANOS

Michael G. Vanlaningham

Versículos clave

No me avergüenzo del evangelio, porque es poder de Dios para salvación a todo aquel que cree; al judío primeramente, y también al griego. Porque en el evangelio la justicia de Dios se revela por fe y para fe (Ro. 1:16-17a).

La ira de Dios se revela desde el cielo contra toda impiedad e injusticia de los hombres que detienen con injusticia la verdad (Ro. 1:18).

PABLO (EN ROMANOS)...

- transmitió a la iglesia la *desesperación espiritual del mundo*;
- expuso el *remedio de Dios* para la enfermedad espiritual de la humanidad;
- aclaró los *privilegios de la salvación*;
- defendió el concepto de que *Dios cumple todas sus promesas*;
- estimuló la *unidad de la iglesia* para un alcance productivo.

Justificados, pues, por la fe, tenemos paz para con Dios por medio de nuestro Señor Jesucristo (Ro. 5:1).

Pablo (en Romanos) transmitió a la iglesia la *desesperación espiritual del mundo*

"Pablo tenía una pasión por su ministerio". Puede que esta sea la afirmación más modesta de la década. El llamado de Dios para llevar el evangelio al mundo lo consumió por completo. Su obsesión puede verse incluso en los versículos introductorios de esta carta, tal como lo refirió en su llamado al evangelismo a los gentiles en 1:5, 9 y 13. Pablo comenzó su carta a los cristianos en Roma con una descripción de su ministerio como un apostolado dado "para dar lugar a la obediencia que la fe produce entre todas las naciones" (1:5, griego: *eis hypakoēn pisteōs en pasin tois ethnesin*; traducción del autor). Pablo concluyó Romanos con una afirmación casi idéntica. El evangelio fue manifestado "para dar lugar a la obediencia que la fe produce en todas las naciones" (16:26, griego: *eis hypakoēn pisteōs eis panta ta ethnē*; traducción del autor). Este inicio y final señalan el tema principal del libro. Entre estas dos frases, encontramos los recordatorios de Pablo sobre las asombrosas verdades reveladas en el evangelio.

Panorama de Romanos
Apertura e introducción a la carta (1:1-17)
La ira de Dios sobre la humanidad pecadora (1:18–3:20)
La justificación (3:21–5:21)
La libertad y la vida en el Espíritu (6–8)
Sobre Israel (9–11)
La transformación del evangelio en la vida cristiana (12–15:13)
Conclusión y saludos (15:14–16:27)

El grueso de la carta comienza en 1:18 con la palabra "porque" (omitida en algunas traducciones). Esto muestra que Pablo estaba explicando por qué la justicia de Dios se revela en el evangelio solo por la fe. Es *necesario* que sea solo por la fe, porque las personas no pueden justificarse a sí mismas delante de Dios por sus propios esfuerzos. No solo fracasan en vivir de manera tal que merite la justicia de Dios, sino que también rechazan lo que saben de Dios por medio de la creación (1:18-23). Como resultado, son entregados por Dios a comportamientos religiosos, sexuales y sociales que resultan devastadores, lo que indica el juicio de Dios por rechazarlo (1:24-32).

Otros buscan vivir en un plano moral superior al descrito en el capítulo 1, pero incluso ellos cometen algunos de los mismos pecados (2:1-5). Ellos tampoco guardan su propio código moral (2:6-16), ya sea la ley de Moisés para los judíos (2:12-13, 17-24; 3:1-8) o una "ley para sí mismos" formulada por los gentiles. Los versículos clave en el capítulo 2 son los versículos 6 y 12, que indican que Dios juzga a las personas con base en sus acciones. Los gentiles y los judíos están en un estado espiritual igualmente malo. Romanos 1 y 2 niega la idea de que los que nunca han escuchado de Jesús escaparán el juicio de Dios. Él juzga a las personas *porque son pecadores que han violado sus propios estándares morales*, ya sea que rechacen de forma consciente a Jesús o no.

No hay ninguno justo. Nadie busca a Dios. Nadie practica el bien de forma constante y todos hacen daño a los demás (3:9-18). Las personas no cumplen su propio código moral con la suficiente perfección como para que Dios los considere justos. El mundo está en un estado deplorable.

> Si Pablo estuviera con nosotros, querría que pensáramos más en la necesidad desesperada que tienen las personas de conocer a Jesús.

Pablo (en Romanos) expuso el *remedio de Dios* para la enfermedad espiritual de la humanidad

Romanos 3:21-26 es el corazón teológico de la carta. A pesar de la condición del mundo, Pablo afirmó con pasión que había esperanza porque Dios da de forma gratuita *su propia justicia* a los pecadores que confían en Cristo para salvación. La sangre de Cristo aleja la ira de Dios de los que creen (un acto llamado "*propiciación*"). Abraham sirve como ejemplo para Pablo de una persona que tiene fe salvadora (Ro. 4). Pablo se refiere a los eventos de Génesis 15, cuando la fe de Abraham hizo que Dios lo contara justo (un acto llamado "*justificación*"). El estado justo de Abraham vino antes de que este realizara cualquier obra religiosa (como la circuncisión, 4:9-11). Era necesario que la justificación se diera con base en la fe de Abraham, no en sus obras; de otra manera, nunca se habría producido. Pablo dijo que esto era verdad, no solo para el patriarca, sino también para todos (4:23-24).

Una dificultad al tratar este tema es que, a partir de la década de 1970, ha existido un debate acalorado entre eruditos del Nuevo Testamento sobre la doctrina a la que Pablo se estaba oponiendo en Romanos (así como en Gálatas). La idea tradicional es que Pablo estaba argumentando en contra del legalismo judío, el intento de ganarse la salvación por buenas obras. La posición que usualmente se conoce como la "**Nueva Perspectiva** sobre Pablo" (p. ej.: E. P. Sanders, James D. G. Dunn o N. T. Wright) dice que los judíos de la época de Pablo no creían que fuera posible ser justificado por guardar las obras de la ley; creían que eran el pueblo de Dios porque Él los había elegido su pueblo. De manera que, cuando Pablo afirmó que la justificación es "por fe sin las obras de la ley" (3:28), muchos proponentes de la Nueva Perspectiva (como Dunn) dicen que la frase "las obras de la ley" era un mero "delimitador" que distinguía a los judíos de los gentiles en el

Pablo nos instaría a entender que "orar para recibir a Jesús" o "invitar a Jesús a entrar a tu corazón" puede no captar la totalidad del mensaje del evangelio.

mundo del siglo i, como las leyes alimentarias *kosher*, guardar el día de reposo y la circuncisión. En otras palabras, según la Nueva Perspectiva, el problema de Pablo no era con los judíos que intentaban ganarse el favor de Dios cumpliendo la ley, sino con los que se apartaban de los gentiles por su orgullo nacionalista y, por tanto, los excluían de la salvación.

Mi creencia es que la "Nueva Perspectiva" ha malinterpretado tanto al judaísmo del siglo i como a Pablo y que la *"Antigua Perspectiva"* es fundamentalmente correcta. Muchos textos del judaísmo temprano afirman la gracia de Dios, pero otros sostienen la necesidad de obedecer la ley.[1] En Romanos, Pablo critica en repetidas ocasiones a los judíos, no por su exclusivismo nacionalista, sino por no guardar la ley en sus obras, lo que conduce a la **condenación** (2:2-3, 22-23, 25-27).

Pablo (en Romanos) aclaró los *privilegios de la salvación*

Un magnífico futuro con Cristo

El primer privilegio que presentó Pablo implicaba **esperanza** para el futuro. Ya que ha sido justificado por la fe, el creyente puede regocijarse en la esperanza de la gloria de Dios (5:2), en el crecimiento de su carácter a través de las dificultades de la vida (5:3-5), en la liberación de la ira venidera de Dios (5:6-10) y en la reconciliación con Dios (5:11). Estas son posibles porque el creyente está ahora "en Cristo" y ya no en Adán. En Romanos, Pablo dijo muchas cosas grandiosas sobre la "vida" del Hijo de Dios (5:10). ¿Cómo pudo una persona impactar a tantas? Pablo usó esta analogía: tal como el "primer Adán" arruinó a todos los que estaban "en él", también el "Segundo Adán" restaura a todos los que están "en Él" (5:15-21). Pablo comparó y contrastó a Cristo y a Adán para demostrar cómo una persona puede tener un impacto tan grande.

Libertad del señorío del pecado

Un segundo privilegio se desprende de ya no estar "en Adán"; el cristiano ya no está "bajo pecado" como una fuerza irresistible. En Romanos 6, Pablo personificó el pecado como un amo que ejerce su poder sobre un esclavo.

El cristiano murió en la cruz junto con Cristo (6:2, 5, 6, 10). Así como, cuando un esclavo moría, su amo dejaba de ser su amo, de la misma forma en un sentido espiritual, cuando Jesús murió en la cruz, todos los creyentes murieron con Él y esa muerte efectuó su liberación del señorío del pecado. Cuando Jesús fue resucitado de entre los muertos, los creyentes también fueron resucitados con Él para que "también [anduvieran] en nueva vida", una vida libre del dominio inescapable del pecado. Vivir de manera pecaminosa arruina a cualquiera (6:15-23), pues produce anarquía (6:19) y muerte (6:21, 23). Cristo libera al creyente del dominio del pecado.

Pablo hizo una afirmación radical en 6:14 que no desarrolla sino hasta el capítulo 7: "Porque el pecado no se enseñoreará de vosotros; no estáis bajo la ley, sino bajo la gracia". Cuando los cristianos murieron con Cristo, la muerte los liberó, no solo del señorío del pecado, sino también de la vida bajo la **ley** (7:1-4). La ley era buena (7:12), pero no tenía poder para ayudar a los que "*estábamos* en la carne" (7:5). Cuando el creyente es trasladado al reino de la *gracia*, tiene ahora a disposición los recursos divinos para retar el pecado y vivir "bajo el régimen nuevo del Espíritu" (7:6; cp. cap. 8).

El disfrute de la vida en el Espíritu Santo

Pablo dio una pista del privilegio supremo, la vida en el Espíritu, en 7:6. Él mencionó al Espíritu Santo en cuatro ocasiones anteriores en la carta (1:4; 2:29; 5:5; 7:6), pero ¡se referiría a Él una asombrosa cantidad de diecinueve veces en el capítulo 8! La vida en el Espíritu significa que Dios hizo lo que la ley no podía hacer (8:2-4). En cumplimiento de las profecías del Antiguo Testamento, el Espíritu Santo mora en los miembros de la comunidad del nuevo pacto y les da el poder para vencer el pecado y para experimentar la santificación (8:1-8). La vida en el Espíritu produce, no solo la promesa de la vida resucitada (8:9-11), sino también la promesa de ser dirigido por el Espíritu para evitar el pecado (8:12-13) y para esperar con ansias el maravilloso futuro que vendrá (8:23). El Espíritu Santo también intercede por el pueblo de Dios (8:26-27). No es de sorprender que los propósitos de Dios siempre se cumplan en la vida del creyente (8:28-30).

> Pablo nos animaría a ser más optimistas sobre la posibilidad de una victoria mayor sobre el pecado en nuestra vida por la presencia y el poder del Espíritu.

Llegado a este punto, Pablo se desvía de su tema de la vida en el Espíritu Santo y enumera de forma precisa el propósito de Dios para los creyentes. La intención de Dios es conocer de antemano, predestinar, llamar, justificar y glorificar a sus hijos (8:29-30). Este propósito genera la profunda seguridad que contiene 8:31-39: "Si Dios es por nosotros, ¿quién contra nosotros? [...]. ¿Quién nos separará del amor de Cristo? [Nada] nos podrá separar del amor de Dios, que es en Cristo Jesús Señor nuestro". En verdad, estas son *buenas noticias* y Pablo se veía consumido por la necesidad de asegurarse de que el mundo las escuchara.

Pablo (en Romanos) defendió el concepto de que
Dios cumple todas sus promesas

Es difícil saber exactamente por qué Pablo incluyó los capítulos 9–11, pero pudo haberlo hecho para defender a Dios contra la acusación de que no estaba cumpliendo sus promesas. Él había hecho promesas a **Israel**, pero parecía ahora estar abandonándolos en favor de los gentiles. Si Dios no cumplía sus promesas a Israel respecto a la salvación, tal vez tampoco lo haría con la iglesia. Y, en ese caso, ¿por qué preocuparse por apoyar a Pablo en su misión para llevar las promesas del evangelio a España? En estos capítulos, Pablo argumentó que era posible confiar en que Dios cumpliría sus promesas.

Pablo expresó su angustia por la condición perdida de Israel, a pesar de las muchas promesas de pacto que habían recibido (9:4-5). Él estaba dispuesto incluso a tomar el lugar de ellos, si eso fuera posible (9:3). Luego, él se lanzó a un análisis de lo que Dios estaba haciendo con Israel en su época; es decir, *exactamente lo que Dios siempre había hecho con el pueblo judío*. Dios siempre había escogido a *algunos* de los descendientes de Abraham, pero no a *todos*, para que tuvieran una relación correcta con Él. Este fue el caso cuando Isaac fue escogido para recibir las bendiciones del pacto, pero no así Ismael (9:6-9); también fue el caso con Jacob (a quien "amó") y Esaú (a quien "aborreció", 9:13). Uno de los derechos fundamentales que Dios reserva para sí mismo es la libertad para extender su misericordia a algunos y endurecer a otros. Él hace ambas cosas para hacer manifiesto su poder y dar gloria a sí mismo (9:14-21). Los "vasos de ira" (9:22) son preparados "para destrucción" por Dios, según el contexto (ver 9:13, 15, 16, 18, 21). Estas palabras son difíciles de oír, pero debemos recordar que, en el siguiente capítulo, Pablo contrapesa el absoluto control de Dios con la verdad de que esos vasos actuaron de forma libre y merecieron su castigo final.

En Romanos 10, Pablo expuso el lado humano del problema de Israel. El pueblo escogió libremente no aceptar a su Mesías. La idea principal es que Dios hizo lo necesario para llevar el evangelio al pueblo judío: tal como había puesto la ley a disposición de Israel en el desierto (10:6-8a), puso a su disposición el evangelio en la época de Pablo (10:8b-13). Si uno argumenta que no hubo suficientes mensajeros enviados a Israel (10:14-17), Pablo responde diciendo que el evangelio *sí* fue extendido a Israel (10:18). Su condición no podía adjudicarse a una negligencia de parte de Dios en darles el evangelio. El problema de Israel es que fue un "pueblo rebelde y contradictor" (10:21).

No obstante, según el capítulo 11, Dios no los rechazó de forma definitiva. Pablo mismo era un ejemplo de esto (11:1-2). Dios había preservado un **remanente** fiel en los días de Elías y estaba haciendo lo mismo en los días de Pablo (11:3-6). El endurecimiento de Israel dio tiempo para que el evangelio llegara a los gentiles (11:11-15), pero incluso ese ministerio tenía la intención de despertar la envidia (y la fe) de los judíos al ver a los gentiles recibir las bendiciones de su Mesías.

> **Pablo nos recuerda que Dios cumple sus promesas; podemos descansar en su fidelidad.**

Pablo tenía razones para tener esperanza respecto a su pueblo. Dios había hecho promesas a sus padres (aquí representados por las "primicias" de la masa y la raíz), promesas de crear una gran nación que tuviera una relación correcta con Él mediante su descendencia incontable (Gn. 12:1-3; 17:1-8; 22:15-18). Un día, Él cumpliría estas promesas (11:12, 15, 24, 26, 28-29). Entre tanto, los gentiles también disfrutaban de las promesas "contra naturaleza" (11:24). Ninguno que planta olivos **injerta** una rama de olivo silvestre en un árbol cultivado. ¡Qué extraño y qué maravilloso que los gentiles reciban las bendiciones de las promesas dadas originalmente al pueblo judío!

Pablo (en Romanos) estimuló la *unidad de la iglesia* para un alcance productivo

A partir de 12:1, Pablo cambió su enfoque a una aplicación más práctica, en especial hacia la **unidad** de la iglesia. Pablo tenía una pasión por un comportamiento que promoviera la unidad, porque una iglesia dividida por pleitos internos no sería efectiva en su alcance como una que estaba unificada, ni tampoco podría ayudar a Pablo a extender el evangelio.

El apóstol comenzó esta sección instando a los romanos a responder a "las misericordias de Dios" presentándose a Él como "sacrificios vivos", un acto paradójico, ya que los sacrificios casi siempre debían morir. Su intención con esta ilustración se expone en el resto del libro. Ser un sacrificio vivo implica actuar en humildad hacia los demás, ya que cada miembro del cuerpo tiene una "función" diferente (12:3-8). Pablo los retó a mostrar amor genuino y a evitar venganzas contra cualquiera que los hiciera daño, ya fuera de dentro o de fuera de la iglesia, y a vencer "con el bien el mal" (12:9-21).

Ya que disputas con el gobierno podrían estorbar el avance del evangelio hacia regiones alejadas, Pablo les instruyó que evitaran los conflictos con las autoridades gubernamentales al someterse al gobierno que Dios estableció (13:1, 5) y al pagar con respeto los impuestos (13:6-7).

A continuación, el apóstol regresó al tema de la unidad cristiana y enfatizó pagar la "deuda de amor" a los otros creyentes (13:8-10). Esto es posible cuando cada uno se da cuenta de que las prácticas impuras son inapropiadas a la luz de la venida del día del Señor (13:11-14). Las diferencias entre los cristianos como una amenaza a la unidad también aparecen en el capítulo 14. En ese capítulo, Pablo trató con los problemas entre creyentes judíos y gentiles. Los creyentes judíos (el "**débil**") se negaban a comer carne que se vendía en el mercado porque alguna era ofrecida a los ídolos y condenaban a los creyentes gentiles (el **fuerte**) por comerla. Los creyentes gentiles menospreciaban a sus hermanos judíos por no comerla (14:1-6).

> **Pablo se lamentaría de ver cuán divididas están muchas de nuestras iglesias.**

Pablo argumentó que estos creyentes no tenían el derecho de obligar al grupo opuesto a conformarse a sus estándares morales sobre asuntos que no estaban prohibidos en la Escritura. Solo Jesús tenía el derecho de hacerlo por su señorío y resurrección (14:7-12). Pablo consideraba que, en principio, los fuertes tenían razón, pero les ordenó que no hicieran alarde de su libertad al presionar a los débiles a violar su consciencia (14:15, 20-21; 15:1-3). Cuando el fuerte presiona al débil a comer carne y cuando el débil viola su consciencia al comerla, ambos pecan (14:19-23).

Para un alcance efectivo, la unidad era tan importante que Pablo escribió una oración por ella en 15:5-6. El apóstol pidió a Dios que los uniera de manera que "glorifiquéis al Dios y Padre de nuestro Señor Jesucristo". Él ordenó: "Recibíos los unos a los otros, como también Cristo nos recibió, para gloria de Dios" (15:7). Por lo tanto, Pablo indicó que la unidad de la iglesia podía servir para mejorar la reputación de Dios en la iglesia y en el mundo.

En 15:14-33, Pablo presentó su filosofía del ministerio y sus razones para querer visitar Roma (ver la introducción a este capítulo). Su plan era pedirles su apoyo para llevar el evangelio a España (15:24, 28). Sin embargo, primero debía entregar una ofrenda a los creyentes pobres en Jerusalén que había sido enviada por las iglesias de Macedonia y de Acaya. Esto fue algo que Pablo promovió durante casi veinte años (comenzando en Hch. 11:27). La ofrenda ayudaría a cimentar la comunión entre los creyentes gentiles y judíos (15:26-27).

Pablo concluyó su carta con la unidad aún en mente. En dieciséis ocasiones dio el mandato de saludar a personas en la iglesia. "Saludar" a menudo significaba "presentar sus respetos" a alguien y, en esta ocasión, se refirió a siervos extraordinarios del Señor (ver 16:3, 6, 7, 9, 12). Si estos obreros recibían respeto, seguramente la iglesia se fortalecería. Conforme a esto, Pablo les advirtió de los que causan divisiones en la iglesia y mandó que los evitaran. Dios derrocaría a Satanás y establecería paz en la iglesia (16:20). Pablo terminó su carta en alabanza al Dios de gloria (16:27).

PALABRAS Y CONCEPTOS CLAVE
(en orden de su aparición destacada en el texto)

1. justicia	8. ley
2. propiciación	9. gracia
3. justificación	10. Israel
4. Nueva Perspectiva	11. remanente
5. Antigua Perspectiva	12. injertar en
6. esperanza	13. unidad
7. condenación	14. hermano débil/fuerte

RECURSOS CLAVE PARA PROFUNDIZAR EN EL ESTUDIO

Morris, Leon. *The Epistle to the Romans*. PNTC. Grand Rapids: Eerdmans, 1988.

Moo, Douglas J. *Romanos*. CABNVI. Nashville: Vida, 2021.

Stott, John. *El mensaje de Romanos*. Buenos Aires: Certeza Unida, 2007.

Nota

1. Ver especialmente D. A. Carson, Peter T. O'Brien y Mark A. Seifrid, eds., *Justification and Variegated Nomism*, vol. 1, *The Complexities of Second Temple Judaism* (Grand Rapids: Baker, 2001).

Apuntes

1 CORINTIOS

¿Quién?

Remitente: Pablo (junto con Sóstenes; una persona llamada Sóstenes también se menciona en Hechos 18:17, pero no podríamos asegurar que sea la misma persona).

Destinatarios: La iglesia en Corinto.

¿Cuándo?

En la primavera del 54 o 55 d. C., durante el tercer viaje misionero de Pablo.

¿Dónde?

Pablo estaba en Éfeso cuando escribió 1 Corintios (1 Co. 16:8-9, 19-20).

¿Por qué?

Primera de Corintios fue parte de una conversación continua entre Pablo y la iglesia en Corinto. Pablo escribió esta carta:

1. Para aclarar una carta previa que les había escrito. En esa carta, que no sobrevive hasta ahora, Pablo les había mandado que no se asociaran con personas que practicaran la inmoralidad sexual. Los corintios pensaron que se refería a personas fuera de la iglesia, pero, en realidad, estaba hablando de creyentes inmorales dentro de la iglesia en Corinto (5:9-13).

2. Para responder a **informes orales** sobre una amplia gama de problemas en la iglesia. Algunas personas de la casa de Cloé le habían informado que las facciones estaban desmantelando la unidad de la iglesia (1:10-11). Pablo también había escuchado informes de segregación entre los ricos y los pobres durante la Cena del Señor, un momento que tenía como propósito reforzar, no derribar, la unidad del cuerpo de Cristo (11:17-34). Pablo se había enterado de que algunos dentro de la iglesia estaban negando la resurrección del cuerpo (15:1-58).

3. Para responder una carta que le había enviado la iglesia en Corinto con diversas preguntas. Que Pablo está respondiendo preguntas específicas en puntos determinados es claro por su uso de la expresión: "En cuanto a…". En su exposición sobre el matrimonio, escribió: "En cuanto a las cosas de que me escribisteis" (7:1, ver también 7:25). De la misma forma escribió: "En cuanto a lo sacrificado a los ídolos" (8:1); "acerca de los dones espirituales" (12:1); "En cuanto a la ofrenda para los santos" (16:1); y "Acerca del hermano Apolos" (16:12).

1 CORINTIOS

Justin K. Hardin

Versículos clave

Porque la palabra de la cruz es locura a los que se pierden; pero a los que se salvan, esto es, a nosotros, es poder de Dios (1 Co. 1:18).

Huid de la fornicación. Cualquier otro pecado que el hombre cometa, está fuera del cuerpo; mas el que fornica, contra su propio cuerpo peca (1 Co. 6:18).

A todos me he hecho de todo, para que de todos modos salve a algunos (1 Co. 9:22b).

> ### PABLO (EN 1 CORINTIOS)...
>
> - estaba comprometido con *predicar a Cristo crucificado*;
> - anhelaba preservar la *unidad* del cuerpo de Cristo;
> - estaba verdaderamente preocupado por la *pureza sexual* en una sociedad saturada por el sexo;
> - buscaba *hacerse a todos de todo* por amor al evangelio;
> - se aferraba a la fe en la *resurrección del cuerpo*.

Pablo (en 1 Corintios) estaba comprometido con *predicar a Cristo crucificado*

Entre las celebridades públicas de la época de Pablo estaban los oradores, denominados "**sofistas**" (un término derivado de la palabra griega que significa "sabiduría"). Con sus habilidades retóricas inspiradoras y sus presentaciones dinámicas, los sofistas podían captar por completo la atención de una audiencia. Estos superestrellas del siglo I también eran impresionantes en lo físico. Se esforzaban en el gimnasio y lucían las ropas más finas, por lo que podían agradar a la vista y no tan solo al oído.

Panorama de 1 Corintios

Introducción (1:1-9)

La respuesta de Pablo a los informes sobre la iglesia en Corinto (1:10–6:20)

La respuesta de Pablo a la carta de los corintios (7–15)

Conclusión (16)

De hecho, si los sofistas de la época de Pablo vivieran en el siglo XXI, sus discursos provocarían los celos hasta de los más refinados políticos. Su estatura física equivaldría a la de los atletas profesionales de élite y su bronceado oscuro, sus sonrisas resplandecientes (gracias a tratamientos de emblanquecimiento) y su exquisito vestuario y joyas los harían parecer estrellas de Hollywood.

Por tanto, no es de sorprender que estos oradores arrastraran admiradores sin fin en las ciudades del Imperio romano. Después de llegar a una ciudad con gran fanfarria, un sofista invitaba a sus habitantes a escucharlo hablar sobre algún tema dado. Después de su presentación, los ciudadanos adinerados se amotinaban para inscribir a sus hijos en clases privadas. Aunque eran costosas, los padres sabían que una buena educación en retórica y oratoria era esencial para cualquier joven que aspirara a ser líder en la sociedad.

Este trasfondo es muy importante para entender la carta de Pablo a la iglesia en Corinto. Al inicio del capítulo 2, Pablo les recordó que él no había entrado a la ciudad como los sofistas de la época.

> Hermanos, cuando fui a vosotros para anunciaros el testimonio de Dios, no fui con excelencia de palabras o de sabiduría. Pues me propuse no saber entre vosotros cosa alguna sino a Jesucristo, y a este crucificado. Y estuve entre vosotros con debilidad, y mucho temor y temblor (vv. 1-3).

Pablo no quería que se lo confundiera con las superestrellas que se preocupaban por la adulación y honra propias, de manera que evitó de forma deliberada la elocuencia en su presentación del evangelio. Pablo tampoco intentó persuadir a su audiencia mediante una apariencia física atractiva; él mismo llegó en debilidad y temblor. Tan solo un breve vistazo a Pablo habría sido suficiente para revelar espantosas cicatrices por las veces en que fue apedreado y golpeado (ver la descripción de Pablo de su sufrimiento en 2 Co. 11:21-33).

El mensaje de Pablo también difería del de los sofistas. Los oradores exaltaban la sabiduría y las virtudes de la sociedad, mientras que Pablo proclamaba a Cristo crucificado. Entre griegos y romanos, ciertamente la cruz no era un símbolo de sabiduría, sino el símbolo supremo de vergüenza y humillación. No obstante, esta locura de la cruz avergonzaba la sabiduría del mundo (1:27-29). Pablo predicaba a Cristo crucificado, porque la cruz demostraba el poder del Espíritu y aseguraba que su fe no estaba fundamentada en la sabiduría inferior del hombre: "Ni mi palabra ni mi predicación fue con palabras persuasivas de humana sabiduría, sino con demostración del Espíritu y de poder, para que vuestra fe no esté fundada en la sabiduría de los hombres, sino en el poder de Dios" (2:4-5).

> ¿Cómo respondería Pablo a aquellos predicadores que están más enfocados en su elocuencia y apariencia que en predicar al Cristo crucificado?

El trasfondo sofista también es importante para entender la razón de Pablo para negarse a recibir dinero de la iglesia en Corinto (9:6-18). A diferencia de los sofistas, que cobraban cantidades exorbitantes por sus servicios, Pablo decidió, en cambio, sostenerse a sí mismo trabajando con sus manos como fabricante de tiendas (Hch. 18:3). A pesar de que, como ministro, tenía el derecho de recibir un pago de la iglesia, Pablo no quería que los corintios tuvieran razón alguna para dudar de su motivación.

Pablo (en 1 Corintios) anhelaba preservar la *unidad* del cuerpo de Cristo

Facciones en torno al liderazgo

Algunos miembros de la casa de Cloé habían informado a Pablo que las divisiones estaban destruyendo la **unidad** de la iglesia (1:10-11). Los miembros se estaban alineando con su líder favorito, ya sea Pablo, Pedro o un hombre llamado Apolos (1:12).

Ahora bien, ¿quién era Apolos? Es descrito como un "varón elocuente" (Hch. 18:24) que conocía bien las Escrituras. Este llegó a un conocimiento más preciso de Jesús en Éfeso mediante Priscila y Aquila, colegas de Pablo y antiguos líderes de la iglesia junto con él en Corinto (ver Hch. 18:2-3, 24-26). Después que Pablo dejara Corinto, Apolos viajó allí para ministrar a esta joven iglesia y, aparentemente, tuvo un gran éxito. Según Hechos, Apolos debatía con poder en público y demostraba que Jesús era el Mesías (literalmente "el Cristo", 18:28). Después de algún tiempo de ministerio fructífero en Corinto, regresó a Éfeso.

En 1 Corintios 1–4, descubrimos que algunos en la iglesia consideraban que Apolos era superior a Pablo. El trasfondo sofista mencionado antes probablemente explica las prioridades distorsionadas de la iglesia. Al igual que los sofistas, que eran en extremo competitivos en sus esfuerzos por generar el club de admiradores más grande, la iglesia estaba formando grupos divisivos bajo los nombres de sus líderes favoritos: Pablo, Pedro y Apolos. Este trasfondo podría explicar por qué algunos en la iglesia comparaban a Pablo con Apolos y juzgaban al primero por su falta de elocuencia y su estatura física más bien despreciable (1 Co. 4:3-6; ver también 2 Co. 10:10)

Al final de 1 Corintios, aprendemos que la iglesia incluso había solicitado que Apolos regresara a la ciudad. Pablo explicó que este no quería regresar, probablemente porque no deseaba formar parte de la conducta poco espiritual de la iglesia: "Acerca del hermano Apolos, mucho le rogué que fuese a vosotros con los hermanos, mas de ninguna manera tuvo voluntad de ir por ahora; pero irá cuando tenga oportunidad" (16:12).

> **Pablo nos recordaría que no existen los líderes cristianos, solo los siervos cristianos.**

Estas facciones en torno al liderazgo se habían enraizado tanto en la iglesia en Corinto que Pablo dedicó los primeros cuatro capítulos de su carta a este asunto. Él estaba muy preocupado por la salud espiritual de la iglesia porque sus acciones demostraban que seguían siendo mundanos (literalmente, "carnales", 3:1-4).

El remedio de Pablo para este grave problema era sencillo: la iglesia debía considerar a sus líderes, no como oradores ostentosos, sino como siervos de Cristo (3:5; 4:1). Pablo había plantado la iglesia; Apolos la había regado; pero fue Dios quien la había hecho crecer (3:5-9).

Segregación durante la Cena del Señor

En las celebraciones en casas durante la época de Pablo, era habitual que los invitados fueran clasificados por su estatus social. Los más adinerados comían los mejores alimentos con el anfitrión, mientras que los demás quedaban relegados a otra habitación y recibían comida normal.

Pablo se sorprendió al escuchar que la iglesia en Corinto había adoptado prácticas similares. Durante la comida de compañerismo en la que se celebraba la Cena del Señor, los miembros adinerados de la iglesia se atiborraban con los mejores alimentos, mientras que los miembros más pobres se quedaban sin comer (11:17-34). Irónicamente, la división entre los ricos y los pobres durante la Cena del Señor estaba socavando la unidad misma que Jesús había creado cuando fue a la cruz (11:20-22).

Después de recordarles la tradición de la **Cena del Señor**, Pablo instruyó a la iglesia a examinarse antes de celebrarla y advirtió que cualquiera que la comiera de forma indigna sería culpable de profanar la muerte sacrificial de Jesús (11:27-28). Aunque en la actualidad, estos versículos a menudo se usan para apoyar un tiempo personal introspectiva de confesión de pecado antes de tomar la Cena del Señor, en el contexto de este pasaje, estos versículos de hecho tenían la intención de recordar a los miembros adinerados que no debían hacer a un lado a los miembros más pobres de la iglesia. Pablo explicó que todo el que comiera sin discernir las necesidades de la iglesia (literalmente, "sin discernir el cuerpo") traería juicio sobre sí mismo (11:29). La iglesia debe unirse durante la cena de compañerismo (11:33-34).

> Si Pablo estuviera aquí, se entristecería de ver a los cristianos adinerados ignorando a los pobres.

Uso desordenado de los dones espirituales

En 1 Corintios 12–14, aprendemos que los miembros de la iglesia estaban siendo tentados a glorificarse a sí mismos en su uso de los **dones espirituales**. En específico, esta iglesia estaba enfatizando las lenguas e ignorando la profecía (14:1-5). Esta competencia entre dones espirituales estaba creando aún más divisiones en la iglesia (12:25).

Pablo trató este grave asunto explicando primero que la diversidad de dones de hecho servía para reforzar la unidad del cuerpo de Cristo. Tal como el cuerpo humano consiste en muchas partes y sigue siendo un cuerpo unido, también la iglesia está compuesta de muchos miembros que trabajan juntos como un cuerpo (12:12-31). A continuación, Pablo brindó a la iglesia reglas claras para el culto. En el culto público, la profecía era preferible a hablar en lenguas, porque era un don inteligible que tenía una función didáctica en la iglesia (14:1-25). Finalmente, Pablo explicó que, en el culto colectivo, hablar en lenguas debía ser realizado con orden, ya que Dios no es un Dios de confusión, sino de paz (14:26-40).

Pablo (en 1 Corintios) estaba verdaderamente preocupado por la *pureza sexual* en una sociedad saturada por el sexo

Incesto en la iglesia

Según 1 Corintios 5:1-13, Pablo había recibido un informe de que ¡un hombre en la iglesia estaba teniendo relaciones sexuales con su madrastra! Pablo reprendió a los creyentes por tolerar este comportamiento y les mandó que quitaran a este pecador de la iglesia. Los creyentes de Corinto no debían asociarse (ni siquiera comer) con personas en la iglesia que fueran sexualmente inmorales, ya que los creyentes en Jesús habían sido lavados de sus pecados y santificados por el Espíritu de Dios (6:11). Aunque esta forma de disciplina en la iglesia pudiera parecer dura, el objetivo de Pablo claramente era redentor. Solo después de tratar este pecado con seriedad, el ofensor podría entender que necesitaba abandonarlo. Además, la salud de la iglesia y su testimonio hacia afuera estaban en juego. La impureza sexual, si no se mantiene a raya, no solo se esparciría dentro de la iglesia (5:6-7), sino que también daría una falsa imagen de lo que significa ser un seguidor de Jesús.

Inmoralidad sexual

Los creyentes de Corinto vivían en una sociedad saturada con el sexo, ya que la ciudad era famosa por su promiscuidad sexual. Aunque esto no solo sucedía en Corinto, la inmoralidad abierta era parte de la misma esencia de la ciudad, como se ejemplifica en las fiestas después de la cena, donde se continuaba comiendo y bebiendo, a lo que seguía un tiempo con prostitutas. Pablo pronunció cuatro argumentos importantes para mantener la **pureza sexual**. Primero, explicó que la libertad en Cristo no implicaba que se pudiera participar en pecados sexuales. En cambio, la libertad cristiana significaba ser libres de la esclavitud *al* pecado (6:12-14). Segundo, Pablo recordó a los corintios que, como creyentes en Jesús, habían sido unidos a Él y, por tanto, debían evitar la impureza sexual (6:15-16). Tercero, él advirtió a los creyentes que las relaciones sexuales unen a la gente (citando Gn. 2:24: "y serán una sola carne"). Por tanto, él ordenó a los creyentes que huyeran de cualquier forma de inmoralidad sexual (6:16-18). Finalmente, Pablo recordó a la iglesia que su cuerpo era templo del Espíritu de Dios y que, por tanto, estaban obligados a honrar a Dios con él (6:19-20).

Matrimonio y soltería

En el capítulo 7, Pablo se enfocó en asuntos de **matrimonio y soltería**, que los corintios habían mencionado en la carta que escribieron a Pablo. Ciertamente, la primera pregunta que Pablo respondió no fue sobre si uno debía casarse o no (*contra* algunas traducciones de 7:1), sino más bien sobre las relaciones sexuales *dentro* del matrimonio (7:1-5). Cuando se enfocó en el matrimonio en 7:6-9, Pablo no pronunció mandamiento alguno, aunque claramente prefería que creyentes solteros se mantuvieran así: "Eso les digo a modo de concesión, no como un mandato. Sin embargo, quisiera que todos fueran solteros, igual que yo; pero cada uno tiene su don específico de Dios, unos de una clase y otros de otra" (7:6-7, NTV). En un mundo en el que se esperaba que una persona se casara, Pablo favorecía la soltería, ya que un soltero podía centrarse por completo en su servicio al evangelio (7:32-35).

> Pablo recordaría a los creyentes solteros que su soltería les permitía enfocarse por completo en servir al Señor.

Pablo (en 1 Corintios) buscaba *hacerse a todos de todo* por amor al evangelio

Pablo defendió vigorosamente sus **derechos** en 1 Corintios 9. Él tenía el derecho de casarse y de recibir dinero de la iglesia por sus servicios ministeriales. Sin embargo, con gusto escogió no hacer valer estos derechos porque no quería limitar el avance del evangelio (9:5-14). De hecho, la práctica de Pablo era volverse siervo de todos para poder salvar a algunos (9:19-23).

Es de notar que Pablo haya insertado esta defensa en medio de este tema tan controversial con el que los corintios habían escrito a Pablo: ¿Era permitido que algunos creyentes comieran **alimentos sacrificados a los ídolos** (8:1–11:1)? Algunos en la iglesia afirmaban que era su "derecho" hacerlo (8:9), pero otros argumentaban fuertemente lo contrario (8:7).

En un nivel, la respuesta de Pablo fue sencilla. Él advirtió a los creyentes corintios que no debían participar en las festividades de los templos paganos (10:14-22). Sin embargo, ¿qué pasaba con la carne comprada en el mercado? Después de todo, antes de llegar allí, la carne era sacrificada

> Pablo nos retaría a limitar nuestros "derechos personales" si hacerlo ayuda al avance del evangelio.

previamente en el templo. En este nivel, la respuesta de Pablo fue motivada por una pregunta fundamental: ¿comer estos alimentos impediría el avance del evangelio? Aunque reconocía por completo que los ídolos no tenían existencia real, Pablo instruyó a la iglesia que no debían comer alimentos sacrificados a los ídolos (1) si esto provocaba que otro creyente tropezara (8:9-13) o (2) si esto estorbaba el avance del evangelio (10:23-33).

Pablo (en 1 Corintios) se aferraba a la fe en la *resurrección del cuerpo*

En la época de Pablo, muchos consideraban que el mundo físico era temporal (y hasta malvado) y que, en cambio, el alma era inmortal y buena. Por lo tanto, lo que se hacía en el cuerpo no importaba ya que, algún día, la muerte liberaría el alma de su prisión corporal temporal. Pablo había escuchado que algunos creyentes en Corinto se aferraban a esta perspectiva común. Aunque afirmaban que Jesús había resucitado de los muertos, negaban que vendría una **resurrección** *del cuerpo* para los creyentes en Cristo (15:12).

No obstante, Pablo veía una conexión inseparable entre la resurrección del cuerpo y la de Jesús (15:12-19). Si no había resurrección, entonces ni siquiera Cristo había resucitado. Y, si Cristo no había resucitado, vana era entonces su fe (15:12-18). De hecho, los que esperaban en Cristo eran entonces "los más dignos de conmiseración de todos los hombres" (15:19). En otras palabras, la resurrección corporal de Jesús era el fundamento para la resurrección de todos los creyentes y, por tanto, para la esperanza de la vida eterna (15:20-28).

> La realidad de la resurrección del cuerpo debería motivar a los creyentes a honrar a Dios con su cuerpo.

Además, creer en la resurrección del cuerpo tenía implicaciones éticas importantísimas. En lugar de vivir una vida de excesos en el cuerpo (cp. 6:12-20), Pablo instruyó a los creyentes: "Vuelvan a su sano juicio, como conviene, y dejen de pecar. En efecto, hay algunos de ustedes que no tienen conocimiento de Dios; para vergüenza de ustedes lo digo" (15:34, NVI).

PALABRAS Y CONCEPTOS CLAVE

(en orden de su aparición destacada en el texto)

1. informes orales
2. sofistas
3. unidad
4. Cena del Señor
5. dones espirituales
6. pureza sexual
7. libertad
8. matrimonio y soltería
9. derechos
10. alimentos sacrificados a los ídolos
11. resurrección del cuerpo

RECURSOS CLAVE PARA PROFUNDIZAR EN EL ESTUDIO

Roy E. Ciampa y Brian S. Rosner. *The First Letter to the Corinthians*. PNTC. Grand Rapids: Eerdmans, 2010.

David E. Garland. *1 Corinthians*. BECNT. Grand Rapids: Baker Academic, 2003.

Bruce W. Winter. *After Paul Left Corinth: The Influence of Secular Ethics and Social Change*. Grand Rapids: Eerdmans, 2001.

2 CORINTIOS

¿Quién?

Remitente: Pablo (junto con Timoteo)

Destinatarios: La iglesia en Corinto

¿Cuándo?

En el 55 o 56 d. C., un año después de 1 Corintios

¿Dónde?

Pablo estaba en la provincia de Macedonia (2 Co. 2:12-13; 7:5-6, 13-16).

¿Por qué?

Pablo escribió esta carta:

1. para expresar su gozo de que la mayoría de la iglesia se había arrepentido al recibir la carta que les escribió "con muchas lágrimas";
2. para alentar a la iglesia a retomar su colecta para la iglesia en Jerusalén;
3. para enfrentar a una minoría obstinada en la iglesia que seguía oponiéndose a Pablo.

Ya que 2 Corintios es, de hecho, la cuarta carta de Pablo, debemos entender el diálogo más amplio que lo movió a escribirla.

- Pablo escribió una "carta anterior", ahora perdida, sobre la inmoralidad sexual (ver 1 Co. 5:9-11).
- Pablo escribió 1 Corintios para corregir un malentendido respecto a esta carta anterior y para responder a informes orales y escritos de la iglesia en Corinto.
- Ya que muchos en la iglesia habían comenzado a oponerse a Pablo, tuvo que visitar Corinto "con tristeza" (2:1-2).
- Luego Pablo escribió una tercera carta "con muchas lágrimas", que ahora está perdida (2:4).
- Pablo esperó con ansias el regreso de Tito con un informe sobre la respuesta de la iglesia a la carta que había escrito "con muchas lágrimas". Aunque él y Tito habían planeado encontrarse en Troas, Pablo estaba tan ansioso que interceptó a Tito en Macedonia (2:12-13). Tito le informó que la iglesia se había arrepentido con tristeza piadosa (7:8-12). Gozoso al escuchar este reporte positivo, Pablo escribió 2 Corintios.

Aunque algunos antiguos manuscritos preservan **2 Corintios como un solo documento**, ciertos eruditos han sugerido que es más bien una combinación de dos (o más) cartas de Pablo. Aquí están algunas de sus reconstrucciones.

- La sección de 6:14–7:1 pertenecía originalmente a la "carta anterior". Algunos eruditos sostienen esta teoría porque este pasaje les parece interrumpir el argumento de Pablo y es similar en contenido a la carta anterior. Sin embargo, podría tratarse simplemente de una digresión del argumento central de Pablo.
- La sección de 10–13 es la **carta** perdida que Pablo escribió "**con muchas lágrimas**". La principal razón para afirmar esta teoría es el repentino cambio de tono en los capítulos 10–13 de un alivio gozoso a una reprensión intensa. Sin embargo, en los capítulos 10–13, Pablo probablemente había dirigido su atención a una pequeña minoría en la iglesia que seguía oponiéndosele.

La unidad de 2 Corintios probablemente sigue siendo la teoría más factible.

2 CORINTIOS

Justin K. Hardin

Versículos clave

Porque la tristeza que es según Dios produce arrepentimiento para salvación, de que no hay que arrepentirse; pero la tristeza del mundo produce muerte (2 Co. 7:10).

Cada uno dé como propuso en su corazón: no con tristeza, ni por necesidad, porque Dios ama al dador alegre. Y poderoso es Dios para hacer que abunde en vosotros toda gracia, a fin de que, teniendo siempre en todas las cosas todo lo suficiente, abundéis para toda buena obra (2 Co. 9:7-8).

Y me ha dicho: Bástate mi gracia; porque mi poder se perfecciona en la debilidad. Por tanto, de buena gana me gloriaré más bien en mis debilidades, para que repose sobre mí el poder de Cristo. Por lo cual, por amor a Cristo me gozo en las debilidades, en afrentas, en necesidades, en persecuciones, en angustias; porque cuando soy débil, entonces soy fuerte (2 Co. 12:9-10).

> ## PABLO (EN 2 CORINTIOS)...
>
> - se preocupaba por *reconciliar su relación* con la iglesia en Corinto;
> - anhelaba poner en despliegue la unidad de todos los creyentes mediante *una ofrenda a la iglesia en Jerusalén*;
> - modelaba la verdad de que *el poder de Dios se manifiesta en la debilidad*.

Pablo (en 2 Corintios) se preocupaba por *reconciliar su relación* con la iglesia en Corinto

La relación de Pablo con la iglesia en Corinto no siempre había estado libre de problemas. Un poco después de plantar la iglesia, descubrió que los creyentes habían regresado a los valores que tenían antes de convertirse.

Muchos incluso habían comenzado a atacar a Pablo sencillamente porque rehusaba imitar a los oradores de la sociedad (ver el tema en el capítulo sobre 1 Corintios). Sin embargo, él se negó a darlos por perdidos. Después de tres cartas y una visita muy dolorosa, Pablo finalmente logró que la iglesia lo escuchara. Él estaba tan lleno de alivio que les escribió una carta, 2 Corintios.

Panorama de 2 Corintios

Introducción (1:1-11)
Respuesta/defensa y apología principales de Pablo (1:12–7:16)
Sobre la colecta (8–9)
Respuesta de Pablo a nuevos problemas en Corinto (10:1–13:10)
Conclusión y bendición (13:11-14)

En los primeros siete capítulos, Pablo relató una gran parte de su relación con esta iglesia. Hasta una lectura rápida de estos capítulos revela una de las características más importantes de esta carta: Pablo amaba profundamente a esta iglesia, a pesar de sus terribles pecados y de su inmadurez espiritual.

De hecho, Pablo afirmó que, incluso al enfrentar su comportamiento impío, los acciones de él siempre surgieron de una preocupación genuina por la iglesia en Corinto. Después de su visita "con tristeza", decidió cambiar su itinerario, que originalmente había sido visitarlos por segunda vez al regresar de Macedonia (1:15-16). Pablo explicó que la razón para no proseguir con sus planes originales era no cargarlos con otra experiencia dolorosa (1:23–2:2).

En cambio, él decidió escribir una carta y enviarla por mano de Tito. Aunque ahora esta carta está perdida, en 2 Corintios, Pablo describió su angustia emocional al escribirla (2:4). Al principio, incluso se lamentó de haberla enviado, ya que contenía una dura represión a los creyentes en Corinto. Esta represión no estaba dirigida de forma aleatoria a toda la iglesia, sino más bien a un individuo que había liderado la oposición contra Pablo (2:5-11; 7:8-12).

Afortunadamente, esta carta que escribió "con muchas lágrimas" fue increíblemente exitosa. Tito informó que la iglesia se había arrepentido y había renovado su compromiso con Pablo.

Pero Dios, que consuela a los humildes, nos consoló con la venida de Tito; y no solo con su venida, sino también con la consolación con que él había sido consolado en cuanto a vosotros, haciéndonos saber vuestro gran afecto, vuestro llanto, vuestra solicitud por mí, de manera que me regocijé aún más. Porque aunque os contristé con la carta, no me pesa, aunque entonces lo lamenté; porque veo que aquella carta, aunque por algún tiempo, os contristó. Ahora me gozo, no porque hayáis sido contristados, sino porque fuisteis contristados para arrepentimiento; porque habéis sido contristados según Dios, para que ninguna pérdida padecieseis por nuestra parte. Porque la tristeza que es según Dios produce arrepentimiento para salvación, de que no hay que arrepentirse; pero la tristeza del mundo produce muerte (7:6-10).

> **En un mundo de rencores personales y de relaciones resentidas, Pablo nos retaría a extender el perdón restaurador de Cristo.**

Hasta la persona que había hablado en contra de Pablo respondió con dolor y arrepentimiento genuinos (2:6; 7:11-12). Sin embargo, en su celo renovado por Pablo, la iglesia parecía haber sido lenta para perdonar a este hermano, a pesar de su arrepentimiento. Por tanto, en un hermoso pasaje de **reconciliación**, Pablo instruyó a la iglesia que recibiera de nuevo a este individuo en la comunión. Tal como Pablo había perdonado a los creyentes de Corinto, ellos debían hacer lo mismo hacia el hermano que quería ser restaurado. Pablo sabía bien que un castigo excesivo solo permitiría a Satanás una oportunidad para tomar ventaja de la situación.

Así que, al contrario, vosotros más bien debéis perdonarle y consolarle, para que no sea consumido de demasiada tristeza. Por lo cual os ruego que confirméis el amor para con él. Porque también para este fin os escribí, para tener la prueba de si vosotros sois obedientes en todo. Y al que vosotros perdonáis, yo también; porque también yo lo que he perdonado, si algo he perdonado, por vosotros lo he hecho en presencia de Cristo, para que Satanás no gane ventaja alguna sobre nosotros; pues no ignoramos sus maquinaciones (2:7-11).

Pablo (en 2 Corintios) anhelaba poner en despliegue la unidad de todos los creyentes mediante *una ofrenda a la iglesia en Jerusalén*

Pablo inició una gran campaña de recaudación de fondos entre las iglesias predominantemente gentiles que había plantado en todo el Mediterráneo. Una vez terminada, esta ofrenda monetaria sería presentada a los pobres de la iglesia en **Jerusalén**. Lejos de ser una actividad secundaria, este proyecto estaba en el centro de la agenda de Pablo, pues la **colecta** era una expresión muy práctica de unidad entre creyentes judíos y gentiles como un solo pueblo de Dios (ver Ro. 15:25-27; Gá. 2:10).

En 1 Corintios, Pablo ya había pedido a los creyentes que pusieran aparte dinero para la colecta (según sus ingresos) al inicio de cada semana (1 Co. 16:1-4). No obstante, en medio de la tensa relación con Pablo, la iglesia había abandonado la colecta. De manera que, en 2 Corintios, Pablo los animó a retomarla con toda presteza. De hecho, su devoción renovada al proyecto fue tan importante que Pablo dedicó dos capítulos enteros (caps. 8–9) a este tema.

Lo que resulta especialmente sorprendente en el extenso discurso de Pablo es la relación entre la gracia transformadora y su participación en la colecta. De hecho, completarla sería una señal tangible de la **gracia transformadora de Dios** en su vida, ya que su relación renovada con Dios afectaría de forma natural su relación con otros. Por tanto, su participación diligente sería "la prueba de [su] amor" (8:24).

> Pablo estaría preocupado porque muchos cristianos dan dinero por obligación moral y no en respuesta gozosa a la gracia de Dios.

Después de todo, la gracia de Dios había movido a las iglesias de Macedonia a contribuir a la colecta. De manera que, incluso en su extrema pobreza, dieron con gozo más allá de sus fuerzas. Después de ser testigo del celo de las iglesias de Macedonia, Pablo anhelaba que la gracia de Dios también energizara a la iglesia en Corinto (8:1-7).

Sobre este tema, Pablo también se refirió al ejemplo de Jesús, que demostró la gracia de Dios al volverse carne (literalmente, "se hizo pobre") para que los corintios pudieran ser salvos (literalmente, "fueseis enriquecidos", 8:9). En otras palabras, la gracia de Dios implica ceder los derechos personales en beneficio a otros. A cambio, Pablo esperaba que los corintios imitaran el ejemplo de Jesús (8:11-15), pero él también advirtió que no debían dar con tristeza ni por obligación, sino con alegría. La gracia de Dios los motivaría y capacitaría para dar con generosidad (9:8-11).

Pablo (en 2 Corintios) modelaba la verdad de que *el poder de Dios se manifiesta en la debilidad*

Si bien la mayoría de la iglesia en Corinto se había arrepentido de su hostilidad hacia Pablo, una minoría seguía denigrándolo fuertemente porque claramente no hacía alarde de toda la gama de habilidades retóricas. "Sus cartas son duras y fuertes", afirmaban, "pero en persona es débil y su palabra es menospreciable" (10:10). Este grupo también criticaba su incapacidad para producir cartas de recomendación de otros, cosa que en el tiempo de Pablo servía para autorizar las credenciales de una persona y sus conexiones sociales (3:1; 5:12). Finalmente, es probable que estos oponentes cuestionaran el apostolado de Pablo por los muchos sufrimientos y luchas que experimentó en su ministerio. Por tanto, el problema principal con los oponentes de Pablo era que se gloriaban de las cosas del mundo (literalmente, "según la carne", 11:18).

En los últimos capítulos de la carta (caps. 10–13), Pablo enfrentó de lleno a estos oponentes. La mayor parte de esta sección contiene un prolongado **"discurso del necio"**, lleno de ironía, en el que Pablo puso de cabeza la jactancia al resaltar muchos de los sufrimientos que había experimentado como apóstol.

> Pero en lo que otro tenga osadía (hablo con locura), también yo tengo osadía. ¿Son hebreos? Yo también. ¿Son israelitas? Yo también. ¿Son descendientes de Abraham? También yo. ¿Son ministros de Cristo? (Como si estuviera loco hablo.) Yo más; en trabajos más abundante; en azotes sin número; en cárceles más; en peligros de muerte muchas veces. De los judíos cinco veces he recibido cuarenta azotes menos uno. Tres veces he sido azotado con varas; una vez apedreado; tres veces he padecido naufragio; una noche y un día he estado como náufrago en alta mar; en caminos muchas veces; en peligros de ríos, peligros de ladrones, peligros de los de mi nación, peligros de los gentiles, peligros en la ciudad, peligros en el desierto, peligros en el mar, peligros entre falsos hermanos; en trabajo y fatiga, en muchos desvelos, en hambre y sed, en muchos ayunos, en frío y en desnudez; y además de otras cosas, lo que sobre mí se agolpa cada día, la preocupación por todas las iglesias. ¿Quién enferma, y yo

no enfermo? ¿A quién se le hace tropezar, y yo no me indigno? Si es necesario gloriarse, me gloriaré en lo que es de mi debilidad (11:21b-30).

Unos pocos versículos más tarde, Pablo se refirió a su "**aguijón en la carne**". En tres ocasiones, él había rogado al Señor que le quitara este "aguijón", pero en lugar de hacerlo, el Señor le aseguró que su gracia era suficiente, pues el **poder de Dios** se perfecciona en la **debilidad** humana (12:7-8). Aunque la identidad de este "aguijón" metafórico sigue siendo incierta, el punto de Pablo es claro: la prueba de su apostolado no se encontraba en sus éxitos, sino en sus sufrimientos: "porque cuando soy débil, entonces soy fuerte" (12:10). Al invertir los estándares de alabanza y honor del mundo, Pablo reveló que el enfoque miope de sus adversarios en las fortalezas humanas anulaba el poder de Dios (ver también 4:7-15). Por otro lado, los sufrimientos de Pablo revelaban el poder de Dios, que a su vez daba alabanza y gloria a Dios.

> Pablo nos recordaría que, a menudo, Dios nos usa en nuestra debilidad y no en nuestra fortaleza.

PALABRAS Y CONCEPTOS CLAVE

(en orden de su aparición destacada en el texto)

1. 2 Corintios como un solo documento
2. carta "con muchas lágrimas"
3. reconciliación
4. colecta para Jerusalén
5. gracia transformadora de Dios
6. "discurso del necio"
7. aguijón en la carne
8. debilidad/poder de Dios

RECURSOS CLAVE PARA PROFUNDIZAR EN EL ESTUDIO

Barnett, Paul. *2 Corinthians*. NICNT. Grand Rapids: Eerdmans, 1997.

Garland, David E. *2 Corinthians*. NAC. Nashville: Broadman & Holman, 1999.

Hafeman, Scott. *2 Corintios*. CBANVI. Nashville: Editorial Vida, 2021.

Savage, Timothy. *Power through Weakness: Paul's Understanding of the Christian Ministry in 2 Corinthians*. Nueva York: Cambridge University Press, 1996.

GÁLATAS

¿Quién?
Remitente: Pablo

Destinatarios: Las iglesias en Galacia. Los eruditos debaten sobre los destinatarios de la epístola a los gálatas. Ya que "Galacia" podía entenderse de dos formas en el siglo i, han surgido dos teorías. (1) La **teoría del norte de Galacia**: Los galos de Europa occidental se habían establecido en la región noroeste de Turquía en el siglo iii a. C. y la región fue llamada "Galacia" por ellos. (2) La **teoría del sur de Galacia**: La zona se convirtió en una provincia romana en el siglo i a. C. y recibió el nombre imperial de "Galacia" y se expandió para incluir ciudades en el sur. Lo más probable es que Pablo haya escrito a las iglesias que fundó en la parte sur de la provincia en su primer viaje misionero. No existe evidencia de que fundara iglesias en la región del norte.

¿Cuándo?
La fecha de Gálatas depende de sus destinatarios. Si asumimos que escribió a las iglesias en el sur, Pablo redactó la carta después de su primer viaje misionero, alrededor del año 48 d. C., y justo antes del Concilio de Jerusalén, documentado en Hechos 15.

¿Dónde?
Si Pablo escribió a las iglesias en el sur de Galacia después de su primer viaje misionero, probablemente se encontraba en Antioquía de Siria (Hch. 14:26-28; 15:1), donde se estableció después de ese viaje.

¿Por qué?
Después del primer viaje misionero de Pablo, algunas personas externas llegaron a las iglesias recién fundadas y comenzaron a engañar a estos creyentes. La identidad de estas personas no es clara, pero probablemente eran judíos que decían ser cristianos e insistían en que los gentiles debían guardar la ley si querían ser miembros plenos del pueblo del pacto de Dios. Su estrategia era convencer a los creyentes gentiles de que rechazaran a Pablo y su mensaje y aceptaran el judaísmo. Estos algunas veces son denominados **"judaizantes"** (a partir de un verbo griego que significa "vivir como un judío"). Pablo escribió para probar la validez de su apostolado y la verdad de su mensaje en un intento por afianzar la lealtad de los gálatas únicamente en la salvación en Cristo.

Versículos clave

Os hago saber, hermanos, que el evangelio anunciado por mí, no es según hombre; pues yo ni lo recibí ni lo aprendí de hombre alguno, sino por revelación de Jesucristo (Gá. 1:11-12).

Todos los que dependen de las obras de la ley están bajo maldición, pues escrito está: Maldito todo aquel que no permaneciere en todas las cosas escritas en el libro de la ley, para hacerlas (Gá. 3:10).

Porque vosotros, hermanos, a libertad fuisteis llamados; solamente que no uséis la libertad como ocasión para la carne, sino servíos por amor los unos a los otros (Gá. 5:13).

PABLO (EN GÁLATAS)...

- buscaba probar que era un *apóstol legítimo* con un mensaje correcto;
- deseaba persuadirlos de que *la salvación es por fe y no por obras*;
- anhelaba que se aferraran a la *libertad ética* que está basada en la gracia.

Pablo (en Gálatas) buscaba probar que era un *apóstol legítimo* con un mensaje correcto

Gálatas es un libro intensamente personal que refleja una profundidad de pasión en Pablo que no vemos en muchas de sus epístolas. Los creyentes de Galacia estaban a punto de abandonar su fe en Cristo, de manera que Pablo se saltó su acostumbrada expresión de gratitud por sus lectores (p. ej.: Ro. 1:8-10) y fue directamente a reprenderlos por haberse "alejado del que os llamó [...] para seguir un evangelio diferente" (1:6). Tan graves fueron estas acusaciones que el apóstol afirmó que sus oponentes serían "**anatema**" y enfrentarían el juicio eterno de Dios (1:9). ¿Por qué tanta severidad? Porque, si los gálatas eran movidos a buscar la salvación de otra manera que no fuera solo por la fe, solo en Cristo, nunca la encontrarían. Pablo estaba decidido a no permitir que eso sucediera en Galacia.

Panorama de Gálatas
Saludo (1:1-5)
Reprensión de Pablo (1:6–4:11)
Solicitud de Pablo (4:12–6:10)
Conclusión (6:11-18)

Pablo insistió en que sus adversarios se habían equivocado respecto a él. Ellos habían intentado influenciar a los gálatas para que rechazaran la idea de que Pablo era un apóstol nombrado por Cristo que proclamaba un mensaje revelado por Él. Pablo consideraba las circunstancias en torno a su conversión como evidencia de la veracidad de su apostolado. El mensaje de Pablo no era una invención humana, sino que lo había recibido en el camino a Damasco directamente del Cristo ascendido y no de los apóstoles (1:11-12). Incluso después de su conversión, Pablo escribió que ninguno, ni siquiera los apóstoles, había añadido nada a su mensaje, ya que sus viajes no permitieron oportunidad para esta comunicación (1:15-24). Cuando finalmente fue a Jerusalén, estuvo allí solo durante quince días y, en este tiempo, no conoció a ninguno de los apóstoles más que a Pedro y a Santiago (1:18-19). El punto de Pablo al escribir estos detalles biográficos era enfatizar que no derivaba su ministerio de ninguna fuente humana.

> **Pablo se preocuparía porque algunos cristianos escogen lo que más les conviene creer.**

Cuando Pablo finalmente fue a Jerusalén catorce años después de su conversión, dice él, les "expuse en privado [...] el evangelio que predico entre los gentiles" (2:2) Ellos respaldaron de todo corazón su labor entre los gentiles, pero no añadieron nada nuevo a su mensaje (2:6-10). Para afianzar su independencia de la iglesia madre en Jerusalén, Pablo se refirió a un enfrentamiento con Pedro, que había actuado de forma contradictoria, a la luz de la salvación por gracia que tanto él como Pablo aceptaban cuando se abstuvo de comer con los gentiles (2:11-12). Las acciones de

Pedro representaban una reversión a la vida bajo la ley, algo intolerable para Pablo, que creía que todo creyente está "muerto para la ley" y tiene vida "en la fe del Hijo de Dios" (2:19-20; cp. Ro. 6:1-4). ¡Pablo no podía ser acusado de derivar su evangelio ni siquiera de Pedro! En medio de tantas acusaciones en su contra, Pablo quería que los gálatas supieran que era un apóstol genuino, nombrado por Dios, que proclamaba solo el mensaje que Cristo le había revelado.

Pablo (en Gálatas) deseaba persuadirlos de que *la salvación es por fe y no por obras*

Su propia experiencia lo probaba

"¡Oh gálatas insensatos!". Los gálatas eran insensatos. Ellos habían recibido bendiciones cuando fueron salvos por **fe**, incluyendo el Espíritu y los milagros que Dios obró en medio de ellos (3:1-5). Ninguna de estas bendiciones vino por **obras**.

La experiencia de Abraham lo probaba

Pablo argumentó que uno se convierte en hijo de Abraham por fe y no por guardar la ley (ver el capítulo 10 sobre Romanos para una exposición de las perspectivas sobre lo "nuevo" y lo "viejo"). En Génesis 15:6, Dios había atribuido **justicia** a Abraham con base en su fe. Los que siguen su ejemplo son contados justos de la misma manera (Gá. 3:6-9). Por otro lado, los que, como los oponentes de Pablo, buscaban la justicia mediante el pacto mosaico (la ley), permanecían bajo maldición. El propósito de la ley no era justificar a las personas, pues ninguno puede guardar la ley con suficiente perfección para asegurarse la justicia. Cristo fue hecho maldición "por nosotros" para que los creyentes escapáramos la maldición de la ley (3:10-14).

El propósito de la ley lo probaba

Los adversarios de Pablo priorizaban de forma errónea el **pacto mosaico** (la **ley**). Como resultado, no podían entender la seriedad ni el propósito del pacto abrahámico. Para corregir esto, Pablo comparó estos dos pactos con un testamento legal (no poca cosa, ya que, en la época del Pablo, el testamento de una persona era determinante). El pacto abrahámico vino primero y debe tener más peso con respecto al medio de salvación. Sin embargo, si los oponentes de Pablo tenían razón, entonces, en términos prácticos, la ley cancelaba el **pacto abrahámico**. Pablo demostró que este no había sido depuesto con la llegada de la ley (3:15-18). El propósito de Dios al dar la ley nunca fue salvífico; más bien, era que sirviera como **chaperón** (traducido tradicionalmente como "**tutor**" o "**guía**"; RVR60, "ayo", 3:24).

> **Pablo se sorprendería al ver cuántas personas ignoran el evangelio de la gracia y enfatizan las obras para salvación.**

El chaperón era el esclavo varón que acompañaba a los hijos de las familias adineradas y los protegía al restringir su comportamiento hasta que alcanzaran la madurez ("confinados [...] encerrados", 3:23). Ahora que la **gracia** había llegado, los creyentes ya no están bajo el chaperón, la ley (3:23–4:7).

Pablo diseñó una analogía para criticar la posición de sus adversarios (4:21-31). Los comparó con dos esclavos del Antiguo Testamento, Agar y su hijo, Ismael. En la analogía de Pablo, estos corresponden a los judíos incrédulos que seguían bajo la esclavitud de la ley. Por otro lado, los creyentes de Galacia correspondían a Isaac, que había recibido la libertad (espiritual) y heredado las bendiciones que Dios había prometido mediante Abraham. Ya que Ismael nació "según la carne" (NVI, "por decisión humana"), los oponentes de Pablo eran "según la carne". Por otro lado, Isaac estaba vivo "por el poder del Espíritu", igual que los gálatas (4:29, NTV). Pablo sugirió que los gálatas debían rechazar a los judaizantes, tal como Sara había instado a Abraham a echar a Ismael (4:30; Gn. 21:10) y que debían reconocer que su libertad solo podía venir por la fe en Cristo (4:32; 5:1, 4). Los que buscan libertad espiritual mediante la ley o mediante una ley suplementada por Cristo siguen en esclavitud.

Pablo (en Gálatas) anhelaba que se aferraran a la *libertad ética* que está basada en la gracia

Los creyentes gentiles habían abandonado los estándares éticos de su cultura. Sin embargo, Pablo les enseñó que no debían seguir la ley judía. Entonces, ¿cómo debían los creyentes en Jesús discernir el bien del mal?

La *libertad* en Cristo (5:1, 13) era un tema extremadamente importante para Pablo, en especial respecto a estos creyentes gálatas que habían sido antes esclavos a sus malos deseos (4:1-8). Sin embargo, esta libertad de la ley no les daba licencia para vivir de la manera que quisieran; ya no debían vivir "para la carne". Pablo dijo que la libertad los obligaba a servirse "por amor los unos a los otros" (5:13).

Ahora bien, ¿de dónde se origina el *amor*? Se produce como un fruto del Espíritu Santo, algo que la ley no puede hacer (5:6, 16-22; ver 6:1-10 para expresiones específicas de amor). Los no creyentes no pueden replicar este amor, porque no tienen al Espíritu; son dominados por la naturaleza pecaminosa y no reciben ayuda de parte de la ley. En cambio, las conductas destructivas como la inmoralidad sexual, la codicia y la ira caracterizan sus relaciones (5:17-21). El punto de Pablo era resaltar la vanidad de vivir por la ley, ya que esta no puede salvar ni llevarnos a crecer en santidad (= **santificación**).

Los creyentes no están "bajo la ley", sino que son "guiados por el *Espíritu*" (5:18, énfasis añadido), han "crucificado la carne con sus pasiones y deseos" (5:24) y andan "en el Espíritu" (5:16, 25). Pablo estaba convencido de que los que tenían al Espíritu Santo morando en ellos serían caracterizados por el "**fruto del Espíritu**": amor, gozo, paz, paciencia, benignidad, bondad, fe, mansedumbre y templanza (5:22-23).

PALABRAS Y CONCEPTOS CLAVE
(en orden de su aparición destacada en el texto)

1. teoría del norte/sur de Galacia
2. judaizantes
3. anatema
4. fe
5. obras
6. justicia
7. pacto mosaico
8. ley
9. pacto abrahámico
10. chaperón/tutor/guía
11. gracia
12. libertad
13. santificación
14. fruto del Espíritu

RECURSOS CLAVE PARA PROFUNDIZAR EN EL ESTUDIO

Hansen, Walter G. *Galatians*. IVP New Testament Commentary Series. Downers Grove: InterVarsity Press, 1994.

Witherington, Ben. *Grace in Galatia. A Commentary on Paul's Letter to the Galatians*. Grand Rapids: Eerdmans, 1998.

EFESIOS

¿Quién?

Remitente: Aunque la carta afirma que fue escrita por Pablo (1:1) y en todos los escritos tempranos de la historia de la iglesia Pablo fue considerado su escritor, algunos niegan que sea así. Los que lo niegan afirman que Efesios fue escrita en nombre de Pablo por un discípulo anónimo suyo, después de su muerte. Los dos principales argumentos son:

1. Efesios habla de "apóstoles y profetas" como si se tratara de un grupo cerrado y venerado de una generación anterior (2:20; 3:5).
2. Efesios ve a "la iglesia" en términos glorificados y universales, como si fuera una institución de muchos años de antigüedad (1:22; 3:10; 5:24-25).

Sin embargo, estos argumentos son bastante subjetivos y no constituyen pruebas convincentes.

Destinatarios: Existen dos teorías sobre los destinatarios.

1. Esta carta fue originalmente una **carta "circular"** que tenía la intención de alcanzar a varias iglesias en numerosas ciudades de la zona de Éfeso.
   - La frase "en Éfeso" (1:1) está ausente de los tres mejores manuscritos de Efesios en griego antiguo.
   - La carta es bastante impersonal, considerando todo el tiempo que Pablo pasó en Éfeso (Hch. 20:18) y hay pocos saludos personales al final de la carta (6:21-22).
2. La carta fue dirigida a la iglesia en Éfeso.
   - La frase "en Éfeso" aparece en todos los demás manuscritos griegos y en todas las traducciones antiguas de Efesios.
   - El carácter impersonal puede deberse a que la iglesia en Éfeso consistía en muchas pequeñas iglesias en casa (Hch. 20:20). Por tanto, sería difícil decir qué destino es más probable. En última instancia, esto no afecta demasiado nuestra interpretación de Efesios.

¿Cuándo?

La fecha de la autoría de Efesios depende de en qué encarcelamiento de Pablo fue escrita.

- Si fue en Éfeso: 55 d. C.
- Si fue en Cesarea: 58 d. C.
- Si fue en Roma (lo más probable): 62 d. C.

¿Dónde?

La carta indica que Pablo estaba en la cárcel (3:1; 4:1). (Ver explicación en el capítulo sobre Colosenses).

¿Por qué?

No es fácil detectar un propósito claro para Efesios, pero sí hay algunas metas generales que Pablo pudo haber tenido.

1. Asegurar la unidad entre los creyentes judíos y gentiles.
2. Responder algunas preocupaciones que enfrentaban los convertidos gentiles que venían de trasfondos religiosos paganos como:
   - el temor a los espíritus malignos;
   - una vida de borracheras, inmoralidad sexual y robo;
   - un desconocimiento sobre la herencia judía de la fe cristiana.

EFESIOS

Frank Chan

Versículos clave

Y juntamente con él nos resucitó, y asimismo nos hizo sentar en los lugares celestiales con Cristo Jesús (Ef. 2:6).

[Sed] solícitos en guardar la unidad del Espíritu en el vínculo de la paz (Ef. 4:3).

Sed, pues, imitadores de Dios como hijos amados (Ef. 5:1).

> ### PABLO (EN EFESIOS)...
>
> - irrumpió en *alabanza* al contemplar la gloria de Dios;
> - celebró *lo que tenemos en Cristo*;
> - se preocupó por la *unidad* de la iglesia;
> - anhelaba profundamente *conocer mejor a Dios*;
> - retó a la iglesia a *estar firme contra el diablo*.

Pablo (en Efesios) irrumpió en *alabanza* al contemplar la gloria de Dios

Efesios tiene un lugar especial entre las cartas de Pablo porque comienza con una alabanza a Dios, cuando lo normal es que comience sus cartas con un *agradecimiento* a Dios. La otra ocasión en la que abre con alabanza, 2 Corintios 1:3-5, no es tan magnífica como aquí en Efesios 1:3-14. La impresión que obtenemos es que Pablo se "dejó llevar" por la adoración, como si cada frase que escribía para exaltar a Dios le traía a la mente la siguiente y así sucesivamente. Una frase recurrente, **"para alabanza de su gloria"** (1:6, 12, 14), incluso suena al refrán de un himno, ¡como si Pablo estuviera "cantando" en adoración al escribir la carta!

Las aperturas de agradecimiento de Pablo usualmente se referían a sucesos recientes en la vida de sus destinatarios. Sin embargo, aquí, Pablo alabó a Dios por actos eternos de salvación: la elección (1:4-5, 11), la adopción (1:5), el perdón (1:7), la revelación (1:9; cp. 3:6) y la recompensa futura (1:13-14). En otras palabras, la adoración de Pablo no siempre fue en respuesta a circunstancias personales positivas; él sabía cómo adorar al enfocarse únicamente en los actos maravillosos de Dios, incluso en cosas alejadas de sí mismo que manifestaban la gloria de Dios.

<table>
<tr><td colspan="1">Panorama de Efesios</td></tr>
</table>

Panorama de Efesios
Introducción (1:1-2)
Una vida nueva (1:3–3:21)
Un nuevo estilo de vida (4:1–6:20)
Conclusión (6:21-24)

Pablo (en Efesios) celebró *lo que tenemos en Cristo*

¡Pablo creía que volverse un seguidor de Cristo te convertía en una de las personas más privilegiadas en el mundo! Él sabía que ser un cristiano era mucho más que creer verdades *sobre* Jesús; era *volverse uno* con Jesús. En la mente de Pablo, Jesús vive en cada cristiano y, por su parte, cada cristiano está **"en Cristo"**. Además, "toda bendición espiritual" en los lugares celestiales (1:3) es transferida a nosotros en virtud de esta unión, que Pablo describe quince veces en Efesios con su frase "en Cristo". Pablo escribió en otros lugares sobre varias bendiciones que vienen a nosotros "en Cristo", pero aquí en Efesios se enfoca en dos: nuestro destino en Cristo y nuestra posición exaltada en Cristo.

Nuestro destino en Cristo

Pablo creía que era una gran bendición tener el futuro asegurado. Él celebró esta seguridad: "nos escogió en él [...] para que fuésemos santos y sin mancha delante de él" (1:4; cp. 1:5, 11). Pablo se aseguró de que los creyentes supieran que la integridad de su carácter no tenía un fundamento al azar. Dios activamente nos guía hacia esto "según el puro afecto de su voluntad" (1:5, cp. 1:9; 11). ¡Él incluso ha planeado las buenas obras que haremos (2:10)! En otras palabras, ¡Dios es quien se asegura de que nos convirtamos en personas transformadas!

En la mente de Pablo, este destino era tanto presente como futuro. Por una parte, nosotros participamos ahora de la santidad y la justicia (cp. Col. 1:22; Ro. 12:1), pero, por otra parte, el plan *definitivo* de Dios es erradicar *por completo* nuestro pecado y conformar nuestro carácter al de Cristo al final de los tiempos (5:27; cp. Ro. 8:28-29). Quizás, esta sea la "herencia" en el día de nuestra "redención" de la que habló Pablo en 1:14 y 4:30 (o, al menos, una gran parte de ella). ¡Qué alentador para los lectores de Pablo que estaban desanimados en su vida cristiana por su lucha contra el pecado (4:25–5:7)!

Nuestra posición exaltada en Cristo

Pablo creía con pasión que otra parte de estar "en Cristo" es nuestro cambio radical de posición. Separados de Cristo, somos simples mendigos; en Cristo, ¡somos príncipes! "Él os dio vida a vosotros, cuando estabais muertos en vuestros delitos y pecados" (2:1), pero "Dios, que es rico en misericordia [...], nos dio vida juntamente con Cristo" (2:4-5). Sin embargo, Pablo no se contentó con detenerse únicamente en la vida. Tal como Dios exaltó a Jesús a la posición suprema cuando lo levantó de entre los muertos (cp. Fil. 2:9), también "él nos resucitó, y asimismo nos hizo sentar en los lugares celestiales con Cristo Jesús" (2:6). En la mente de Pablo, lo que pertenece a Jesús también nos pertenece a nosotros: una vida resucitada *y* un "lugar" de privilegio y honra.

Para Pablo, la promoción de ser "hijos de ira" (2:3) a ser herederos de una "herencia" de "gloria" (1:18) era la expresión suprema de la gracia de Dios. Pablo estaba profundamente conmovido por la gracia que él mismo había recibido (3:7-8) y se aseguró de que los efesios supieran que eran salvos por gracia (2:8-9). La esperanza de Pablo era que la experiencia de "las abundantes riquezas de su gracia" (2:7) haría posible que tuvieran "acceso [a Dios] con confianza por medio de la fe en él" (3:12).

> Pablo animaría a los cristianos que se sienten derrotados a que confíen en su destino y en su posición exaltada en Cristo.

Pablo (en Efesios) se preocupó por la *unidad* de la iglesia

Pablo escribió: "[Sed] solícitos en guardar la **unidad** del Espíritu" (4:3). Luego, usó la palabra "un" siete veces en los siguientes dos versículos para describir la singularidad de la experiencia del creyente: "un cuerpo", "un Espíritu", "una esperanza", "un Señor", "una fe", "un bautismo", "un Dios". Claramente, para Pablo era importante que las relaciones sociales del cristiano reflejaran la unidad de la fe cristiana.

Pablo sabía que la mayor amenaza a la unidad en Éfeso era el conflicto entre los creyentes judíos y gentiles, que en dos ocasiones describió con la palabra "enemistades" (2:15-16). Los judíos tenían la tendencia de excluir a los gentiles por ser extranjeros (2:12, 19). Estos, a su vez, tenían la tendencia de cerrar su corazón ante la ley judía y la pureza de vida que esta requería (2:15; 4:18-19). Dadas estas diferencias, podría haber sido tentador (y fácil) para Pablo mantener estos dos grupos como facciones separadas y distintas.

> **Pablo se entristecería al ver cuán segregadas están nuestras iglesias.**

Sin embargo, él creía que todas las personas que están "en Cristo" están unidas en comunión, no solo con Cristo, sino también con otros que están "en Cristo". La reconciliación con el Padre debe implicar reconciliación con otros hijos de su familia (2:19; 3:14-15). Por eso, Pablo no dijo: "¡Hagan las paces!", ni: "¡Tomen pasos hacia la paz!". En cambio, dijo: "[Cristo] *es* nuestra paz" (2:14, énfasis añadido). La solución al problema de las "enemistades" no eran los tratados ni el manejo de la ira, sino únicamente la obra de Jesús en la cruz como pacificador (2:15-16).

Pablo (en Efesios) anhelaba profundamente
conocer mejor a Dios

La meta y pasión de Pablo en la vida era la intimidad con Dios y él la anhelaba para los efesios y oró que pudieran crecer "en el conocimiento de él" (1:17).

Conocer a Dios significa conocer su poder. En dos ocasiones, Pablo oró de forma específica para que pudieran conocer el poder de Dios (1:19-20; 3:16). Pablo, que conocía este poder de forma personal (3:7; Hch. 19:11-20), sabía que esta experiencia convencería a los efesios de lo que ya sabían: ¡Dios "es poderoso para hacer todas las cosas mucho más abundantemente de lo que pedimos o entendemos" (3:20)!

> **Si Pablo estuviera aquí, se preocuparía de que muchos cristianos confunden conocer *de* Dios con conocer *a* Dios.**

Conocer mejor a Dios también significa conocer el amor de Cristo. Todos los cristianos tienen algún concepto del amor de Jesús, en especial porque ven su sacrificio en la cruz (5:2, 25). Sin embargo, Pablo dijo a los efesios que su conocimiento podía profundizarse aún más. Él esperaba que pudieran ser "plenamente capaces de comprender con todos los santos cuál sea la anchura, la longitud, la profundidad y la altura, y de conocer el amor de Cristo" (3:18-19): ¡de comprender lo incomprensible!

Finalmente, Pablo creía que los efesios podían conocer mejor a Dios al imitarlo, al poner por obra el carácter de Dios (5:1). Podemos profundizar nuestro entendimiento del amor de Dios a través de una vida de amor (5:2) y del poder de Dios al hacer uso de ese poder (6:11). De la misma manera, una gran parte de la enseñanza ética que se encuentra en 4:17–6:9 puede ser considerada sencillamente hacer lo que Dios hace.

- Pablo dijo que el "nuevo hombre" del que los efesios debían vestirse era "creado según Dios" (4:22-24).

- Pablo dijo que el modelo para el perdón era Dios mismo, que nos perdonó en Cristo (4:32).

- La "edificación" de otros, el principio directriz para nuestras palabras (4:29), es precisamente lo que el Espíritu y Jesús hacen por la iglesia (2:22; 4:7-12).

- Pablo enfatizó que el modelo para el amor del **esposo** hacia su **esposa** es el amor de Cristo por la iglesia (5:25-33).

Pablo (en Efesios) retó a la iglesia a *estar firme contra el diablo*

En ninguna otra ciudad donde Pablo ministró había una batalla tan grande entre el Espíritu Santo y los espíritus malignos como en Éfeso (cp. Hch. 19:11-20). Pablo era consciente de la amenaza que constituía el "príncipe de la potestad del aire" (2:2), que siempre está buscando puntos de anclaje en nuestra vida (4:27). Sin embargo, Pablo ofreció dos razones por las que los efesios podían estar confiados.

Primero, Dios los había sentado en los **lugares celestiales** con Cristo (2:6), lo que significaba que compartían la posición de Cristo sobre todo **"principado y autoridad"** (1:20-21). Algunos eruditos creen que los "principados" y "autoridades", que también son llamados "gobernadores de las tinieblas de este siglo" y "huestes espirituales de maldad" (6:12) son autoridades gubernamentales humanas. Sin embargo, su uso en la época de Pablo sugiere que probablemente se refieran a demonios con poder cósmico. Si es

Si Pablo estuviera aquí con nosotros, nos retaría a prepararnos para la guerra espiritual con la "armadura de Dios".

así, entonces el punto de Pablo es que ¡los cristianos comparten la autoridad de Cristo sobre Satanás (cp. Lc. 10:19)! Estar firme contra el diablo es creer en esta autoridad y usarla.

Segundo, Pablo recordó a los efesios que Dios los había equipado para una guerra espiritual con la "**armadura de Dios**" (6:10-18). Para pelear espiritualmente, los cristianos hacen uso de la verdad (el cinturón), la justicia (la coraza), la paz (el calzado), la fe (el escudo), la salvación (el yelmo) y la Palabra de Dios (la espada), tal como cualquier soldado romano de la época de Pablo usaba estas armas defensivas y ofensivas en una batalla física. Equipados de esta manera, los creyentes pueden ser fuertes, estar firmes y lograr la victoria que ya tienen en Cristo.

PALABRAS Y CONCEPTOS CLAVE

(en orden de su aparición destacada en el texto)

1. carta circular
2. para alabanza de su gloria
3. "en Cristo"
4. unidad
5. conocer a Dios
6. esposos y esposas
7. lugares celestiales
8. principado y autoridad
9. armadura de Dios

RECURSOS CLAVE PARA PROFUNDIZAR EN EL ESTUDIO

Arnold, Clinton E. *Ephesians*. Zondervan Exegetical Commentary on the New Testament. Grand Rapids: Zondervan, 2010.

O'Brien, Peter T. *The Letter to the Ephesians*. PNTC. Grand Rapids: Eerdmans, 1999.

Stott, John. *El mensaje de Efesios*. Buenos Aires: Certeza Unida, 2006.

FILIPENSES

¿Quién?
Remitente: Pablo (junto con Timoteo)

Destinatarios: La iglesia en Filipos

¿Cuándo?
Si fue en Éfeso: 55 d. C.
Si fue en Cesarea: 58 d. C.
Si fue en Roma (lo más probable): 62 d. C.

¿Dónde?
Pablo estaba en la cárcel cuando escribió Filipenses (1:7, 17). La pregunta es: ¿cuál encarcelamiento?

1. *Éfeso* es la más cercana de estas ciudades a Filipos, lo que permitiría la ida y venida de Epafrodito (2:25-30) y de Timoteo (2:19-24). Sin embargo, no existe evidencia clara de una guardia pretoriana (1:13) en Éfeso, ni tampoco es seguro que Pablo haya sido encarcelado en esta ciudad.
2. *Cesarea* sí tenía un "pretorio" (Hch. 23:35), un término que a veces se utilizaba para edificios administrativos o militares fuera de Roma, y Pablo fue encarcelado allí (Hch. 23–26). El principal problema con esta posibilidad es la gran distancia entre Cesarea y Filipos, lo que habría hecho que las visitas mencionadas en el libro fueran difíciles de lograr en los dos años que Pablo estuvo en esta ciudad.
3. *Roma* es el lugar más posible de escritura y es nombrado por todos los testigos cristianos antiguos a partir del siglo ɪɪ como tal. Aunque Roma está más lejos de Filipos que Éfeso (aunque un poco más cerca que Cesarea), muchos eruditos están seguros de poder explicar todas las idas y venidas mencionadas en Filipenses. La "guardia pretoriana" (1:13, NBLA) y "la casa de César" (4:22) tienen más sentido si Pablo escribió desde Roma. Si esta ciudad fue, de hecho, el sitio de la redacción de la carta, lo más probable es que Pablo la escribiera durante los dos años mencionados en el último capítulo de Hechos (28:30-31), cuando Pablo estaba bajo arresto domiciliario, pero seguía libre para predicar las buenas nuevas.

¿Por qué?
Pablo escribió esta carta a los filipenses:

1. para asegurarles que estaba bien a pesar de su encarcelamiento que, en realidad, había hecho avanzar el evangelio (1:12-26);
2. para alentarlos a la humildad y a la unidad (2:1-11);
3. para recomendarles a Timoteo para el ministerio entre ellos (2:19-24);
4. para decirles que Epafrodito había hecho la obra que lo habían mandado a hacer, aunque se había enfermado en el camino (2:25-30);
5. para agradecerles por el donativo económico y por su colaboración con él en el evangelio (4:10-19).

Versículos clave

Porque para mí el vivir es Cristo, y el morir es ganancia (Fil 1:21).

Nada hagáis por contienda o por vanagloria; antes bien con humildad, estimando cada uno a los demás como superiores a él mismo (Fil 2:3).

Regocijaos en el Señor siempre. Otra vez digo: ¡Regocijaos! (Fil 4:4).

PABLO (EN FILIPENSES)...

- buscaba que ellos *se regocijaran* en toda circunstancia;
- anhelaba profundamente ver el avance continuo del *evangelio*;
- deseaba que la *humildad* creciera y condujera a la unidad;
- demostró que sabía dónde estaba su *ciudadanía*;
- buscaba con pasión la *meta de conocer a Cristo*;
- se interesaba profundamente por el poder del *ejemplo*.

Pablo (en Filipenses) buscaba que ellos *se regocijaran* en toda circunstancia

Gozo en medio de la adversidad

La carta de Pablo a la iglesia en Filipos está saturada de **gozo**. El gozo y el regocijo marcan el tono para esta carta y subyacen todo lo que Pablo estaba tratando de lograr con ella. La exuberante confianza de Pablo en Dios se contrasta fuertemente con sus circunstancias externas, pues estaba bajo arresto y no sabía si sería liberado o ejecutado (1:19-26). El gozo de Pablo en medio de estas pruebas nos dice mucho de su forma de ver las dificultades y la persecución. Él esperaba que los filipenses encontraran aliento y gozo en medio de sus propias pruebas.

<table>
<tr><td colspan="1">Panorama de Filipenses</td></tr>
<tr><td>Introducción (1:1-11)</td></tr>
<tr><td>Las circunstancias de Pablo sirvieron al avance del evangelio (1:12-26)</td></tr>
<tr><td>Aliento y exhortaciones (1:27–3:21)</td></tr>
<tr><td>Exhortaciones, agradecimiento y saludos finales (4:1-23)</td></tr>
</table>

Agradecimiento

Una fuente del gozo de Pablo era su hábito de **dar gracias**. Pablo exhalaba agradecimiento en cada aliento. La tendencia de Pablo a dar gracias aun en medio de circunstancias difíciles fue un reflejo de su profundo aprecio por lo que Cristo había hecho por él. Al igual que en muchas de sus cartas, Pablo comenzó con una oración por sus amigos (el tipo de oración, afirmó, que usualmente ofrecía por ellos [1:3-11]), en la que agradeció a Dios por los filipenses y oró por su crecimiento. Observemos que oró "con gozo" (1:4).

Pablo también se enfocó en el agradecimiento al final de su carta, pero ahí Pablo está dando gracias a los filipenses por participar con él en el ministerio del evangelio al enviarle un donativo económico (4:10-20). Este donativo fue llevado por Epafrodito (4:18), que fue enviado de la iglesia en Filipos para ministrar a Pablo en su encarcelamiento (2:25-30).

> Pablo desearía que nos regocijáramos en el Señor, incluso cuando no parece haber mucho de qué regocijarnos.

Contentamiento

Otra fuente del gozo de Pablo era su determinación de **contentarse**, sin importar la situación de vida en que se encontrara. "He aprendido a contentarme, cualquiera que sea mi situación […]. En todo y por todo estoy enseñado, así para estar saciado como para tener hambre, así para tener abundancia como para padecer necesidad" (4:11-12).

Pablo (en Filipenses) anhelaba profundamente ver el avance continuo del *evangelio*

Pablo quería ver que el evangelio se extendiera tanto a través de su ministerio en la cárcel como a través de los cristianos filipenses.

Pablo en la cárcel

A medida que soldado tras soldado de la **guardia pretoriana** —los soldados que protegían al emperador y que resguardaban a los prisioneros que esperaban su juicio en la **cárcel** (1:12-14)— se rotaban en turnos de cuatro horas para resguardar a Pablo, él usaba la oportunidad para hablarles de Jesús. Pronto, toda la guardia del palacio sabía que Pablo estaba "encadenado por causa de Cristo" (1:13, NVI). La valentía de Pablo dio también el valor a otros cristianos para compartir el evangelio. Aunque Pablo sentía que algunos tenían motivos equivocados (compartir "por envidia y contienda", 1:15), lo más importante para Pablo era que el evangelio verdadero estaba siendo predicado (1:18).

En Filipos

Pablo estaba preocupado por tres posibles estorbos al evangelio. Uno era la persecución externa. Él escribió: "Porque a vosotros os es concedido [literalmente, 'les ha sido dada la gracia'] a causa de Cristo, no solo que creáis en él, sino también que padezcáis por él" (1:29). También, como observamos en sus otras cartas, él conocía perfectamente el peligro de los falsos maestros. "Guardaos de los mutiladores del cuerpo" (3:2), escribió. Probablemente, estaba advirtiéndoles del grupo normalmente denominado los "**judaizantes**", que buscaban que los cristianos gentiles se circuncidaran y obedecieran la ley judía (ver capítulo sobre Gálatas). Finalmente, Pablo sabía que la falta de unidad interna y la competencia podrían estorbar el avance del evangelio.

Pablo (en Filipenses) deseaba que la *humildad* creciera y condujera a la unidad

Aquí hay dos mujeres en la iglesia en Filipos, Evodia y Síntique, que, como lo menciona Pablo, en algún momento "combatieron juntamente conmigo en el evangelio", pero que ahora tenían pleitos entre sí (4:2-3). Es posible que no hayan sido las únicas, porque Pablo reta de forma directa a la iglesia a trabajar por la **unidad** (2:1-2).

Pablo sabía que la **humildad** era un elemento fundamental de la unidad (2:3-4). Hoy, usualmente consideramos la humildad de forma positiva, pero no era así entre los griegos y los romanos, sociedades motivadas por aspiraciones a obtener **honor** a los ojos de los demás y a evitar la **vergüenza**. Una actitud de humildad era considerada degradante. Pablo argumentó en contra de esta actitud generalizada: "Haya, pues, en vosotros este sentir que hubo también en Cristo Jesús" (2:5).

Luego, Pablo se lanzó a la sección más memorable y, por mucho, más estudiada de Filipenses, el **"himno de Cristo"** de 2:5-11. Él escribió que Cristo, "siendo en forma de Dios, no estimó el ser igual a Dios como cosa a que aferrarse, sino que se despojó a sí mismo, tomando forma de siervo, hecho semejante a los hombres" (2:6-7). El himno continúa con una descripción de la humillante muerte de Jesús por crucifixión y de la manera en que Dios puso todo de cabeza. ¡Él exaltó el nombre de Jesús sobre todo nombre (2:9-11)!

Muchos eruditos piensan que esta sección era un himno cristiano primitivo que ya se conocía y se usaba y que Pablo decidió usar aquí para enfatizar la necesidad de la humildad. Otros piensan que Pablo mismo fue su autor. Sin importar cuál perspectiva sea correcta, esta sección sí tiene un tono más rítmico y casi poético y hace alarde de una terminología vibrante, rica y exaltada.

> Si Pablo pudiera ver la manera en que competimos, nos criticamos y demostramos de tantas maneras nuestro orgullo, nos instaría a tener la actitud de Cristo, que "se despojó a sí mismo".

Pablo (en Filipenses) demostró que sabía dónde estaba su *ciudadanía*

La ciudad de Filipos se enorgullecía de ser una colonia romana y de que sus ciudadanos eran ciudadanos romanos. Menos de una generación antes, en el 27 d. C., Roma había otorgado a la ciudad un importante nivel de autogobierno. De manera que, cuando Pablo usó terminología política para describir que pertenecía a una **ciudadanía** diferente, sus palabras habrían sido provocadoras: "Solamente que os comportéis (literalmente, 'que viváis como ciudadanos') como es digno del evangelio de Cristo" (1:27). Pablo sabía a ciencia cierta dónde estaba su lealtad: "Mas nuestra ciudadanía está en los cielos" (3:20).

El enfoque intenso de Pablo en su ciudadanía celestial se resalta en 1:19-26, donde confiesa abiertamente su intenso anhelo por partir de esta tierra

> Si Pablo estuviera aquí hoy, probablemente nos diría que, con demasiada frecuencia, nuestra vista está puesta "en lo terrenal".

y estar con Cristo. Él no sabía si el veredicto contra él resultaría en una pena de muerte o en liberación de la cárcel. De cualquier manera, Pablo lo consideraría una liberación (1:19), porque había determinado que su vida comenzaría y terminaría con Cristo: "Porque para mí el vivir es Cristo, y el morir es ganancia" (1:21).

Pablo (en Filipenses) buscaba con pasión la *meta de conocer a Cristo*

Aunque Pablo mantiene un ánimo alegre en la mayor parte de la carta, el capítulo 3 es más bien intenso. Pablo enumeró cosas que solía considerar importantes antes de llegar a Cristo (3:4-6). Él afirmó que todo lo que antes consideraba valioso ahora lo tomaba por pérdida y basura (literalmente, "estiércol", 3:8). En cambio, ahora solo había "una cosa" (3:13): la meta de su vida era proseguir al premio de **conocer a Cristo** (3:7-14).

Pablo (en Filipenses) se interesaba profundamente por el poder del *ejemplo*

Entre los escritores griegos y romanos de la época de Pablo, había un fuerte énfasis en aprender por imitación a otros. Pablo reconocía la importancia de esto. La persona más digna de **imitación** es Cristo mismo (Fil. 2:5-11), como lo estudiamos antes. Sin embargo, Pablo también podía usarse a sí mismo como ejemplo a seguir porque él creía que eso conduciría a otros a Cristo: "Lo que aprendisteis y recibisteis y oísteis y visteis en mí, esto haced; y el Dios de paz estará con vosotros" (4:9). También presentó a Timoteo y a Epafrodito como ejemplos positivos a ser imitados (2:19-30), porque ellos también seguían el patrón de Pablo para la vida: "Hermanos, sed imitadores de mí, y mirad a los que así se conducen según el ejemplo que tenéis en nosotros" (3:17).

> Pablo nos recordaría que enseñamos tanto por nuestro ejemplo como por nuestras palabras.

PALABRAS Y CONCEPTOS CLAVE

(en orden de su aparición destacada en el texto)

1. gozo	8. humildad
2. dar gracias	9. honor y vergüenza
3. contentarse	10. "himno de Cristo"
4. guardia pretoriana	11. ciudadanía
5. cárcel	12. conocer a Cristo
6. judaizantes	13. imitación
7. unidad	

RECURSOS CLAVE PARA PROFUNDIZAR EN EL ESTUDIO

Fee, Gordon D. *Comentario de la epístola a los Filipenses*. Colección Teológica Contemporánea. Nashville: Vida, 2016.

Silva, Moisés. *Philippians*. BECNT, 2d ed. Grand Rapids: Baker Academic, 2005.

Thielman, Frank. *Filipenses*. CBANVI. Grand Rapids: Zondervan, 2013.

Apuntes

COLOSENSES

¿Quién?

Remitente: La carta afirma que fue escrita por Pablo, junto con Timoteo (1:1), aunque Pablo parece haber sido su escritor principal (ver 1:23; 4:18). No fue sino hasta el siglo xix que se cuestionó la autoría de Pablo. En ese tiempo, algunos eruditos comenzaron a sugerir que la carta pudo haber sido escrita por un admirador desconocido de Pablo bajo el nombre de este tras su muerte. Los dos argumentos principales de esta perspectiva son:

1. Las referencias a "conocimiento", "sabiduría", "plenitud" y "rudimentos del mundo" sugieren que el autor estaba respondiendo al gnosticismo, una religión que surgió después de la época de los apóstoles. Sin embargo, el judaísmo de la época de los apóstoles puede explicar estas referencias.

2. La descripción de Cristo y de la iglesia en términos cósmicos y exaltados supuestamente representa una teología más desarrollada posterior a la época de los apóstoles. Sin embargo, estas ideas están presentes en forma esencial en las demás cartas que, sin duda, son de Pablo, y no necesariamente reflejan una época posterior.

Además, los fuertes vínculos entre Colosenses y Filemón (ver Col. 4:9-14, 17; Flm. 2, 23-24) unen a estas dos cartas y nadie duda de que Pablo sea el autor de Filemón.

Destinatarios: La iglesia en Colosas

¿Cuándo?

- Si fue en Éfeso: 55 d. C.
- Si fue en Cesarea: 58 d. C.
- Si fue en Roma (lo más probable): 62 d. C.

¿Dónde?

Una comparación entre los saludos en Filemón y en Colosenses demuestra que ambas fueron escritas desde el mismo lugar (Flm. 22; Col. 4:9-14). También sabemos que Pablo escribió Colosenses durante un período de encarcelamiento (4:3, 10, 18). Al igual que Filipenses (ver capítulo sobre Filipenses), existen tres posibles ubicaciones de este encarcelamiento.

1. Éfeso parece poco probable ya que se dice que Lucas y Marcos estaban con Pablo (Col. 4:10, 14), pero Hechos nos da la impresión de que ellos estuvieron ausentes durante el ministerio de Pablo entre los efesios.

2. Cesarea parece poco probable ya que Pablo tuvo que apelar a César para ser liberado de Cesarea (Hch. 25:11; 26:32). ¿Habría Pablo pedido a Filemón que le preparara una habitación en Colosas (Flm. 22) si tenía que ir primero a Roma para apelar a César?

3. Roma es la ubicación más probable. Aparentemente, tanto Aristarco como Lucas estuvieron con Pablo en Roma (Col. 4:10, 14; Hch. 27:2; 28:14) y este es el sitio tradicional de autoría.

¿Por qué?

Pablo escribió para corregir un conjunto de falsas doctrinas en Colosas, a veces denominadas la "herejía colosense", a través de exaltar a Cristo (ver p. 216).

Versículos clave

Él es la imagen del Dios invisible, el primogénito de toda creación (Col. 1:15).

Mirad que nadie os engañe por medio de filosofías y huecas sutilezas, según las tradiciones de los hombres, conforme a los rudimentos del mundo, y no según Cristo (Col. 2:8).

Poned la mira en las cosas de arriba, no en las de la tierra (Col. 3:2).

PABLO (EN COLOSENSES)...

- se preocupó por *el fruto y el crecimiento* que el evangelio produce;
- advirtió contra las *experiencias religiosas falsas*;
- exaltó la *supremacía cósmica de Cristo*;
- buscó impartir *sabiduría centrada en Cristo*;
- instó a que se pusiera la vista en las *cosas de arriba*, no en las de abajo.

Pablo (en Colosenses) se preocupó por *el fruto y el crecimiento* que el evangelio produce

Pablo no creía que las buenas nuevas de Jesús fueran solo un bonito cuento diseñado para hacer sentir bien a las personas. Él hablaba del evangelio como algo vivo, que tenía el poder para cambiar por completo a una persona, y hacerlo de una forma repetida en una escala masiva, hasta global (1:23). Pablo dijo que el evangelio "**lleva fruto**" y "**crece**" (1:6; cp. 1:10), como las higueras que crecían con tanta belleza en el valle del río Lico alrededor de Colosas. La semilla que Epafras había plantado (1:8; cp. 1 Co. 3:6; Mr. 4:13-14) había echado raíz y producido una cosecha de fe, amor y esperanza en los colosenses (1:4-6).

En la mente de Pablo, estos cambios acercaban a los colosenses al cumplimiento de la necesidad suprema del hombre: la necesidad de estar a bien con Dios, de presentarnos delante de Él "santos y sin mancha e irreprensibles" (1:22). Aunque muchas tradiciones religiosas han buscado esto mediante el esfuerzo humano (2:21-23), Pablo creía que la esperanza para esta perfección gloriosa se encontraba únicamente en tener a Cristo en el interior (1:27-28; cp. 2:12) y en permitir que su presencia produjera cambios y crecimiento (2:6-7, 19). Como una persona que conocía bien el duro trabajo del legalismo (Fil. 3:6), ¡Pablo sabía que estas eran en verdad buenas nuevas! Bien valían la pena sus sufrimientos, labores y luchas (1:24, 29; 2:1).

Panorama de Colosenses

Introducción (1:1–2:5)
Advertencias (2:6-23)
Cómo vivir una vida cristiana (3:1–4:6)
Saludos finales y conclusión (4:7-18)

Pablo (en Colosenses) advirtió contra las *experiencias religiosas falsas*

Probablemente, fue Epafras quien informó a Pablo de las "filosofías y huecas sutilezas" que operaban entre los colosenses (1:7-8; 2:8). Los eruditos han intentado identificar esta denominada **herejía colosense** con base en las referencias superficiales que Pablo hace de ella. Lo cierto es que, al menos en parte, era de carácter judío, con un énfasis en la circuncisión, en las leyes alimentarias, en el día de reposo y en las leyes de pureza (2:11, 16, 21). Es menos claro cómo encaja el "**culto a los ángeles**" (2:18), ya que no es algo típico del judaísmo conocido en la época de Pablo. Existen dos teorías principales que buscan explicar esto.

Por un lado, es posible que la herejía colosense fuera una mezcla (un **sincretismo**) de prácticas judías con la religión pagana tradicional y su uso de hechizos mágicos. Esta **magia** era de naturaleza ocultista, el intento de controlar las circunstancias de la tierra mediante persuadir a demonios (ángeles caídos) poderosos, a menudo asociados con el sol, la luna, los planetas y las estrellas, a hacer la voluntad de uno. Muchos creen que la frase traducida como "los rudimentos del mundo" (2:8, 20) se traduce mejor como **"espíritus elementales"** (cp. NTV), una referencia a estos temidos seres angelicales. Los practicantes de la magia también usaban el **ascetismo**, la práctica de la autonegación extrema (2:21, 23), para manipular a los dioses y obtener acceso a su poder. ¿Podría ser este la práctica judía del "culto a los ángeles" que Pablo buscaba atacar?

Por otro lado, también es posible que la herejía colosense no fuera un sincretismo entre creencias judías y no judías mágicas, sino más bien una forma mística del judaísmo que buscaba **visiones** especiales (2:18) de los lugares celestiales. Según este escenario, la herejía colosense no consideraba a los ángeles como *objetos* de culto, sino más bien buscaba entrar al cielo y unirse en la adoración *como los ángeles*. Algunos judíos creían que las prácticas ascéticas (2:21, 23) como el ayuno generaban revelaciones sobrenaturales. Otros creían que la santidad que alcanzaban con esta autonegación los calificaba para la adoración en el templo celestial (2:18). Por tanto, era tal el poder de la ley judía para otorgar acceso al cielo que llegó a ser asociada con los ángeles (cp. Gá. 3:19), los "espíritus elementales" de los que Pablo habló (2:8, 20; cp. Gá. 4:3, 9). ¿Prometía la herejía colosense acceso a los lugares angelicales?

> Si Pablo estuviera aquí hoy, se sorprendería del interés actual en los ángeles y se preocuparía por la notable falta correspondiente de interés en Cristo.

Sin importar cuál fuera el escenario más preciso, ya sea que Pablo estuviera contrarrestando las prácticas mágicas, las experiencias místicas o alguna combinación de ambas, su intención para los colosenses y su doctrina sobre Cristo eran las mismas. Pablo advirtió a sus lectores que no se dejaran cautivar por la herejía colosense (2:8, 18). La supremacía cósmica de Cristo (1:15-20) y la derrota de los "principados y [...] las potestades" en la cruz (2:15) socavaban su fascinación con los ángeles. Además, Pablo demostró que Jesús eliminaba la condenación de la ley judía (en la cruz, 2:14; cp. 2:20) y también fungía como la realidad a la que señalaba la ley (como el verdadero acceso a Dios, 2:17), de manera que el ascetismo había perdido sus aspiraciones de poder. En la mente de Pablo, la verdadera sabiduría que está disponible para nosotros en Cristo es muy superior a la falsa "sabiduría" de cualquier sistema humano de creencias (2:23).

Pablo (en Colosenses) exaltó la *supremacía cósmica de Cristo*

Tal como cualquier predicador actual podría citar un himno si captara con claridad el punto principal de su sermón, así Pablo parece haber citado un himno cristiano primitivo (1:15-20) a fin de resaltar sus preocupaciones centrales en esta carta.

> Si Pablo pudiera estudiar la astronomía moderna, irrumpiría en alabanza por saber que todos los planetas, estrellas y galaxias fueron creadas por Cristo y para Cristo.

La primera "estrofa", la **supremacía de Cristo** al *crear* todas las cosas (1:15-17), afirma con valentía la igualdad de Cristo con Dios (1:15, 19) y su rol en crear tronos, dominios, **principados y potestades** (1:16), descripciones de seres angelicales. Pablo sabía que estos dos temas, que repetiría más adelante (2:9, 15), eran importantes en cualquier conversación que los colosenses pudieran tener que socavara la posición suprema de Cristo (4:6).

En la segunda "estrofa", la supremacía de Cristo al *redimir* todas las cosas (1:18-20), la descripción que Pablo hace de Jesús como "el primogénito de entre los muertos" (1:18) transmite que su resurrección es las "primicias" de la futura resurrección de todos los que creen en Él (cp. 1 Co. 15:20; Hch. 26:23). Este punto también era muy valioso para Pablo, ya que se conectaba con sus afirmaciones sobre una gloria futura venidera para todos los creyentes (1:27; 3:4). ¡Qué declaración tan exaltada de la majestad de Jesús!

Pablo (en Colosenses) buscó impartir *sabiduría centrada en Cristo*

Aunque Pablo tenía muchos términos a disposición para describir la madurez en la vida cristiana, en Colosenses decidió usar el término "**sabiduría**". Era "en toda sabiduría e inteligencia espiritual" que los colosenses serían llenos del conocimiento de la voluntad de Dios (1:9). Era "en toda sabiduría" que Pablo y los colosenses debían amonestar y enseñar (1:28; 3:16) y era "sabiamente" que los colosenses debían actuar hacia los de afuera (4:5). Como cualquier padre que desea que su adolescente supere la ingenuidad de la niñez, así Pablo anhelaba que los colosenses llegaran a ser sabios en las cosas de Dios.

Ahora bien, ¿por qué Pablo se sintió atraído a esta idea de la sabiduría? Quizás estaba recordando a los colosenses la conexión veterotestamentaria entre el conocimiento de Dios y la sabiduría (cp. Dt. 4:6; Pr. 9:10). O, quizás, estaba reprendiendo sutilmente otras ideas contrarias respecto a la sabiduría (2:23). Tal vez, Pablo estaba comunicando su convicción de que Cristo, como poseedor de la sabiduría de Dios (2:3) y, verdaderamente, la personificación de la sabiduría de Dios (cp. 1 Co. 1:24, 30; Pr. 8:22-31), impartiría sabiduría a los que estuvieran unidos a Él. Sin importar la razón, en la mente de Pablo, los que recibían la sabiduría de Dios en Cristo eran ricos en verdad (2:3; cp. 1:27).

Pablo (en Colosenses) instó a que se pusiera la vista en las *cosas de arriba*, no en las de abajo

Para Pablo, había dos mundos en torno a los que una persona podía orientar su vida moral: el de arriba o el de abajo. Aunque Pablo creía que los colosenses ya pertenecían al mundo de arriba (1:13-14), los exhortó a orientar su pensamiento de esta manera: "Poned la mira en las **cosas de arriba,** no en las de la tierra" (3:2).

Las cosas terrenales incluyen actos pecaminosos de la naturaleza "terrenal", que Pablo dice en Colosenses que debemos hacer morir (3:5-9). Sin embargo, también incluye las tradiciones humanas de las enseñanzas rivales en Colosas (2:8, 22) y su interés en los "rudimentos" (o "espíritus elementales" (2:8, 20). Pablo afirma que estas cosas están destinadas a perecer y no tienen poder para detener el comportamiento pecaminoso (2:22-23). En cambio, los colosenses deben considerarse muertos a estas cosas (2:20).

> Si Pablo pudiera hablar con nosotros, nos advertiría de las distracciones terrenales y nos alentaría a poner nuestra vista en las cosas de arriba.

Por otro lado, el mundo de arriba es donde está Cristo sentado a la diestra de Dios (3:1). Pablo creía que los que han sido unidos con Cristo (2:12-13) poseen una vida celestial que está escondida con Cristo (3:3). Pablo dice que podemos vivir de forma santa de muchas maneras si ponemos nuestra mira en esta conexión celestial con Cristo que ya tenemos (2:6) y la vivimos. En otras palabras, conocer a Cristo es el fundamento de una vida santa.

- Conocer a Cristo, la imagen de Dios (1:15), es la clave para vestirnos del nuevo hombre, renovado conforme a la imagen de Dios (3:10-11).

- Conocer el perdón de Cristo nos da el poder de perdonar (3:13; cp. 2:13).

- Conocer la paz de Cristo nos da la habilidad para estar en paz unos con otros (3:14-15).

- Conocer la palabra de Cristo nos capacita para enseñar y amonestarnos unos a otros (3:16).

- Conocer el amor de Cristo nos otorga el poder para amar a nuestro cónyuge (3:18-19).

- Conocer lo que agrada a Cristo dirige a los hijos hacia la obediencia a sus padres (3:20).

- Conocer lo que significa ser esclavo de Cristo permite que los esclavos obedezcan a sus amos (3:22-25).

- Conocer a Cristo como Amo hace posible que los amos traten con rectitud a sus esclavos (4:1).

PALABRAS Y CONCEPTOS CLAVE

(en orden de su aparición destacada en el texto)

1. lleva fruto y crece
2. herejía colosense
3. culto a los ángeles
4. sincretismo
5. magia
6. espíritus elementales
7. ascetismo
8. visiones
9. supremacía de Cristo
10. principados y potestades
11. sabiduría
12. cosas de arriba

RECURSOS CLAVE PARA PROFUNDIZAR EN EL ESTUDIO

Bruce, F. F. *Las epístolas a los Colosenses, a Filemón y a los Efesios*. NCINT. Plano, TX: Hurtado, 2022.

Garland, David E. *Colosenses y Filemón*. CBANVI. Nashville: Vida, 2012.

1 Y 2 TESALONICENSES

¿Quién?

Remitentes: La carta de 1 Tesalonicenses fue escrita por Pablo (con Silas y Timoteo, 1:1). Prácticamente nadie ha retado seriamente su autoría, a diferencia de 2 Tesalonicenses. Aunque 2 Tesalonicenses afirma haber sido escrita por los mismos tres hombres (1:1), algunos eruditos modernos dicen que es tan *similar* a 1 Tesalonicenses en contenido y estilo que deberíamos asumir que alguien más estaba buscando imitar a Pablo. Es interesante que otros argumenten que las cartas son demasiado *diferentes* en términos de **escatología** (la doctrina sobre los últimos tiempos) y de tono para que Pablo haya escrito ambas. Sin embargo, es normal esperar *similitudes* si el mismo autor escribió dos cartas, una poco después de la otra, a la misma congregación, así como algunas pocas *diferencias* si las necesidades y los problemas que el autor menciona han cambiado. La afirmación de que alguien que no fue Pablo escribió 2 Tesalonicenses no es convincente.

Destinatarios: La iglesia en Tesalónica.

¿Cuándo?

A partir de una inscripción que establece las fechas del gobierno del procónsul Galión (cp. Hch. 18:12), sabemos que Pablo estuvo en Corinto entre el 50 y el 51 d. C. Con toda probabilidad, estas cartas fueron escritas durante ese tiempo.

¿Dónde?

Después del segundo viaje misionero de Pablo, cuando predicó en Tesalónica, viajó a Berea, Atenas y luego a Corinto. Silas y Timoteo, que habían permanecido en Berea, alcanzaron a Pablo mientras este ministraba en Corinto (Hch. 18:5). Pablo dijo que Timoteo acababa de llegar cuando escribió la primera carta (1 Ts. 3:6). Por tanto, Pablo probablemente estaba en Corinto cuando escribió 1 Tesalonicenses, mientras que 2 Tesalonicenses probablemente procedió del mismo lugar poco tiempo después.

¿Por qué?

Pablo escribió 1 y 2 Tesalonicenses para:

1. defenderse de las acusaciones de haber estado predicando por dinero y por falsas motivaciones, en vez de por amor sincero (1 Ts. 2);
2. animarlos durante las pruebas (1 Ts. 3; 2 Ts. 1);
3. recordarles lo que les enseñó cuando estuvo con ellos (1 Ts. 3–5; 2 Ts. 2–3);
4. corregir malentendidos en cuanto al arrebatamiento y el día del Señor (1 Ts. 4–5; 2 Ts. 2).

1 Y 2 TESALONICENSES

David A. Croteau

Versículos clave

Porque nunca usamos de palabras lisonjeras, como sabéis, ni encubrimos avaricia; Dios es testigo; ni buscamos gloria de los hombres; ni de vosotros, ni de otros, aunque podíamos seros carga como apóstoles de Cristo. Antes fuimos tiernos entre vosotros, como la nodriza que cuida con ternura a sus propios hijos (1 Ts. 2:5-7).

Luego nosotros los que vivimos, los que hayamos quedado, seremos arrebatados juntamente con ellos en las nubes para recibir al Señor en el aire, y así estaremos siempre con el Señor (1 Ts. 4:17).

Y entonces se manifestará aquel inicuo, a quien el Señor matará con el espíritu de su boca, y destruirá con el resplandor de su venida (2 Ts. 2:8).

> ### PABLO (EN 1 Y 2 TESALONICENSES)...
>
> - anhelaba que los tesalonicenses reconocieran las características de un *ministerio auténtico*;
> - deseaba que los tesalonicenses *recordaran* lo que ya habían recibido;
> - buscó aclarar *malentendidos* relacionados con el arrebatamiento y el día del Señor.

Pablo (en 1 y 2 Tesalonicenses) anhelaba que los tesalonicenses reconocieran las características de un *ministerio auténtico*

Después que Pablo dejara Tesalónica, algunos de los ciudadanos comenzaron a acusar a Pablo de haber realizado su ministerio por motivos impuros. En su defensa, Pablo ofreció tres indicadores de lo que es un **ministerio** auténtico en la práctica.

<table>
<tr><td colspan="1">Panorama de 1 y 2 Tesalonicenses</td></tr>
</table>

Panorama de 1 y 2 Tesalonicenses
1 Tesalonicenses
Saludos y acción de gracias (1:1-10)
Recuerdos del pasado (2:1–3:13)
Exhortaciones para el futuro (4:1–5:22)
Conclusión de la carta (5:23-28)
2 Tesalonicenses
Saludos (1:1-2)
Acción de gracias y aliento (1:3-12)
Sobre el regreso de Jesús y el hombre de pecado (2:1-12)
Exhortación (2:13–3:15)
Conclusión de la carta (3:16-18)

Proclama el evangelio

Pablo comenzó afirmando que su visita no fue un fracaso porque, siempre que se predica el **evangelio**, es un éxito. A pesar de la "gran oposición" que enfrentó (1 Ts. 2:1-2), las semillas del evangelio fueron plantadas.

> Pablo buscaría que analicemos nuestras motivaciones para servir a otros y que nos aseguremos de que están arraigadas en amor.

No se hace por dinero

Algunos tesalonicenses parecían creer que Pablo solo predicaba para obtener dinero. Él respondió recordándoles que nunca cobró por su ministerio, sino que trabajó para evitar ser un carga (1 Ts. 2:9). Su ministerio sacrificial testificó de la pureza de sus motivaciones.

Está motivado por amor

Finalmente, Pablo les recordó a los tesalonicenses cómo los había tratado siempre mientras estuvo con ellos. Él se comportó "santa, justa e irreprensible-mente" en su trato hacia los tesalonicenses, como un padre para ellos (1 Ts. 2:10-12). Pablo argumentó que el amor era un indicador adicional de que su ministerio era auténtico.

Pablo (en 1 y 2 Tesalonicenses) deseaba que los tesalonicenses *recordaran* lo que ya habían recibido

Pablo les recordó tres principios centrales que ya les había enseñado cuando estuvo entre ellos.

Los cristianos pasarán por pruebas

Pablo se vio obligado a irse de Tesalónica en medio de su ministerio allí por causa de la persecución de los judíos (Hch. 17:5-10). Aunque esto no desalentó a Pablo de predicar el evangelio, sí le preocupó que los cristianos de Tesalónica pudieran haber sido sacudidos por las **pruebas**, aunque ellos debían saber que era necesario pasar por ellas (1 Ts. 2:14; 3:3, 5). Afortunadamente, Pablo supo por Timoteo que seguían en "fe y amor" (1 Ts. 3:6).

Los cristianos crecen en santificación

A través de su persecución, Pablo quería que vivieran vidas "irreprensibles en santidad delante de Dios nuestro Padre, en la venida de nuestro Señor Jesucristo" (1 Ts. 3:13). Pablo describió la "vida del creyente" (la **santificación**) mediante la frase "la voluntad de Dios" (1 Ts. 5:18; cp. 4:3). La palabra que Pablo usó para hablar de "fornicación" (en griego, *porneía*) se refiere a cualquier tipo de relación sexual fuera del matrimonio entre un hombre y una mujer. Incluidas en esta prohibición están la fornicación, la homosexualidad, el adulterio y la prostitución. Pablo también los alentó a amarse unos a otros (1 Ts. 4:9-12). Aunque los tesalonicenses no estaban fallando en esta área, Pablo los exhortó a perfeccionar su amor.

> Pablo nos advertiría con las mismas palabras que usó con los tesalonicenses: "la voluntad de Dios es vuestra santificación; que os apartéis de fornicación".

Los cristianos se alejan de los ociosos

En su primera carta, Pablo les había advertido "que amonestéis a los ociosos" (1 Ts. 5:14). Para la segunda carta, el problema del **ociosidad** se había incrementado (2 Ts. 3:6). Ellos no habían vivido según el mandamiento de Pablo respecto al trabajo (2 Ts. 3:10). De hecho, este problema en su conducta fue una de las principales razones para escribir 2 Tesalonicenses. Su renuencia para trabajar pudo haber surgido de su creencia de que el día del Señor ya había llegado (tema a continuación).

Pablo (en 1 y 2 Tesalonicenses) buscó aclarar *malentendidos* relacionados con el arrebatamiento y el día del Señor

En ambas 1 y 2 Tesalonicenses, Pablo se vio obligado a responder a malentendidos sobre la **segunda venida** de Cristo. Es evidente que los creyentes en Tesalónica ya sabían de la futura venida del Señor "como ladrón en la noche" (1 Ts. 5:1-2). Sin embargo, parece que, después que Pablo dejara Tesalónica, algunos de los miembros habían muerto, lo que hizo que se preguntaran qué sucedería en el regreso de Jesús con los hermanos o hermanas cristianas que "duermen" (1 Ts. 4:13). Pablo afirmó en 1 Tesalonicenses 4:13-16 que los que están "en Cristo" que hayan muerto cuando Jesús regrese serán resucitados primero. Después de eso, "nosotros los que vivimos, los que hayamos quedado, seremos arrebatados juntamente con ellos en las nubes para recibir al Señor en el aire" (1 Ts. 4:17). Este versículo de 1 Tesalonicenses 4:17 es de donde proviene nuestras palabras *arrebatamiento* y *rapto*. Cuando el Nuevo Testamento fue traducido al latín, la palabra griega que se traduce en español "arrebatados" fue traducida al latín como *rapturo*, de donde proviene la palabra en español *rapto*.

Aunque se han escrito numerosos libros sobre el tema de la cronología de este "arrebatamiento"; es decir, si sucederá antes, durante o al final del período de la última tribulación, Pablo no hizo esta pregunta ni la contestó de forma directa aquí, ya que no era la razón por la que escribió esta sec-

> **Pablo nos recordaría que, al llorar la muerte de los creyentes, también nos podemos regocijar porque están ahora con el Señor.**

ción. Él escribió para que los creyentes en Tesalónica se alentaran "los unos a los otros" (1 Ts. 4:18) con el conocimiento de que se encontrarían con Jesús en el aire junto con los que ya habían muerto.

La primera carta de Pablo a los tesalonicenses pareció haber tenido éxito. Los creyentes en Tesalónica habían aceptado que Jesús regresaría pronto y que serían "arrebatados" con Él. Sin embargo, en algún punto del camino, una carta o informe había llegado a ellos, afirmando que Pablo había enseñado que el **día del Señor** *ya había llegado* (2 Ts. 2:2). ¡Esto implicaba que ellos se lo habían perdido!

Pablo respondió explicando que ciertos eventos debían acontecer antes de que llegara el tiempo. Estos incluyen la aparición del "hombre de pecado" (2 Ts. 2:3) y su plan para levantarse "contra todo lo que se llama

Dios o es objeto de culto" (2 Ts. 2:4). Debemos recordar que Pablo no estaba intentando decirles qué cosas debían *buscar* en sí, sino más bien calmar sus temores al explicarles las cosas que *ya habrían visto* si el día del Señor ya hubiera llegado. Ya que el día del Señor no había llegado, Pablo los retó a vivir mientras tanto en obediencia a las verdades que habían recibido (2 Ts. 2:15).

PALABRAS Y CONCEPTOS CLAVE

(en orden de su aparición destacada en el texto)

1. escatología
2. ministerio
3. evangelio
4. pruebas
5. santificación
6. ociosidad
7. segunda venida
8. arrebatamiento
9. día del Señor

RECURSOS CLAVE PARA PROFUNDIZAR EN EL ESTUDIO

Green, Gene. *The Letters to the Thessalonians*. PNTC. Grand Rapids: Eerdmans, 2002.

Holmes, Michael. *1 y 2 Tesalonicenses*. CBANVI. Nashville: Vida, 2015.

Malherbe, Abraham. *The Letters to the Thessalonians*. Anchor Bible. Nueva York: Doubleday, 2000.

1 TIMOTEO Y TITO

¿Quién?

Remitente: Durante los primeros dieci-siete siglos de la iglesia, los cristianos creyeron que Pablo escribió estas cartas, como los mismos textos afirman explíci-tamente (1 Ti. 1:1; Tit. 1:1). Sin embargo, algunos eruditos bíblicos actuales pien-san que Pablo no escribió estas cartas, debido a diferencias con sus demás cartas en cuanto a vocabulario y estilo, supuestas diferencias teológicas y la incertidumbre sobre la época de la vida del apóstol en que estas cartas encajan. Sin embargo, las diferencias de estilo y de vocabulario no son de sorprender al tra-tarse de una persona creativa y cuidadosa como Pablo. ¿Debemos suponer que sus demás cartas plasman las únicas mane-ras en que era capaz de expresarse? A menudo, los autores usan diferente voca-bulario al hablar de situaciones diferentes y, en estas cartas, Pablo estaba hablando a colaboradores en situaciones únicas y no a iglesias enteras, como en la mayoría de sus demás cartas. De la misma forma, la idea tradicional de la situación histó-rica ("¿Dónde?") es bastante razonable. Por lo tanto, a pesar de que algunos no creen que Pablo sea el escritor, sí tene-mos un buen fundamento para aceptarlo como tal.

Destinatarios: Timoteo/Tito

¿Cuándo?

Estas cartas no encajan bien en la crono-logía del libro de los Hechos. Algunos han intentado colocarlas allí, pero la perspectiva más común es que fueron escritas después del final del libro de los Hechos. La tradición cristiana temprana afirma que Pablo fue liberado del encarcelamiento en Roma men-cionado en Hechos y que, luego, continuó con sus actividades misioneras. Después de esta época de ministerio, Pablo fue encar-celado una segunda vez, lo que terminó en su ejecución. Estas cartas encajarían bien en este período de ministerio entre los dos encarcelamientos (ver capítulo 9).

¿Dónde?

Timoteo estaba en Éfeso y Tito estaba en Creta, una gran isla en medio del mar Medi-terráneo, cuando recibieron estas cartas.

La ubicación específica de Pablo cuando escribió estas cartas no es clara. Aparentemente, hacía poco que había estado con cada uno de ellos en sus ubi-caciones respectivas (1 Ti. 1:3; Tit. 1:5) y luego había continuado su viaje (Tit. 3:12).

¿Por qué?

Ambas cartas fueron escritas para tratar problemas en las iglesias. Tito recibió el encargo adicional de organizar nuevas igle-sias en Creta. Pablo estaba especialmente preocupado por mostrar cómo el evangelio moldea la vida diaria de los creyentes. Como en todas las cartas de Pablo, la salud de las iglesias era su principal preocupación.

1 TIMOTEO Y TITO

Ray Van Neste

Versículos clave

Pues el propósito de este mandamiento es el amor nacido de corazón limpio, y de buena conciencia, y de fe no fingida (1 Ti. 1:5).

Esto te escribo […] para que si tardo, sepas cómo debes conducirte en la casa de Dios (1 Ti. 3:14-15).

Pero tú habla lo que está de acuerdo con la sana doctrina (Tit. 2:1).

> ### PABLO (EN 1 TIMOTEO Y TITO)...
>
> - anhelaba *la santidad colectiva y personal*;
> - se interesaba por *la salud de la iglesia*;
> - se preocupó por *la sana doctrina*.

Pablo (en 1 Timoteo y Tito) anhelaba *la santidad colectiva y personal*

El enfoque central de Pablo en 1 Timoteo y Tito era la santidad de estos dos individuos y de las congregaciones a las que ministraban. La **piedad** gobierna todo lo que Pablo escribió en estas cartas. Él afirmó de forma explícita que su propósito al escribir a Timoteo era instar al comportamiento piadoso entre los creyentes. En 1 Timoteo 3:14-15, declaró: "Esto te escribo […] para que si tardo, sepas cómo debes conducirte en la casa de Dios".

La crítica de Pablo hacia los **falsos maestros** que se habían infiltrado en las iglesias en las que Timoteo y Tito ministraban fue porque promovían vanas especulaciones y arrogancia en vez de amor (1 Ti. 1:3-7). Pablo no quería que los cristianos se desviaran hacia argumentos sin sentido ni hacia la autoexaltación. Para él, lo importante era que las vidas fueran transformadas por el evangelio. Él también criticó su impiedad, incluyendo sus mentiras, calumnias y avaricias (1 Ti. 6:3-5). Pablo relató su propia conversión como un ejemplo del propósito de Dios en el evangelio, salvar a pecadores, con un énfasis en los cambios en la manera de vivir (1 Ti. 1:12-16).

Panorama de 1 Timoteo y Tito
1 Timoteo
Saludos y crítica hacia la falsa doctrina (1:1-20)
Comportamiento en el culto público (2:1-15)
Sobre los obispos y los diáconos (3:1-13)
El propósito de la carta: Un comportamiento moldeado por el evangelio en la iglesia (3:14-16)
La falsa doctrina y el comportamiento de Timoteo en contraste (4:1-16)
Honra y comportamiento de grupos específicos en la iglesia (5:1–6:2a)
Nuevamente, la falsa doctrina y Timoteo en contraste (6:2b-21)
Tito
Introducción y saludos (1:1-4)
La razón: La necesidad de liderazgo (1:5-9)
El problema: Los falsos maestros (1:10-16)
La vida cristiana arraigada en el evangelio (2:1–3:8)
Recapitulación del problema: Los falsos maestros (3:9-11)
Conclusión (3:12-15)

En contraste con el ejemplo impío de los falsos maestros, las exhortaciones personales de Pablo a Timoteo trataban principalmente del comportamiento piadoso. Pablo instó a Timoteo a contentarse respecto a las posesiones materiales (6:6-8) y lo instruyó a seguir "la justicia, la piedad, la fe, el amor, la paciencia, la mansedumbre" (6:11). En lugar de desviarse hacia "fábulas profanas" (especulaciones que podían ser fascinantes y populares, pero no provechosas), Timoteo debía ejercitarse para la piedad (4:7). Él debía ser ejemplo al resto de la iglesia de formas muy concretas ("en palabra, conducta, amor, espíritu, fe y pureza", 4:12).

> Si Pablo estuviera aquí hoy, nos llamaría a dejar que nuestra vida fuera moldeada por el evangelio.

El asunto principal para Pablo al hablar de la masculinidad y la feminidad en el culto colectivo (1 Ti. 2) también era la piedad. Debemos orar que podamos vivir "quieta y reposadamente en toda piedad y honestidad" (2:2). Pablo quería que los hombres fueran santos, no contenciosos (2:8) y que las mujeres fueran modestas, "como corresponde a mujeres que profesan piedad" (2:10), y sumisas (2:11-12).

En 1 Timoteo, cuando Pablo se dirigió a los líderes de la iglesia (cap. 3; 5:17-25; cp. Tit. 1), a las **viudas** (5:3-16) y a los esclavos y amos (6:1-2), también se centró en el comportamiento piadoso. Los obispos y los diáconos debían ser piadosos. La iglesia debía sustentar solo a las viudas que habían sido piadosas. Pablo enfatizó que la piedad no estaba desconectada de la vida real, sino que incluía las preocupaciones prácticas de la vida diaria, como cuidar de la familia (5:4, 8).

Pablo continuó su tema en la carta a Tito y expresó de forma aún más explícita la conexión entre la sana doctrina y el comportamiento piadoso. Dijo que "la verdad" (en contraste con la falsa doctrina) "es según" (conduce a y corresponde con) "la piedad" (Tit. 1:1). Tito debía nombrar ancianos que pusieran por obra el evangelio precisamente porque andaban por ahí maestros que profesaban conocer a Dios pero que, con sus acciones, lo negaban (1:16). En contraste con el estilo de vida que niega a Dios, Tito debía enseñar a los cristianos un estilo de vida "que está de acuerdo con la sana doctrina" (2:1). Por tanto, en 2:2-10, Pablo ofreció ejemplos específicos conforme a edad y género (a ancianos, a ancianas, a jovencitas y a jóvenes) de este estilo de vida de acuerdo con Dios en la práctica. En 3:1-2, Pablo expandió sobre esto y explicó la vida piadosa del creyente en su relación con el gobierno y con el mundo en general.

Sin embargo, Pablo no solo llamó a las personas a vivir vidas piadosas, sino que enraizó sus exhortaciones en resúmenes del evangelio en 2:11-14 y 3:3-7. Pablo dejó muy claro que es imposible separar la fe del comportamiento, la doctrina del deber. La misma gracia de Dios que nos salva también nos enseña a decir no al pecado y sí a la piedad (2:11-12). De hecho, Cristo murió para redimirnos del pecado y para purificarnos, de manera que podamos hacer buenas obras (2:14). ¡No crecer en santidad es menospreciar la muerte de Cristo!

El objetivo principal de Pablo en estas dos cartas fue llamar a todos los que profesan fe en Cristo a vivir vidas moldeadas por el evangelio. El evangelio no es sencillamente una idea que debemos afirmar, sino una realidad que debe moldear toda la vida.

Pablo (en 1 Timoteo y Tito) se interesaba por *la salud de la iglesia*

Pablo escribió cartas a Timoteo y a Tito porque estaba preocupado por la salud de las iglesias que estos hombres estaban supervisando. La carta a Tito se asemeja a un tratado sobre la salud de la iglesia. A través de la labor de Pablo y de sus colaboradores, habían surgido nuevas iglesias en Creta. Tito se quedó allí para ayudar a establecer de forma adecuada estas iglesias y para protegerlas de la falsa doctrina. Por tanto, Pablo escribió a Tito sobre asuntos clave que debían tratarse si las iglesias cretenses habían de ser sanas. Las iglesias necesitaban establecer un liderazgo adecuado (1:5-9), tratar adecuadamente con el error moral y doctrinal (1:10-16; 3:9-11), vivir vidas piadosas (2:1-10; 3:1-2; ver sección anterior) y entender con claridad el evangelio y la manera en que constituye el fundamento para la vida (2:11-15; 3:3-7).

> Pablo nos instaría a estar más preocupados por la santidad de nuestros pastores y líderes que por lo llamativo de su estilo.

Pablo sabía que una iglesia sana debía tener líderes sanos y trató el tema tanto en 1 Timoteo como en Tito. Las dos listas que se encuentran en 1 Timoteo 3:1-13 y en Tito 1:5-9 son las únicas dos instancias de requisitos para líderes dados por Pablo en todos sus escritos. Él no ofreció una descripción de las tareas para **pastores** (también llamados **obispos** o **ancianos**) ni para **diáconos**. En cambio, sus listas se enfocaron casi por completo en el carácter requerido para los que sirven en estos roles. Para que una iglesia sea sana, necesita líderes cuyas vidas estén moldeadas por el evangelio, que encarnen las verdades que enseñan. Dentro de estas listas de requisitos de carácter, Pablo enfatiza de forma especial la familia, porque este es el lugar donde se prueba el carácter cristiano. Si un hombre no puede dirigir a su familia y no se relaciona con ellos de forma piadosa, ¿cómo puede dirigir a la iglesia (1 Ti. 3:5)?

Pablo (en 1 Timoteo y Tito) se preocupó por *la sana doctrina*

Esta preocupación de Pablo está relacionada con los dos temas que ya han sido mencionados. La sana doctrina conduce a la piedad y a iglesias sanas (1 Ti. 1:5; Tit. 2:11-14) y una de las funciones claves de los pastores es ofrecer enseñanza correcta (Tit. 1:9).

El énfasis de estas cartas en la sana **doctrina** surgió, al menos en parte, por la presencia de falsos maestros, que engañaban a la iglesia (1 Ti. 1:3; Tit. 1:11).

Pablo advirtió a Timoteo sobre los que se habían desviado de la sana doctrina para enseñar doctrinas de demonios (4:1) o "falsas doctrinas" (6:3, NVI). Para Pablo, la doctrina no era puramente una cuestión académica. Lo que crees moldea la forma en la que vives y es necesario creer ciertas verdades para pertenecer a Cristo. Lo que motivaba a Pablo era la preocupación por el bienestar de las personas en la iglesia, de manera que advirtió sobre los que habían aceptado falsas doctrinas y, por tanto, "se desviaron de la fe" (1 Ti. 6:21; ver también 1:19-20). Las falsas doctrinas distorsionan y, con el tiempo, condenan a quienes las creen (Tit. 3:11). Por eso, Timoteo y Tito debían exponer el error, enseñar la verdad y, en su momento, expulsar a quienes persistieran en el error (Tit. 1:9; 3:9-11; 1 Ti. 1:19-20).

> Si Pablo supiera cuán poco de la Biblia conocen los cristianos, diría: "¿Cómo reconocen entonces el error cuando aparece en su iglesia?".

Pablo instó continuamente a Timoteo y a Tito a enseñar de forma correcta a las personas. Ser un buen ministro significa nutrirse "con las palabras de la fe y de la buena doctrina" (1 Ti. 4:6). También por esto, un buen liderazgo pastoral significa trabajar arduamente en la predicación y en la enseñanza (1 Ti. 5:17). En repetidas ocasiones, Pablo exhortó a sus jóvenes colaboradores a enseñar la verdad con autoridad (1 Ti. 4:11-13; 6:2; Tit. 2:15; 3:8) porque esta verdad conduce a la salvación (1 Ti. 4:16).

PALABRAS Y CONCEPTOS CLAVE

(en orden de su aparición destacada en el texto)

1. piedad	4. pastor/obispo/anciano
2. falsos maestros	5. diácono
3. viudas	6. doctrina

RECURSOS CLAVE PARA PROFUNDIZAR EN EL ESTUDIO

Stott, John R. W. *The Message of 1 Timothy and Titus*. Downer's Grove: InterVarsity Press, 1996.

Barcley, William. *1 & 2 Timothy*. Darlington, Inglaterra: Evangelical Press, 2005.

Towner, Phillip. *The Letters to Timothy and Titus*. NICNT. Grand Rapids: Eerdmans, 2006.

2 TIMOTEO

¿Quién?

Remitente: Algunos dudan de que Pablo haya escrito esta carta, tal como lo hacen con 1 Timoteo y Tito (ver capítulo anterior). Sin embargo, incluso algunos que niegan que Pablo escribió 1 Timoteo y Tito están dispuestos a aceptar que sí escribió 2 Timoteo. En última instancia, el contenido teológico de esta carta encaja bien con las demás cartas de Pablo y no nos sorprende que el apóstol haya escrito a Timoteo de forma tan íntima al final de su vida.

Destinatario: Timoteo

¿Cuándo?

Pablo estaba en la cárcel, esperando su ejecución (4:6). La situación parece haber sido más desalentadora que durante su primer encarcelamiento, donde sencillamente estuvo bajo arresto en una casa alquilada (Hch. 28). La perspectiva tradicional de lo que sucedió es esta: Pablo fue liberado de su primer encarcelamiento en Roma y después viajó y ministró durante algún tiempo más (cp. 4:20). Más adelante, fue arrestado una segunda vez y decapitado. Por tanto, 2 Timoteo habría sido escrita desde este segundo encarcelamiento, probablemente entre el 65 y el 67 d. C., en la cúspide de la persecución de Nerón contra los cristianos.

¿Dónde?

Probablemente, Pablo estaba en la cárcel en Roma (1:16; 2:9; 4:16). La ubicación de Timoteo no se menciona de forma explícita, pero lo más probable es que fuera Éfeso.

¿Por qué?

En la cárcel y en espera de una muerte inminente, Pablo escribió para exhortar a su pupilo Timoteo a perseverar en la fe y para pedirle que fuera a visitarlo una última vez (4:9), ya que varios desertores lo habían abandonado (1:15; 2:17-18; 4:9-10).

2 TIMOTEO

Ray Van Neste

Versículos clave

No me avergüenzo, porque yo sé a quién he creído, y estoy seguro que es poderoso para guardar mi depósito para aquel día (2 Ti. 1:12).

> **PABLO (EN 2 TIMOTEO)…**
>
> - se preocupó por la *perseverancia*;
> - estaba comprometido con transmitir el *evangelio puro*.

Pero persiste tú en lo que has aprendido y te persuadiste, sabiendo de quién has aprendido (2 Ti. 3:14).

He peleado la buena batalla, he acabado la carrera, he guardado la fe (2 Ti. 4:7).

Pablo (en 2 Timoteo) se preocupó por la *perseverancia*

El tema clave de la segunda carta de Pablo a Timoteo es la **perseverancia**. Pablo, en la cárcel y sin esperanzas de vivir durante mucho más tiempo, estaba profundamente entristecido porque muchos que habían trabajado con él en Asia Menor lo habían abandonado (1:15). Otros dos, Himeneo y Fileto, "se desviaron de la verdad", se convirtieron en falsos maestros y destruyeron la fe de algunos (2:17-18). Demas, a quien Pablo había considerado antes como uno de sus "colaboradores" (Flm. 24), había abandonado a Pablo "amando este mundo" (4:10). De hecho, Pablo se lamentó en la primera fase de su juicio en Roma: "ninguno estuvo a mi lado, sino que todos me desampararon" (4:16). Él reconocía que tal abandono de la fe era de esperarse "en los postreros días" (3:1-9). No solo algunos se apartarían, sino que también era seguro que los creyentes enfrentarían **persecución**: "También todos los que quieren vivir piadosamente en Cristo Jesús padecerán persecución" (3:12). Sin embargo, Pablo, que había terminado bien su propia carrera (4:7-8), se entristecía profundamente por todos los que se habían apartado del Señor.

Panorama de 2 Timoteo

Saludos y exhortación para perseverar por el evangelio (1:1–2:13)

Contraste entre Timoteo y los falsos maestros (2:14–3:19)

Encargo a Timoteo (3:10–4:18)

Comentarios finales y saludos (4:9-22)

La perseverancia de Timoteo

Frente a tal **apostasía** o rechazo de la fe, Pablo recordó a Timoteo, su joven colaborador, convencido de que su fe era *sincera*, no como la de los que lo habían abandonado (1:3-5). Por tanto, el apóstol usó la mayor parte de su carta para exhortar a Timoteo a seguir perseverando. Esto es a lo que se refirió Pablo con su exhortación: "te aconsejo que avives el fuego del don de Dios" (1:6). Pablo enfatizó que el Espíritu de Dios no produce timidez ni cobardía, sino que nos da valentía con poder, amor y dominio propio (1:7). Pablo instó a Timoteo a no avergonzarse (1:8), a unirse a él en sus sufrimientos (1:8), a ser fuerte (2:1), a soportar las penalidades (2:3; 4:5), a continuar con lo que había aprendido (3:14), a estar preparado (4:2) y a cumplir su ministerio (4:5).

> Si Pablo estuviera aquí hoy, probablemente criticaría nuestro amor a la comodidad y nos retaría a estar preparados para sufrir.

La perseverancia de Pablo

Pablo mismo fue ejemplo de tal perseverancia y señaló de forma explícita que él mismo había cumplido lo que ahora instaba a Timoteo a hacer. Él sufrió por el evangelio, pero no se avergonzaba (1:12). Timoteo había visto de primera mano su "paciencia, persecuciones, padecimientos" desde el día que conoció a Pablo (3:10-11). Él también fue ejemplo de completar el ministerio propio y afirmó que había peleado la buena batalla, terminado la carrera y guardado la fe (4:7). Esto no fue un alarde de parte de Pablo, sino más bien un ejemplo de perseverancia que ayudaría a Timoteo a perseverar también.

La perseverancia de la iglesia

Pablo no solo estaba preocupado por la perseverancia personal de Timoteo, sino también por la de toda la iglesia. Timoteo debía recordar la verdad a los demás y corregir a los falsos maestros en doctrina y en pureza moral, ya que la perseverancia incluye ambas cosas (2:14-26). Timoteo necesitaba recordarles que la perseverancia era un fruto necesario de la fe verdadera. Los que no perseveran, no se han convertido en verdad (2:12). Sin embargo, esta perseverancia no es el producto de un simple esfuerzo humano, sino que es lograda por "el poder de Dios" (1:8) y descansa en su fidelidad (2:13; ver también 2:18-19).

Pablo (en 2 Timoteo) estaba comprometido con transmitir el *evangelio puro*

El verdadero **evangelio** nos da la clave de la perseverancia. Así pues, los mandamientos de Pablo de perseverar estaban fundamentados en las verdades del evangelio y en el poder de Dios, porque estos son los cimientos que dan pie a la perseverancia (1:9-10, 12; 2:8-10). Por tanto, Pablo instruyó a Timoteo que encargara "a hombres fieles" lo que había aprendido de Pablo para que ellos pudieran transmitirlo a otros. Él recordó a Timoteo el origen divino y el poder de la Escritura como el fundamento para la perseverancia y también como la fuente de un ministerio efectivo que consiste en transmitir el evangelio a otros (3:14-16; 4:1-5). Precisamente, ya que la Escritura verdaderamente es "**inspirada por Dios**", Pablo ordenó a Timoteo que predicara "la palabra" (4:2) y que no cediera ante los caprichos de otros (4:3-5).

> Pablo nos retaría a ser diligentes para enseñar a otros el evangelio y su poder transformador y para no dejarnos desviar por cosas menos importantes.

PALABRAS Y CONCEPTOS CLAVE

(en orden de su aparición destacada en el texto)

1. perseverancia
2. persecución
3. apostasía
4. evangelio
5. inspirada por Dios

RECURSOS CLAVE PARA PROFUNDIZAR EN EL ESTUDIO

Stott, John. *El mensaje de la segunda carta a Timoteo*. Buenos Aires: Certeza Unida, 2020.

Barcley, William. *1 & 2 Timothy*. Darlington, Inglaterra: Evangelical Press, 2005.

Towner, Phillip. *The Letters to Timothy and Titus*. NICNT. Grand Rapids: Eerdmans, 2006.

FILEMÓN

¿Quién?

Remitente: Pablo

Destinatarios: (ver vv. 1-2).

- Filemón, amo de un esclavo llamado Onésimo
- Apia (¿tal vez la esposa de Filemón?)
- Arquipo (¿quizás el hijo de Filemón?)
- La iglesia que se reunía en la casa de Filemón

¿Cuándo?

Durante el encarcelamiento de Pablo (vv. 1, 9):

- Si fue en Éfeso: 55 d. C.
- Si fue en Cesarea: 58 d. C.
- Si fue en Roma (lo más probable): 62 d. C.

¿Dónde?

Onésimo es llamado "uno de vosotros" en la carta de Pablo a los colosenses (Col. 4:9), lo que significa que la casa de Filemón estaba en Colosas.

Ya que Onésimo se menciona en Colosenses 4:9 y que la lista de personas que envía saludos en Filemón (vv. 23-24) es muy similar a la del final de Colosenses (Col. 4:10-14), Pablo debió de haber escrito a Filemón durante el mismo encarcelamiento desde el que escribió Colosenses. Para una explicación sobre las tres posibles ubicaciones para las cartas de Pablo desde la cárcel (Éfeso, Cesarea y Roma), ver el capítulo sobre Colosenses (cp. Filipenses).

¿Por qué?

Las razones de Pablo para escribir dependen del trasfondo de la carta. Se han sugerido dos posibilidades:

1. *La perspectiva tradicional:* Onésimo, el esclavo de Filemón, había huido de su amo y, en el proceso, quizás incluso robó pertenencias de este. Como fugitivo, Onésimo se encontró con Pablo y, después de volverse cristiano, fue enviado de vuelta a Filemón. Pablo escribió para pedirle a Filemón que perdonara a Onésimo y que lo recibiera de vuelta, ya no como esclavo, sino como hermano cristiano.

2. *La perspectiva alternativa:* Onésimo siempre había conocido a Pablo, tal vez a través de la labor de Filemón en el evangelio junto con Pablo en Éfeso. Después de una disputa que, de alguna forma, fracturó su relación con Filemón, Onésimo buscó a Pablo como intercesor en beneficio suyo para mediar la disputa. Pablo escribió para presentar una "carta de intercesión" a favor de Onésimo, para pedir perdón por cualquier mal, ofrecer compensación por el tiempo perdido y, probablemente, para pedir que Filemón liberara a Onésimo en su futura visita.

Conclusión: Ambas perspectivas son posibles, pero no existe ninguna buena razón para descontar la perspectiva tradicional.

Versículos clave

Pero nada quise hacer sin tu consentimiento, para que tu favor no fuese como de necesidad, sino voluntario (Flm. 14).

[...] no ya como esclavo, sino como más que esclavo, como hermano amado (Flm. 16).

> **PABLO (EN FILEMÓN)...**
>
> - *medió un conflicto* con sensibilidad y tacto;
> - demostró cómo las *relaciones sociales* pueden ser transformadas en Cristo.

Pablo (en Filemón) *medió un conflicto* con sensibilidad y tacto

Aunque la solicitud de Pablo en su carta a **Filemón** fue sencilla (demostrar gracia hacia su **esclavo fugitivo** que ahora volvía), *redactar* esta solicitud no lo fue. Por un lado, Pablo tenía que asegurarse de que Filemón no tratara a **Onésimo** con dureza (cp. Col. 4:1; Ef. 6:9). Por otro lado, si parecía que Pablo estaba *ordenando* a Filemón a ser misericordioso, la **iglesia en casa** de Filemón podría tener la falsa impresión de que este no quería hacerlo y terminarían viéndolo como un amo cruel. ¡Qué dilema!

Los eruditos han admirado la forma en la que Pablo lidió con esta delicada situación. Él expresó su argumento con firmeza y, aun así, dio a Filemón el espacio para responder de forma voluntaria. Pablo mencionó, pero no invocó, su autoridad apostólica y, en cambio, prefirió fundamentar su petición en el amor (vv. 8-9). De manera similar, Pablo enfatizó

> La petición de Pablo a Filemón nos sirve como un modelo de sensibilidad y de tacto al momento de enfrentar de forma pública a otro creyente.

que quería que Filemón actuara de forma espontánea y sin obligación (v. 14), aunque resaltó también lo importante que sería para él la actitud perdonadora de Filemón (vv. 20-21). Incluso, insinuó que iría a visitarlo de forma amistosa (v. 22).

En otras palabras, Pablo probablemente logró que Filemón hiciera lo que le pidió, pero sin provocar que Filemón quedara "mal parado" ante la iglesia que dirigía.

Panorama de Filemón

Saludos y agradecimiento (1–7)

La petición de Pablo (8–22)

Saludos y bendición (23–25)

Pablo (en Filemón) demostró cómo las *relaciones sociales* pueden ser transformadas en Cristo

El evangelio tiene el poder para producir cambios, no solo en el corazón sino, también, en el **estatus social** de una persona. De forma más específica, la carta de Pablo a Filemón modela cómo se puede cerrar el espacio entre los miembros de las clases altas y bajas dentro del cuerpo de Cristo (cp. Col. 3:11; Gá. 3:28).

Podemos ver cómo Onésimo, un simple esclavo fugitivo, fue *exaltado* en Cristo. Fue elevado de ser un esclavo incrédulo "inútil" en la casa de Filemón a ser un "hijo" y "hermano amado" "**útil**" (el significado de su nombre) para Pablo en el Señor (vv. 10-11, 16). Hasta sus deudas serían pagadas por Pablo, de manera que ya no tuviera que ser menospreciado como deudor (vv. 18-19). ¡Qué cambio! Seguramente, Onésimo se sentía un hombre renovado.

También podemos ver cómo Filemón, un hombre adinerado y de buena posición social, cuya casa era lo suficientemente grande para ser sede de una iglesia y ofrecer un cuarto de visitas (vv. 2, 22), fue amablemente *humillado* en Cristo. La petición de Pablo de que Filemón recibiera a Onésimo como compañero e igual (v. 17) solo podía suceder si el primero rebajaba su propio estatus como superior y elevaba el de Onésimo. Esta notable humildad solo puede venir cuando reconocemos la humildad de Cristo en nuestro favor (cp. Fil. 2:6-8).

PALABRAS Y CONCEPTOS CLAVE

(en orden de su aparición destacada en el texto)

1. Filemón	4. iglesia en casa
2. esclavo fugitivo	5. estatus social
3. Onésimo	6. útil

RECURSOS CLAVE PARA PROFUNDIZAR EN EL ESTUDIO

Bruce, F. F. *Las epístolas a los Colosenses, a Filemón y a los Efesios*. NCINT. Plano, TX: Hurtado, 2022.

Garland, David E. *Colosenses y Filemón*. CBANVI. Nashville: Vida, 2012.

HEBREOS

¿Quién?

Remitente: Los cristianos de todas las épocas han querido saber quién escribió Hebreos. Sin embargo, a diferencia de las cartas de Pablo, Hebreos no comienza con una nota sobre su escritor ni sus destinatarios y, a lo largo de los siglos, ha habido muchas opiniones sobre la autoría de este libro. Algunos de los primeros padres de la iglesia, en particular los que vivieron en la parte este del mundo Mediterráneo, pensaban que Pablo escribió Hebreos, aunque el estilo no parece corresponder con el de él. Otros padres de la iglesia, en especial en la parte oeste del Mediterráneo, no pensaban que Pablo fuera el autor. Por diferentes razones, la gran mayoría de los eruditos modernos concuerda en que Pablo no era el escritor. Por ejemplo, además de la gran diferencia en el estilo del libro, muchas de las ideas, términos e ilustraciones de Hebreos no se encuentran en Pablo. De la misma manera, el autor de Hebreos indicó que había recibido el evangelio de los testigos originales (2:3) y esto no corresponde para nada con Pablo (p. ej.: Ro. 1:1; 1 Co. 15:8; Gá. 1:11-16).

Otras sugerencias respecto a la autoría del libro incluyen personas como Clemente de Roma, Bernabé, Lucas, Silvano, Apolos y Priscila. Sin embargo, no hay suficiente evidencia para estar seguros y, a final de cuentas, debemos concordar con Orígenes en que "en cuanto al escritor de la epístola, Dios sabe la verdad". Sin embargo, sí sabemos que el escritor era un predicador dinámico, bien educado y profundamente empapado de las Escrituras del Antiguo Testamento.

Destinatarios: Roma parece haber sido el destinatario más probable del libro. En Hebreos 13:24, el autor escribió: "Los de Italia os saludan".

¿Cuándo?

Quizás el 63 o 64 d. C., justo antes de la persecución de Nerón contra los cristianos en Roma, aunque tenemos muy poca evidencia al respecto.

¿Dónde?

La ubicación del autor es desconocida.

¿Por qué?

Algunos de la congregación que recibió la carta habían abandonado la fe, probablemente por causa de la persecución (6:4-8) y otros parecían en peligro de hacerlo (2:1-4). Muchos entre los destinatarios no habían crecido espiritualmente como debieron hacerlo (5:11-14). De manera que el autor envió lo que, hoy, muchos consideramos nuestro mejor ejemplo de un sermón antiguo, un sermón que va y viene entre la enseñanza sobre Cristo y las exhortaciones para que sus lectores tomen en serio el mensaje. ¿Su meta? Darles una ilustración perfectamente clara de quién era Jesús en realidad y de lo que había logrado en beneficio de los que forman parte del nuevo pacto de Dios. El autor sabía que tal claridad ofrecería un fundamento sólido para perseverar en la fe.

HEBREOS

George H. Guthrie

Versículos clave

En estos postreros días nos ha hablado por el Hijo, a quien constituyó heredero de todo, y por quien asimismo hizo el universo (He. 1:2).

Porque con una sola ofrenda hizo perfectos para siempre a los santificados (He. 10:14).

Mantengamos firme, sin fluctuar, la profesión de nuestra esperanza, porque fiel es el que prometió (He. 10:23).

EL AUTOR DE HEBREOS...

- se preocupaba profundamente por la *Palabra de Dios*;
- tenía una pasión por demostrar que Jesús era *mayor que* cualquier otro;
- estaba comprometido con el *sumo sacerdocio* de Jesús;
- ofreció aliento profundo para *mantenernos firmes* respecto a Jesús y la iglesia.

El autor de Hebreos se preocupaba profundamente por la *Palabra de Dios*

El autor de Hebreos proclamó de forma dinámica la Palabra de Dios con convicción y poder. Citó el Antiguo Testamento unas treinta y cinco veces e hizo alusiones a este otras treinta y cuatro veces, además de repetidas referencias a personajes o eventos del Antiguo Testamento. Como resultado, es imposible entender el mensaje de Hebreos sin entender sus conexiones con el Antiguo Testamento. Lo sermones judíos del siglo I citaban a menudo el Antiguo Testamento como si Dios estuviera hablando en ese momento y lugar al pueblo. Esto es lo que encontramos en el libro de Hebreos. A menudo, el autor introduce sus citas con la frase: "Dice", lo que demuestra que creía que las Escrituras del Antiguo

Testamento eran palabras poderosas y acreditadas de Dios que sus lectores debían escuchar y obedecer.

<table>
<tr><th colspan="1" style="text-align:center">Panorama de Hebreos</th></tr>
<tr><td>La posición de Cristo (1:1–2:18)</td></tr>
<tr><td>Advertencia y promesa (3:1–4:13)</td></tr>
<tr><td>Cristo, el Sumo Sacerdote (4:14–7:28)</td></tr>
<tr><td>El nuevo pacto (8:1–10:18)</td></tr>
<tr><td>Exhortación y conclusión (10:19–13:25)</td></tr>
</table>

La Palabra hablada

El libro comienza contrastando la forma en que Dios habló "en otro tiempo" con la forma en que habla "en estos postreros días" (1:1-2). En la época del Antiguo Testamento, Dios habló a su pueblo mediante una variedad de maneras, en un período muy largo. Esta *revelación* sentó el fundamento para la revelación culminante y final de Dios mediante su Hijo en "estos postreros días", una revelación que "nos" ha sido dada a los que formamos parte del pueblo del **nuevo pacto** de Dios, la iglesia. El contraste no tiene la intención de sugerir que el ministerio y las enseñanzas de Jesús eliminaron la revelación del Antiguo Testamento (cp. Mt. 5:17-20), sino más bien que la revelación que vino por medio de Jesús edificó sobre el fundamento del Antiguo Testamento y lo cumplió.

La Palabra poderosa

En Hebreos 4:12, el autor escribió: "Porque la palabra de Dios es viva y eficaz, y más cortante que toda espada de dos filos; y penetra hasta partir el alma y el espíritu, las coyunturas y los tuétanos, y discierne los pensamientos y las intenciones del corazón". Al escribir que la Palabra de Dios es "viva y eficaz", se refería a que constituye una fuerza poderosa y no simple tinta en una página ni palabras que no tienen efecto. Las palabras de Dios son poder de creación y de administración en este mundo, así como de juicio justo (p. ej.: Sal. 29; 33:6; Is. 40:26; 55:10-11). En un combate cuerpo a cuerpo, los soldados romanos utilizaban una espada corta (de unos 50 cm [20 in]) de doble filo llamada *gladius*, un arma que podía penetrar con eficiencia el cuerpo del oponente. La ilustración de la espada en Hebreos 4 proclama que la Palabra de Dios tiene la capacidad de penetrar hasta la misma esencia de nuestro ser, de discernir nuestros pensamientos e intenciones. Es poderosa para generar transformación o juicio, dependiendo de nuestra respuesta a ella.

La Palabra oída y obedecida

Uno de los mensajes más fundamentales de Hebreos es: Dios ha hablado mediante su Hijo y, si no escuchas y respondes, ¡estás en serios problemas! En Hebreos 2:1, el autor escribió: "Por tanto, es necesario que con más diligencia atendamos a las cosas que hemos oído, no sea que nos deslicemos". "Las cosas que hemos oído" es la palabra de salvación que nos ha sido dada por el Señor, que fue testificada por los primeros testigos y que fue confirmada por Dios mismo mediante señales y milagros (2:3-4). El término que se traduce "deslicemos" puede ser usado para algo que pasa por un camino equivocado, como un alimento que se desvía a la tráquea o un anillo que se cae del dedo. La ilustración también nos recuerda un barco que se deja llevar por una corriente en lugar de avanzar hacia su destino programado. De manera que el autor exhorta a los oyentes a prestar mucha atención a la palabra de salvación para no deslizarse espiritualmente. No hay escapatoria del juicio para los que no responden de forma positiva a la palabra de salvación (2:3).

> El autor de Hebreos se sorprendería de lo poco que conocemos la Palabra de Dios. Nos retaría a leerla, a memorizarla, a meditar profundamente en ella y a hacerla parte de nuestra vida diaria.

El autor de Hebreos tenía una pasión por demostrar que Jesús era *mayor que* cualquier otro

Para el autor de Hebreos, entender quién era Jesús y lo que había logrado mediante el nuevo pacto es una de las claves principales para vivir la vida cristiana de forma dinámica y efectiva.

Jesús es mayor que los ángeles

En Hebreos 1:5-14, el autor conectó una serie de pasajes del Antiguo Testamento para convencer a sus lectores de que el Hijo de Dios es mayor que los **ángeles**. Él quería demostrar tres cosas.

1. Quería demostrar que el Hijo es superior en virtud de su relación única con Dios el Padre (Sal. 2:7; 2 S. 7:14 en He. 1:5). Estos pasajes del Antiguo Testamento no hablan de adopción, sino más bien eran usados cuando un heredero de la realeza ascendía al trono. Por tanto, estos versículos fueron usados en Hebreos para resaltar la exaltación de Jesús a la diestra de Dios y demostrar así su identidad con el Padre y su superioridad frente a todo ser creado.

2. Quería demostrar que los ángeles son inferiores en virtud de su estatus (Sal. 97:7; Dt. 32:43; Sal. 104:4 en He. 1:6-7). Ellos *adoran* al Hijo y son enviados por Dios como mensajeros, como siervos que cumplen su voluntad.

3. Quería demostrar la superioridad del Hijo al proclamar su naturaleza eterna y su posición en el trono del universo (Sal. 45:6-7 y 102:25-27 en He. 1:8-12). El Hijo es llamado "Dios" y su trono es eterno (1:8). En contraste con los ángeles, Él creó los cielos y la tierra, que algún día serán envueltos como un vestido viejo (1:10-12).

Esta sección concluye con una cita de Salmos 110:1, el pasaje del Antiguo Testamento más a menudo citado en el Nuevo Testamento: "Siéntate a mi diestra, hasta que ponga a tus enemigos por estrado de tus pies" (He. 1:13). De nuevo, el pasaje menciona la exaltación del Hijo a la posición preeminente de poder en el universo. Todos estos pasajes demuestran la superioridad del Hijo frente a los ángeles de la forma más decisiva.

Jesús es mayor que Moisés

En Hebreos 3:1-6, el autor comparó a Jesús con **Moisés**. Su intención con esta comparación no era disminuir la opinión de sus lectores respecto a Moisés, sino más bien usar la alta estima que los judíos de la época tenían por Moisés para señalar que Jesús era digno de aún mayor estima. Tal como Moisés fue reconocido por su fidelidad a Dios, así también lo fue Jesús (3:2). Sin embargo, Jesús es digno de mayor gloria que Moisés. ¿Por qué? En primer lugar, porque Jesús es el edificador supremo de la casa de Dios. Esta puede ser una alusión a 2 Samuel 7, donde se profetiza que el Mesías edificará la casa de Dios. En segundo lugar, porque Moisés era solo un siervo, pero Jesús era el Hijo. El ministerio de Moisés anticipó al de Jesús (algunos judíos de la época esperaban que el Mesías fuera un "nuevo Moisés"), pero el proyecto definitivo de la casa de Dios, la iglesia, vendría mediante el ministerio de Jesús (3:6).

> Tu perseverancia en la vida cristiana dependerá directamente de tu estima por Jesús.

Jesús es mayor que los sacerdotes levíticos

Hebreos también demostró que Jesús y su ministerio eran mayores que los sacerdotes levíticos y su ministerio bajo el antiguo pacto (5:1-10; 7:1-28; 8:3–10:18). Esta comparación será ampliada en la siguiente sección.

El autor de Hebreos estaba comprometido con el *sumo sacerdocio* de Jesús

La encarnación y el sufrimiento de Jesús

Una vez que proclamó la exaltación de Jesús y argumentó con poder que Él es mucho mayor que los ángeles (1:5-14), el autor habló de la **encarnación** del Hijo (2:5-18). ¿Por qué se hizo hombre el Hijo? Aquí hay tres razones que nos da el libro de Hebreos.

1. Dios buscaba "perfeccionar" al Hijo mediante el sufrimiento (2:10). En este contexto, la palabra *perfeccionar* no significa "hacer sin falta", como si Jesús hubiera sido "imperfecto" antes (ver 4:15). En cambio, significa que el Hijo había cumplido la misión que el Padre le había dado. El clímax de esa misión implicaba "aflicciones", especialmente su muerte en la cruz (cp. 5:7-9).

> Podemos acercarnos "confiadamente al trono de la gracia" siempre que necesitemos "misericordia" y "gracia" para el oportuno socorro.

2. Ya que el sumo sacerdote era el mediador entre Dios y la humanidad, el Hijo debía venir "de entre los hombres" (5:1) para ser un representante genuino delante de Dios. Como resultado, los que lo conocen pueden acercarse "confiadamente al trono de la gracia, para alcanzar misericordia y hallar gracia para el oportuno socorro" (4:16).

3. El Hijo se hizo hombre porque era la única forma en la que Él, como Dios, podía morir por los pecados y convertirse en la ofrenda suprema por los pecados (8:3; 9:14, 24-26). Al hacerlo, el Hijo destruyó "al que tenía el imperio de la muerte, esto es, al diablo" y libró "a todos los que por el temor de la muerte estaban durante toda la vida sujetos a servidumbre" (He. 2:14-15).

El nombramiento del Sumo Sacerdote

La parte central del libro de Hebreos (4:14–10:25) comienza demostrando que Jesús fue nombrado sacerdote mejor (5:1-10; 7:1-28). Jesús no fue nombrado sobre el mismo fundamento que los sacerdotes levíticos, que eran sacerdotes por haber nacido de la tribu de Leví. Jesús, quien era de la tribu de Judá (7:14), fue nombrado por juramento de Dios, expresado en las palabras de Salmos 110:4: "Tú eres sacerdote para siempre, según el orden de Melquisedec" (5:6; 7:15-22). En contraste con los sacerdotes levíticos que morían, ya que eran simples mortales, la vida de Jesús era indestructible (7:16-17). Por esta razón, "puede también salvar perpetuamente a los que por él se acercan a Dios, viviendo siempre para interceder por ellos" (7:25). Además, como sumo sacerdote sin pecado, no tiene necesidad de dar ofrendas constantemente por sus pecados ni por los pecados del pueblo (5:1-4; 10:26-28). De hecho, al sacrificarse a sí mismo, eliminó la necesidad de sacrificios (10:18).

La ofrenda mejor de nuestro Sumo Sacerdote

Ya que Jesús fue nombrado **sumo sacerdote** mejor, necesitaba dar una ofrenda (8:3). La ofrenda de Jesús, realizada para establecer el nuevo pacto (8:7-13), fue superior en al menos tres maneras:

1. La ofrenda de *sí mismo* mediante la muerte fue con su propia sangre (un sacrificio "sin mancha"), en lugar de con la sangre de toros y de machos cabríos (9:12-14).

2. En lugar de presentar su ofrenda en un tabernáculo terrenal, entró a la misma presencia de Dios en el tabernáculo celestial (9:11, 23-24).

3. Su ofrenda no tenía que ser repetida como las de los sacerdotes del antiguo pacto. Su **sacrificio** fue hecho una vez para siempre

(9:25-26; 10:11-12). Bajo el antiguo pacto, en el **día de la expiación** anual, el sumo sacerdote daba una ofrenda que cubría todos los pecados que no habían sido cubiertos por otros sacrificios durante el año (Lv. 16). No obstante, el sacrificio de Jesús ya no tenía que ser repetido cada año porque cubrió los pecados de todos los que están bajo el nuevo pacto (Jer. 31:34; He. 8:12; 10:14-18). ¡La ofrenda de Jesús fue mucho mejor que las del Antiguo Testamento!

El autor de Hebreos ofreció aliento profundo para *mantenernos firmes* respecto a Jesús y la iglesia

Ejemplos negativos y positivos

El autor de Hebreos usó varias estrategias para alentar y retar a sus lectores. A veces, ofreció ejemplos negativos para mostrar lo que sus lectores *no* debían hacer. Un ejemplo tal es el pueblo en el desierto, una ilustración gráfica de desobediencia y de juicio (He. 3:7-19; Sal. 95:7c-11). Salmos 95:7-8 dice: "Si oyereis hoy su voz, no endurezcáis vuestro corazón, como en Meriba". Este pasaje del Antiguo Testamento, que se usa en Hebreos 3, se refiere a los que se rebelaron contra Dios en el desierto cuando escucharon el mal informe sobre la tierra de Canaán de boca de la mayor parte de los espías que fueron enviados a reconocer la tierra (Nm. 14). Aunque los israelitas habían visto los prodigios de Dios en el éxodo de Egipto, no confiaron en que Él les daría la tierra y, en cambio, se rebelaron contra Él. En consecuencia, Dios los juzgó y les prohibió entrar en la tierra. Hebreos expande este ejemplo negativo para ofrecer una dura advertencia de que también nosotros podemos tener un corazón endurecido que no escucha la Palabra de Dios (3:12).

> El autor de Hebreos nos animaría a fijarnos en los que han perseverado en la fe en el pasado a fin de ofrecernos aliento para perseverar nosotros mismos.

En contraste, el autor exalta a Abraham como ejemplo positivo de una persona que esperó el cumplimiento de la promesa de Dios (6:13-15) e, incluso, señaló también a la fidelidad anterior de los propios oyentes como ejemplo de perseverancia (10:32-34). Sin embargo, la lista por excelencia de ejemplos positivos es Hebreos 11, el gran "Salón de la Fe". En el mundo antiguo, este tipo de lista era llamado una "**lista ejemplar**" y servía para ofrecer evidencia abrumadora para algo en virtud de numerosos ejemplos. El mensaje de Hebreos 11 es: "¡La vida de la fe es la única forma de vivir!".

Advertencias y promesas

En 6:4-8, el autor usó los ejemplos negativos de los que habían apostatado de la fe y dado la espalda a Cristo y a su iglesia para lanzar una dura **advertencia**. En esencia, estas personas están bajo el juicio de Dios. De forma similar, los que han pisoteado al Hijo, tratado su sangre como si fuera un sacrificio ineficaz para los pecados e insultado al Espíritu de gracia de Dios tienen únicamente un juicio aterrador esperándolos (10:26-31). Estas advertencias en Hebreos contra la incredulidad y la desobediencia son, quizás, las más fuertes en la Biblia y deben ser recibidas como duras exhortaciones contra la indiferencia.

No obstante, el autor de Hebreos también coloca delante de sus lectores las promesas del nuevo pacto de Dios. Ellos reciben la promesa del "**reposo**" de Dios (4:1-11) gracias al sacrificio de Jesús por sus pecados (cp. Lv. 16:29-31; 23:26-28, 32), que los creyentes pueden experimentar ahora y por la eternidad. Además, tienen una ciudadanía en la Jerusalén celestial y una herencia como hijos de Dios (9:15; 11:16; 13:14).

PALABRAS Y CONCEPTOS CLAVE

(en orden de su aparición destacada en el texto)

1. revelación	7. sacrificio
2. nuevo pacto	8. día de la expiación
3. ángeles	9. fe
4. Moisés	10. lista ejemplar
5. encarnación	11. advertencias
6. sumo sacerdote	12. reposo

RECURSOS CLAVE PARA PROFUNDIZAR EN EL ESTUDIO

Guthrie, George H. *Hebreos*. CBANVI. Nashville: Vida, 2014.

Lane, William. *Hebrews: A Call to Commitment*. Vancouver: Regent College Publishing, 2004.

O'Brien, Peter T. *The Letter to the Hebrews*. PNTC. Grand Rapids: Eerdmans, 2010.

SANTIAGO

¿Quién?

Remitente: Al menos cuatro personas en el Nuevo Testamento se llaman "Santiago" (una variante del nombre "Jacobo" o "Jacob"), pero de los cuatro, solo dos, el hijo de Zebedeo (Mr. 3:17) y el hermano de Jesús (Mt. 13:55; Hch. 15:13) han sido candidatos importantes para la autoría de esta carta. Aunque Jacobo, el hijo de Zebedeo, tuvo una posición prominente entre los apóstoles de Jesús (Mr. 5:37; 9:2; 10:35; 13:3), fue martirizado por mano de Herodes Agripa I en el 44 d. C. (Hch. 12:2). Ya que la preocupación del libro con "la fe y las obras" no surgió como tema principal entre las iglesias sino hasta poco después de esa fecha, es poco probable que el hijo de Zebedeo haya escrito esta carta. Por otro lado, sabemos que Santiago, el hermano de Jesús, se convirtió en uno de los líderes más importantes de la iglesia primitiva y nuestro libro encaja bien con lo que sabemos de él (p. ej.: Hch. 15:13-29; 21:17-26). Además, los eruditos han señalado las similitudes entre la carta y el discurso de Jacobo en Hechos 15:13-21, y el ministerio de Santiago a los pobres en Palestina concuerda con al menos uno de los temas centrales de esta carta.

Destinatarios: Los cristianos judíos en la "**dispersión**" o, como dice Santiago 1:1: entre "las doce tribus que están en la dispersión" fuera de Palestina.

¿Cuándo?

Santiago, hermano del Señor, fue martirizado en el 62 d. C.[1] Algunos eruditos creen que escribió la carta en la década anterior a su muerte. Otros sugieren una fecha tan temprana como mediados de los años cuarenta, lo que la convertiría en el escrito más temprano del Nuevo Testamento.

El libro parece representar un momento en la historia temprana de la iglesia, antes del Concilio de Jerusalén (Hch. 15), pero después de haberse extendido los malentendidos acerca de la enseñanza de Pablo respecto a ser "justificado por fe sin las obras de la ley" (Ro. 3:28; ver Stg. 2:14-26). Una fecha cercana al 48 d. C. parecería más acertada.

¿Dónde?

Santiago escribió desde Jerusalén, donde servía como anciano.

¿Por qué?

Con el trasfondo de las enseñanza de Jesús, de la literatura sapiencial judía y de Levítico 19, Santiago trata diversos temas extremadamente prácticos. Las necesidades entre las iglesias se relacionan directamente con las tensiones entre los ricos y los pobres (1:9-11, 27; 2:1-11, 14-26; 4:13–5:6) que condujeron a diferentes problemas de actitud en las comunidades a las que escribió Santiago (3:1–4:4; 5:7-11).

Versículos clave

Hermanos míos, tened por sumo gozo cuando os halléis en diversas pruebas (Stg. 1:2).

Pero sed hacedores de la palabra, y no tan solamente oidores, engañándoos a vosotros mismos (Stg. 1:22).

¿De dónde vienen las guerras y los pleitos entre vosotros? ¿No es de vuestras pasiones, las cuales combaten en vuestros miembros? (Stg. 4:1).

SANTIAGO...

- estaba comprometido con *el gozo en medio de las pruebas*;
- valoraba grandemente *la sabiduría justa* de Dios;
- tenía una tremenda preocupación por *los pobres y los ricos*;
- anhelaba que fuéramos *hacedores de la Palabra* y no solamente oidores;
- enfatizó un entendimiento correcto de *la fe y las obras*.

Santiago estaba comprometido con *el gozo en medio de las pruebas*

Desde un punto de vista bíblico, las dificultades son parte normal de la vida cristiana. Por tanto, una clave para vivir de forma efectiva para Cristo en este mundo caído es responder de manera adecuada a los diferentes tipos de **pruebas** que encontramos. De manera que, al principio de la carta, Santiago escribió: "Hermanos míos, tened por sumo gozo *cuando* os halléis en diversas pruebas, sabiendo que la prueba de vuestra fe produce paciencia" (1:2-3, énfasis añadido).

Observa varias cosas de la exhortación de Santiago. En primer lugar, presenta las pruebas como algo inevitable. Él no escribió: "*si* os halléis en diversas pruebas", sino: "*cuando* os halléis en diversas pruebas". En segundo lugar, Santiago reconocía que hay pruebas "diversas"; él no se enfoca únicamente en un solo tipo de dificultad. Tercero, los escritores del mundo antiguo usaban el término que se tra- duce "hallarse" en la RVR60 y "enfrentarse" en la NVI para referirse a una situación difícil que le sucede de pronto a alguien, como el ataque de ladrones contra un viajero (p. ej.: Lc. 10:30) o un barco que golpea un arrecife. De manera que los cristianos deben aprender a lidiar con dificultades de improviso, a medida que enfrentan esas dificultades en el curso de la vida diaria. Cuarto, Santiago ordenó: "Tened por sumo gozo", lo que significa que debemos mirar la situación desde el punto de vista del gozo. ¿Cómo podemos hacer eso? Él escribió: "sabiendo que la prueba de vuestra fe pro- duce paciencia". En otras palabras, podemos tener gozo, aun en medio de las pruebas, porque sabemos que son productivas: nos ayudan a crecer espiritualmente.

> **Santiago anhelaría que consideráramos nuestras pruebas desde el punto de vista del gozo, sabiendo que Dios nos enseña a perseverar por medio de ellas.**

Panorama de Santiago

Introducción y discurso sobre las pruebas (1:1-18)
Exhortación (1:19–2:13)
Sobre la fe y las obras (2:14-26)
La lengua y la sabiduría (3:1-18)
Exhortación final y conclusión (4:1–5:20)

Santiago valoraba grandemente *la sabiduría justa* de Dios

Dos de los pasajes principales en Santiago, 1:5-8 y 3:13-18 se enfocan en el tema de la "sabiduría justa", aunque todo el libro nos llama a vivir de tal manera que refleje "la sabiduría que es de lo alto" (3:17a). El término **"sabiduría"** se refiere a un patrón de vida que entiende y que pone por obra la verdad de Dios. En 1:5-8, Santiago comentó que Dios está listo para dar este tipo de sabiduría con generosidad a todo el que pide por ella. La frase "sin reproche" significa que Dios no "golpea la mano" (es decir, insulta) a los que acuden a Él de esta manera. Sin embargo, los que van a Él deben hacerlo "con fe, no dudando nada", porque el que duda es un debilucho que es lanzado de aquí para allá como por las olas del mar. Santiago describe también a esta persona como "de doble ánimo" e "inconstante". ¿Qué tiene en mente con esto? La persona "de doble ánimo" no vive conforme a las normas de Dios (Dt. 26:16; Sal. 12:2; 119:113; Stg. 4:8) porque, como le falta integridad y compromiso, no ha tomado una decisión decisiva respecto a su manera de vivir. En contraste, el sabio vive una buena vida que se expresa en actos de humildad (3:13). Esta sabiduría viene de Dios, ya que es "pura, después pacífica, amable, benigna, llena de misericordia y de buenos frutos, sin incertidumbre ni hipocresía" (3:17). En otras palabras, la verdadera sabiduría se manifiesta en relaciones correctas y en una comunidad sana.

Santiago tenía una tremenda preocupación por *los pobres y los ricos*

Santiago escribió mucho sobre los pobres y los ricos en las primeras comunidades cristianas. El cuidado de Dios por los pobres y los oprimidos es un tema común en el Antiguo Testamento que Santiago también enfatizó (Sal. 18:27; 112:9; 113:7; Is. 11:4). Él escribió que la persona "de humilde condición" debe gloriarse en su estatus ante Dios (Stg. 1:9). Las comunidades cristianas debían evitar el **favoritismo**, que "favorece" a los ricos por su estatus y posesiones. Demostrar este favoritismo indica que se cree que el creyente pobre no es digno de la misma consideración (2:1-7). En cambio, los seguidores de Cristo deben suplir las necesidades prácticas de los pobres (1:27; 2:14-16). Por otra parte, el rico debe enfocarse en la humildad al darse cuenta de que una vida de riquezas y de estatus social es temporal (1:10-11), como la flor del campo que se marchita en el calor abrasador. Por tanto, el hombre de negocios no debe alardear ni gloriarse en sus empresas, porque debe más bien evaluar cada oportunidad desde la perspectiva de la voluntad de Dios (4:13-17). Santiago reservó sus palabras más feroces para los ricos malvados, que viven bajo el juicio de Dios. Ellos enfrentarán el juicio de la ira inminente de Dios porque han juntado sus riquezas mediante la opresión de los pobres (5:1-6).

> Si Santiago estuviera aquí, nos instaría a no mostrar favoritismo a los ricos ni a ignorar a los pobres.

Santiago anhelaba que fuéramos *hacedores de la Palabra* y no solamente oidores

Una de las secciones más prácticas de toda la enseñanza de Santiago tiene que ver con ser un "hacedor" y no solo un "oidor" de la Palabra de Dios

(1:22-25). De hecho, Santiago escribió que una persona que solo oye la Palabra se engaña a sí mismo. Esta persona es como el que mira en un espejo su rostro y luego se va y "olvida cómo era". El término "rostro" aquí significa "el rostro que Dios le dio al nacer" e implica que, cuando se ha retirado del espejo, un punto de referencia objetivo, ¡esta persona se olvida de cómo es en realidad! Quizás tiene una opinión más alta de sí mismo de lo que corresponde. En contraste, el hombre bienaventurado se concentra en el estilo de vida de Dios y lo pone en práctica. Este es el camino al entendimiento verdadero y a la libertad. Por tanto, según Santiago, un cristianismo verdadero y dinámico debe implicar incorporar de forma constante la verdad de la Palabra de Dios a nuestros patrones de pensar y de vivir. No es suficiente ser "oidores". Debemos ser "hacedores" de la Palabra. En repetidas ocasiones en su carta, Santiago enfatizó que la Palabra debe ser puesta por obra.

Una de las maneras en que podemos demostrar que de verdad somos hacedores de la Palabra es en el uso que damos a nuestra lengua (1:26). Los verdaderos hacedores de la Palabra controlan lo que dicen. En 3:1-12, Santiago expone este tema con lenguaje colorido y con analogías para describir lo destructivo de la lengua y para instar a su buen uso. Santiago nos dice que la lengua, uno de los miembros más pequeños del cuerpo, demuestra si estamos o no viviendo conforme a la sabiduría justa de Dios que se encuentra en su Palabra.

Santiago enfatizó un entendimiento correcto de *la fe y las obras*

Algunas personas en las iglesias a las que Santiago escribió estaban muy confundidas por la relación entre la **fe** y las **obras** (2:14-26). Es evidente que algunos razonaban que creer en Dios era suficiente, sin la necesidad de "poner por obra" las ramificaciones prácticas de la fe en la vida diaria. A estas personas, Santiago dijo en efecto: "¿Crees en Dios? Felicidades. ¡También los demonios creen!". La fe verdadera se expresa en buenas obras. Para ilustrar una fe deficiente, Santiago describió a una persona que ve a un hermano o hermana en necesidad de comida o ropa y no hace nada para ayudarlo. Él afirmó que esta supuesta fe está vacía y proclamó que "la fe, si no tiene obras, es muerta" (2:17).

En la historia de la iglesia, algunos intérpretes han entendido de forma incorrecta que Santiago quiso decir que la salvación viene *por medio de* las obras, lo que sería una contradicción directa a la enseñanza de Pablo sobre la salvación por gracia, solo por la fe (Ef. 2:8-10). ¡El mismo Martín Lutero malentendió Santiago de esta manera y afirmó que era una "epístola de paja"! En cambio, Santiago expresa que la fe verdadera se manifiesta en obras y usó dos personajes del Antiguo Testamento, **Abraham** y **Rahab,** para ilustrar este punto. La acción de Abraham al ofrecer a Isaac fue una expresión de su fe en Dios (2:20-24). De manera similar, Rahab, al alojar a los espías y enviarlos de vuelta a salvo, expresó fe en el único Dios verdadero (2:25). Santiago concluyó esta sección con estas palabras: "Como el cuerpo sin espíritu está muerto, así también la fe sin obras está muerta" (2:26).

> Santiago nos diría que la forma en que demostramos que nuestra fe es genuina es con nuestras acciones.

PALABRAS Y CONCEPTOS CLAVE

(en orden de su aparición destacada en el texto)

1. dispersión
2. pruebas
3. sabiduría
4. favoritismo
5. fe
6. obras
7. Abraham
8. Rahab

RECURSOS CLAVE PARA PROFUNDIZAR EN EL ESTUDIO

Blomberg, Craig L. y Miriam J. Kamell. *Santiago.* Comentario exegético-práctico del Nuevo Testamento. Barcelona: Andamio, 2021.

Moo, Douglas J. *The Letter of James.* PNTC. Grand Rapids: Eerdmans, 2000.

Nota

1. Josefo, *Antigüedades judías* 20.199-203.

1 PEDRO

¿Quién?

Remitentes: Pedro (1:1) y Silvano o Silas (5:12). Pocos personajes del Nuevo Testamento son tan bien conocidos como Pedro. Sin embargo, la carta de 1 Pedro es un poco diferente de lo que sabemos de él por el resto del Nuevo Testamento. La carta está escrita en un griego refinado, algo que no se esperaría de un pescador galileo. Se hace poca mención de la vida o de las enseñanzas de Jesús. La carta fue escrita a cinco provincias que no tienen otras conexiones conocidas con Pedro.

Estas curiosidades pueden ser explicadas por la influencia de Silvano, que es mencionado explícitamente como participante en la redacción de esta carta (5:12). Aunque no se describe más a este Silvano en 1 Pedro, es probable que sea el mismo mencionado como coautor con Pablo y Timoteo de 1 y 2 Tesalonicenses. En el libro de Hechos, "Silas" (una versión recortada del nombre Silvano) viajó con Pablo y Timoteo en el segundo viaje misionero.

Destinatarios: Los cristianos gentiles en las provincias del Ponto, Galacia, Capadocia, Asia [Menor] y Bitinia. Estas cinco provincias representan la mayor parte de lo que es hoy Turquía. Ninguna otra carta del Nuevo Testamento se dirige a una audiencia que cubre una región geográfica tan grande.

¿Cuándo?

La muerte de Pedro nunca se menciona en el Nuevo Testamento y no se detalla con claridad en la tradición eclesiástica. Lo más probable es que Pedro haya muerto como mártir en algún momento durante la persecución de Nerón, entre el 64 y el 68 d. C. Ya que la carta parece haber sido escrita desde Roma (ver a continuación), este período parece probable.

¿Dónde?

Ya que una iglesia hermana en "Babilonia" envía saludos (5:13), lo más probable es que esta carta haya sido escrita desde Roma. Ciertamente, la referencia no es a la Babilonia de Mesopotamia, ya que esta ciudad había sido destruida y abandonada siglos antes. Los escritores judíos y cristianos a menudo usaban la palabra "**Babilonia**" como un código para referirse a la ciudad de Roma (ver Ap. 14–18). Tal como la antigua Babilonia había destruido Jerusalén y vencido al pueblo de Dios en el siglo vi a. C., Roma hizo lo mismo en el siglo i d. C.

¿Por qué?

La carta de 1 Pedro fue escrita para alentar a los cristianos mientras enfrentaban una intensa oposición y persecución por causa de su fe (4:12-19; 5:12).

1 PEDRO

Jeff Cate

Versículos clave

Mas vosotros sois linaje escogido, real sacerdocio, nación santa, pueblo adquirido por Dios, para que anunciéis las virtudes de aquel que os llamó de las tinieblas a su luz admirable (1 P. 2:9).

Pero si alguno padece como cristiano, no se avergüence, sino glorifique a Dios por ello (1 P. 4:16).

PEDRO (EN 1 PEDRO)...

- se preocupó por conectar a sus lectores cristianos con su *herencia veterotestamentaria*;
- quería que los cristianos consideraran el ejemplo de Cristo mientras *sufrían*;
- anhelaba que los cristianos mostraran la autenticidad de su fe en sus *relaciones*.

Pedro (en 1 Pedro) se preocupó por conectar a sus lectores cristianos con su *herencia veterotestamentaria*

Pedro parece haber escrito su primera carta a personas que recientemente se habían convertido a la fe cristiana. Evidentemente, la diferencia entre su vida anterior como gentiles tenía un contraste marcado con su nueva vida en Cristo (4:3-4). Antes, su vida había estado caracterizada por la idolatría y por los placeres pecaminosos, pero ahora tenían un nuevo estatus como pueblo de Dios (1:14; 2:10). Habían "**renacido**" para una esperanza viva (1:3, 23-25). Mediante el bautismo, se habían comprometido con Dios (3:21). Como recién nacidos, estos nuevos convertidos debían nutrirse para poder crecer hasta llegar a la madurez espiritual (2:2).

Aunque estos nuevos convertidos a la fe cristiana evidentemente venían de un trasfondo gentil, Pedro se refirió a ellos con terminología que se aplicaba a Israel en el Antiguo Testamento. Al citar con frecuencia las Escrituras hebreas y trazar paralelos con el pacto de Dios con Israel (1:15, 24-25; 2:6, 7, 8, 9, 10, 22; 3:10-12; 4:18; 5:5), Pedro establece una conexión con su herencia espiritual. Con lenguaje tomado de Éxodo 19:6, cuando los israelitas fueron reconocidos como el pueblo de Dios en el monte Sinaí, Pedro se refirió a estos convertidos gentiles como "linaje escogido, real sacerdocio, nación santa, pueblo adquirido por Dios" (2:9; ver también 2:5). Pedro aplicó estas características de Israel a estos convertidos gentiles, que ahora estaban incluidos en el pueblo de Dios.

Panorama de 1 Pedro

Introducción (1:1-2)
Sobre la salvación (1:3–2:10)
Enseñanzas y exhortaciones (2:11–5:11)
Conclusión (5:12-14)

En esta carta, Pedro con frecuencia se refiere a los creyentes como "elegidos" o "escogidos" (1:2; 2:4, 9; 5:13), palabras que nos recuerdan la elección de Dios de Israel como pueblo del pacto. Como "real sacerdocio", los creyentes tienen acceso a Dios al ofrecer "sacrificios" de obediencia fiel (2:5). Como "**nación santa**", se esperaba que vivieran vidas apartadas y distintas del resto del mundo. Tal como a Israel se le dijo en repetidas ocasiones en el libro de Levítico que debían ser santos porque Dios es santo, se esperaba que estos nuevos creyentes fueran santos sobre la misma base (1:15-16). Sin embargo, a diferencia de Israel, el nuevo pueblo de Dios no hereda tierras ni territorios en este mundo. En cambio, tal como Israel había sido desarraigada cuando fue exiliada de la tierra, Pedro comparó a estos nuevos creyentes con peregrinos que vagan por este mundo presente (1:1, 17; 2:11) mientras esperan su herencia celestial (1:4).

> Si Pedro estuviera aquí, se preocuparía de que consideremos con tanta frecuencia este mundo como nuestro hogar y a nosotros no como los extranjeros que en verdad somos.

Pedro (en 1 Pedro) quería que los cristianos consideraran el ejemplo de Cristo mientras *sufrían*

¿Cómo era su sufrimiento?

Por mucho, el principal tema de Pedro es el **sufrimiento**. Sus lectores estaban enfrentando oposición y persecución por su fe en Cristo (1:6; 4:12). Evidentemente, los receptores de esta carta estaban sufriendo por su fe, no solo en la esfera pública (4:15-16), sino también en su vida privada como esclavos (2:18-20) y en sus hogares (3:1-2). Su sufrimiento a menudo incluía burlas y presión de parte de sus vecinos y de la sociedad para que regresaran a su estilo de vida precristiano. De muchas maneras, al convertirse, estos gentiles dejaron de encajar, no solo en su propia cultura religiosa, sino también en la sociedad. Sus nuevos estándares éticos no les permitían participar en muchas de las actividades de la vida diaria, donde cosas comunes como ir al trabajo o asistir a una boda podían implicar sacrificios a ídolos o culto al emperador. Con frecuencia, la presión social que tenían estos nuevos creyentes era intensa (2:12; 3:16; 4:4).

A veces, su sufrimiento incluía abuso físico y muerte. Un ejemplo de este tipo de persecución proviene de principios del siglo II. Entre el 111 y el 113 d. C., Plinio el Joven sirvió como gobernador de Bitinia y el Ponto, las mismas regiones a las que fue escrita 1 Pedro. Plinio escribió una carta al emperador Trajano sobre su forma de tratar a los cristianos. Aunque la carta de Plinio viene de una época décadas después de la muerte de Pedro, su relato revela el tipo de malentendidos, presiones y castigos que los cristianos enfrentaban con frecuencia.

> Por el momento, esta ha sido mi forma de lidiar con todo el que es traído a mí con la acusación de ser cristiano. Le pregunto en persona si es cristiano y, si lo admite, repito la pregunta una segunda y una tercera vez, con una advertencia del castigo que le aguarda. Si persiste, ordeno que se le lleve a la ejecución, pues, sin importar cuál sea la naturaleza de su admisión, estoy convencido de que la testarudez y la obstinación absoluta no deben quedar sin castigo [...].
>
> He considerado que debo liberar a cualquiera que niegue que es o que ha sido cristiano si repite después de mí una fórmula de invocación a los dioses y ofrece vino e incienso a vuestra estatua [...] y además injuria el nombre de Cristo: entiendo que ninguna de estas cosas podría ser obligado a hacer un cristiano verdadero.[1]

Compartir los sufrimientos de Cristo

Pedro informó a las iglesias que, si sufrían por el nombre de Cristo, compartían sus sufrimientos y seguían su ejemplo (2:21). Jesús había sufrido, aunque era inocente (2:22), y no se vengó por ningún maltrato que recibió (2:23; 3:9). Ellos también debían bendecir y no maldecir cuando eran tratados mal (3:9). En sus sufrimientos, debían encomendarse plenamente a Dios (4:19), tal como Jesús lo había hecho (2:23).

La respuesta al sufrimiento

Pedro quería que estos cristianos se esforzaran por vivir vidas rectas que no dieran pie a tales tratos (3:10-11, 17; 4:19). Cuando los creyentes viven vidas respetables sin reproche, hay menos oportunidad para que los incrédulos abusen de ellos por su fe (3:13). Si sufren de forma inocente y no por hacer el mal (4:16), los que los calumnian serán silenciados y hasta avergonzados porque los cristianos continúan haciendo bien en medio de su sufrimiento (2:15; 3:16). Esta dedicación ante un abuso inmerecido incluso crea la posibilidad para que los de afuera glorifiquen a Dios y sean ganados a la fe (2:12; 3:1-2). En medio de tal oposición y persecución, Pedro los instruyó a estar "siempre preparados para presentar defensa con mansedumbre y reverencia ante todo el que os demande razón de la esperanza que hay en vosotros", pero siempre con mansedumbre y reverencia (3:15).

> ¿Alguna vez has sentido presión por ser cristiano? Pedro te animaría a recordar que Jesús también sufrió y que te dio un ejemplo a seguir.

Aunque los sufrimientos que estos creyentes soportaban no eran placenteros, podían regocijarse (1:6; 4:13) en medio de ellos. Como extranjeros en este mundo, podían descansar en la seguridad de que el sufrimiento era solo una experiencia temporal (1:6; 5:10) comparado con su recompensa eterna. Mientras tanto, la persecución probaba su fe y revelaba su autenticidad (1:7; 4:12). Sufrir por la fe no debería parecerles sorprendente (4:12), porque Jesús mismo había sufrido (1:11; 2:21-24; 3:18; 4:13), así como tantos otros creyentes en otras partes del mundo (5:9). Esta carta les recordaba que Dios sabía lo que estaban soportando (3:12) y los fortalecería (5:7, 10). Al final, Dios aprobaría y bendeciría a los que sufrieran por su fe en Cristo (2:19-20; 3:9; 4:14).

Pedro (en 1 Pedro) anhelaba que los cristianos mostraran la autenticidad de su fe en sus *relaciones*

El espíritu humilde y sumiso con el que los creyentes deben soportar la persecución debe reflejarse también en otras áreas de la vida. Los creyentes deben aceptar la autoridad de los oficiales del gobierno (2:13-17). Los esclavos deben servir de forma fiel y sumisa, aun si son maltratados (2:18-23). La esposa debe respetar el rol de su marido y este debe ser considerado con ella (3:1-7). Los creyentes más jóvenes deben respetar el lugar de sus ancianos y estos no deben ejercer su autoridad de forma egoísta hacia los que tienen bajo su cargo (5:1-5). Se espera que los seguidores de Cristo sean conocidos por su humildad (3:8; 5:5-6), gentileza (3:15-16) y amor (1:22; 2:17; 3:8; 4:8-9).

PALABRAS Y CONCEPTOS CLAVE

(en orden de su aparición destacada en el texto)

1. Babilonia (como un código para Roma)
2. renacimiento
3. nación santa
4. sufrimiento

RECURSOS CLAVE PARA PROFUNDIZAR EN EL ESTUDIO

McKnight, Scot. *1 Pedro*. CBANVI. Nashville: Vida, 2014.

Marshall, I. Howard. *1 Peter*. IVP New Testament Commentary Series. Downers Grove: InterVarsity Press, 1991.

Nota

1. Plinio, *Carta a Trajano* 10.96.

2 PEDRO

¿Quién?

Remitente: El escritor se identifica a sí mismo como Simón Pedro (1:1), el apóstol de Jesús. Unos pocos padres de la iglesia primitiva y algunos estudiosos del Nuevo Testamento han afirmado que esta carta fue escrita bajo un **pseudónimo**; es decir, por alguien más usando el nombre de Pedro para poder ejercer la influencia del apóstol original en la siguiente generación de creyentes. Aunque es cierto que esta carta tiene menos testimonio en la iglesia primitiva que muchos otros libros del Nuevo Testamento, tiene aun así mucho más testimonio que cualquiera de los libros que fueron considerados para ser incluidos en el canon, pero que en última instancia fueron rechazados. Su inclusión se fundamenta en gran medida en la identificación de Pedro como su escritor.

Es curioso que 2 Pedro tenga más en común con Judas que con 1 Pedro y muchos eruditos han sugerido que Pedro usó ideas extraídas de la carta de Judas cuando escribió la sección intermedia de su carta (cp. 2 P. 2:1–3:3 con Jud. 4-18).

Destinatarios: Aunque los destinatarios de la carta no se citan de forma explícita, parecería que fue escrita a los creyentes del Ponto, Galacia, Capadocia, Asia Menor y Bitinia, al igual que 1 Pedro (1 P. 1:1-2; 2 P. 3:1).

¿Cuándo?

La carta tiene la intención de ser las últimas instrucciones de Pedro antes de su muerte (1:13-15). Según la tradición eclesiástica, Pedro murió como mártir en Roma en algún momento entre el 64 y el 68 d. C.

¿Dónde?

Probablemente, en Roma.

¿Por qué?

Para advertir contra los escépticos impíos que Pedro sabía que se levantarían después de su muerte (1:13-15), reprenderlos y explicar por qué el día del Señor no había llegado aún (3:1-17).

2 PEDRO

Jeff Cate

Versículos clave

Sabiendo primero esto, que en los postreros días vendrán burladores, andando según sus propias concupiscencias, y diciendo: ¿Dónde está la promesa de su advenimiento? (2 P. 3:3-4).

El Señor no retarda su promesa, según algunos la tienen por tardanza, sino que es paciente para con nosotros, no queriendo que ninguno perezca, sino que todos procedan al arrepentimiento. Pero el día del Señor vendrá como ladrón en la noche (2 P. 3:9-10).

PEDRO (EN 2 PEDRO)...

- advirtió sobre los *falsos maestros* que se levantarían después de su muerte;
- se preocupó profundamente por la *vida piadosa*;
- necesitaba responder al problema de la *tardanza* del regreso de Cristo.

Pedro (en 2 Pedro) advirtió sobre los *falsos maestros* que se levantarían después de su muerte

Pedro sabía que, probablemente, no le quedaba mucho de vida. La tradición temprana dice que fue martirizado en Roma cuando Nerón desató su persecución contra los cristianos (64-68 d. C.). La carta indica que Pedro sabía que su fin estaba cerca y esta constituye su **discurso de despedida** (1:13-15). La Biblia ofrece otros ejemplos de figuras clave en la historia del judaísmo y del cristianismo que dan instrucciones importantes antes de su muerte (ver Gn. 49, Dt.; Jos. 24; Jn. 13–17; Hch. 20; 2 Ti.). En quizás su última exhortación escrita, Pedro miró hacia el futuro y escribió un mensaje para la siguiente generación de creyentes (1:15), donde trataba los problemas que surgirían (nótese el tiempo futuro de los verbos en 2:1-3).

Panorama de 2 Pedro

Saludos y apertura de la carta (1:1-15)
Los falsos maestros y el regreso de Cristo (1:16–3:16)
Conclusión (3:17-18)

Pedro estaba preocupado de que los falsos maestros se levantarían en números cada vez mayores cuando él y los demás apóstoles murieran (2:2). Aunque les advierte que esto pasaría, parece claro que Pedro ya había entrado en contacto con los falsos maestros en el pasado. La raíz de los problemas de estos falsos maestros era su escepticismo de que Dios intervendría en los asuntos del mundo (o que lo hubiera hecho en el pasado) (3:3-4; también 1:16-18). Ya que no se preocupaban por el juicio inminente, su vida había regresado a una de impiedad. Pedro tomó varios ejemplos del Antiguo Testamento (como la impiedad antes del diluvio y la de Sodoma y Gomorra) para aseverar que Dios sí juzgaría a los falsos maestros y a este mundo, aunque ellos se burlaban de la idea (2:1, 10; 3:3-4). Por otro lado, el justo podía esperar ser librado del juicio, como lo fueron Noé (2:5) y Lot (2:7).

> **Pedro nos recordaría que los primeros cristianos tuvieron que lidiar con las falsas doctrinas y con el escepticismo (tal como nosotros) y defendieron con firmeza la verdad.**

Pedro (en 2 Pedro) se preocupó profundamente por la *vida piadosa*

En medio de tales falsos maestros, Pedro estaba interesado en que sus lectores siguieran viviendo vidas piadosas. Con estos escépticos tan extrovertidos que atacaban las promesas de Dios, los creyentes mismos estaban en peligro ante la tentación de desviarse de la verdad (2:18; 3:17). Sin embargo, Pedro sabía que desviarse del conocimiento de la verdad era un error grave y trágico (2:20-22). En cambio, animó a sus lectores a abrazar las **virtudes cristianas** como la fe, la bondad, el conocimiento, el dominio propio, la perseverancia, la piedad y el amor (1:3-11). Estas virtudes eran importantes, ya que el hogar celestial que les esperaba sería un lugar de santidad, piedad y justicia (3:11, 13).

Pedro (en 2 Pedro) necesitaba responder al problema de la *tardanza* del regreso de Cristo

Una de las principales preocupaciones de Pedro era responder a los escépticos que querían saber por qué el día del Señor no había llegado. Ya que los primeros mensajes cristianos enfatizaban que los creyentes debían vivir con la expectativa de que Cristo podía regresar en cualquier momento (ver Mr. 1:14-15; 13:30; 1 Co. 7:25-31; 1 Ts. 4:15-17; Stg. 5:8), estos escépticos, que vivieron unas pocas décadas después de Cristo, se burlaban y decían que los cristianos estaban equivocados (3:3-4). Ahora que la primera generación de cristianos, incluyendo el mismo Pedro, estaba falleciendo (1:13-15), esta expectativa **escatológica** (de los últimos tiempos) sin cumplir se había convertido en un molesto problema que era difícil de solucionar.

Pedro aseguró a sus lectores que Dios pondría fin a este mundo presente con tanta facilidad como lo había creado al inicio (3:5-7). Enfatizó que Dios no está limitado por cronogramas humanos (3:8). En cambio, Él ha retardado el final de los tiempos para dar, en su misericordia, una oportunidad a las personas de arrepentirse (3:9). Pedro enfatizó que, ciertamente, el día del Señor llegaría. Dios pondría fin de forma cataclísmica a este mundo irremediablemente corrupto (3:7, 10-12) y crearía nuevos cielos y una nueva tierra (3:13). Pedro no ofreció señales para indicar cuándo sucedería esto. En cambio, ese momento llegaría de pronto, "**como ladrón**" (3:10), una expresión usada por otros escritores neotestamentarios para indicar su carácter inesperado (Mt. 24:43; 1 Ts. 5:2, 4; Ap. 3:3; 16:15).

> Pedro nos animaría con la certeza de que el Señor cumplirá su promesa de regresar. Su tardanza da más tiempo para que la gente se arrepienta y encuentre la salvación.

La certeza de Pedro de que el día del Señor llegaría estaba basada en repetidas referencias a las promesas de Dios (1:4; 3:4, 9, 13). Pedro explicó que estas promesas no eran leyendas. Él sabía que eran verdad por su propia experiencia personal con el Hijo encarnado de Dios (1:16-18; cp. Mr. 9:2-8; Mt. 17:1-8; Lc. 9:28-36). Las profecías de las Escrituras eran confiables porque su origen era Dios mismo (1:19-20). Los cristianos debían seguir los ejemplos de Noé y de Lot que evitaron el desastre al recordar las promesas de Dios (2:4-7).

PALABRAS Y CONCEPTOS CLAVE

(en orden de su aparición destacada en el texto)

1. pseudónimo
2. discurso de despedida
3. virtudes cristianas
4. escatológica
5. "como ladrón"

RECURSOS CLAVE PARA PROFUNDIZAR EN EL ESTUDIO

Green, Michael. *2 Peter and Jude*. TNTC. ed. rev. Grand Rapids: Eerdmans, 1987.

Schreiner, Thomas R. *1, 2 Peter, Jude*. NAC. Nashville: Broadman & Holman, 2003.

APUNTES

JUDAS

¿Quién?

Remitente: El autor se identifica como **Judas, el hermano de Jacobo** (v. 1). No debemos confundir a esta persona con Judas Iscariote. Lo más probable es que el saludo de la carta signifique que Judas también es el hermano de Jesús, aunque no se menciona de forma explícita. Desafortunadamente, no sabemos casi nada de él como persona. Los hermanos de Jesús apenas se mencionan en el Nuevo Testamento (Mr. 6:3; Jn. 7:1-10; Hch. 1:14) y Judas nunca es mencionado aparte. Tampoco es frecuentemente mencionado en las tradiciones eclesiásticas posteriores. Algunos eruditos del Nuevo Testamento han sugerido que la carta fue escrita de forma pseudónima por alguien más en nombre de Judas, pero esto parece poco probable, ya que es un personaje poco conocido.

Destinatarios: La carta no indica dónde estaban ubicados los destinatarios.

¿Cuándo?

Ya que una parte del contenido de 2 Pedro parece depender de Judas, lo más probable es que esta haya sido escrita antes de 2 Pedro; es decir, algún tiempo antes del martirio de Pedro entre el 64 y el 68 d. C.

¿Dónde?

La carta no da indicación de dónde se ubicaba el autor.

¿Por qué?

Algunas personas impías se habían infiltrado en una comunidad cristiana primitiva, compuesta de los "amados" de Judas (v. 3). Estos intrusos amenazaban con descarriar a los lectores de la fe y de la práctica cristiana estandarizada.

Versículos clave

Amados [...], me ha sido necesario escribiros exhortándoos que contendáis ardientemente por la fe que ha sido una vez dada a los santos. Porque algunos hombres han entrado encubiertamente (Jud. 3-4).

> ### JUDAS...
>
> - estaba tremendamente preocupado por los peligros de los *intrusos impíos*;
> - anhelaba profundamente que los creyentes *permanecieran fieles*.

Judas estaba tremendamente preocupado por los peligros de los *intrusos impíos*

Tengan cuidado con los impíos

Judas estaba preocupado porque había **intrusos impíos** en la iglesia que pervertían la gracia de Dios, negaban a Cristo y no tenían el Espíritu (vv. 4, 19). Judas argumentó que eran tan impíos que merecían ser comparados con los villanos del Antiguo Testamento como Caín, Balaam y Coré (v. 11).

El juicio

Judas usó la mayor parte de su carta para atacar a los intrusos impíos y para revelar sus motivaciones egoístas (vv. 11-12, 16, 18), su conducta inmoral (vv. 4, 7-8, 16) y su ruina certera (vv. 4, 5-7, 14-15). Les recordó a los lectores que los impíos del pasado que habían desobedecido a Dios de forma deliberada habían recibido el peor castigo posible, incluyendo destrucción, prisiones eternas y fuego perpetuo (vv. 5-7). Estos intrusos impíos debían esperar un castigo similar de parte de Dios (v. 13), estaban destinados para la destrucción segura y carecían de esperanza (vv. 4, 14-15).

Panorama de Judas

Introducción y propósito (1-4)
Condenación contra los falsos maestros (5-16)
Exhortación (17-23)
Doxología (24-25)

Judas anhelaba profundamente que los creyentes *permanecieran fieles*

Ante estos intrusos impíos, Judas anhelaba profundamente que los creyentes a quienes escribía permanecieran fieles al Señor. La presencia continua de estos peligrosos impíos amenazaba con dividir la iglesia. Judas exhortó a los fieles a **contender por la fe** al enfatizar la doctrina correcta, la oración en el Espíritu Santo, el amor, la esperanza y la misericordia para rescatar a los que eran susceptibles de ser descarriados (vv. 3, 17-18, 20-23). Sus lectores debían hacer caso a las advertencias del Antiguo Testamento, de otras tradiciones judías y hasta de los apóstoles de Jesús (vv. 5-7, 9, 11, 14-15, 17-18). Al principio y al final de la carta, Judas expresó su confianza en que Dios podía asegurar su fidelidad y guardarlos sin caída (vv. 1, 24-25) para que pudieran experimentar la vida eterna (vv. 3, 21).

> Si Judas estuviera aquí hoy, nos advertiría que tengamos cuidado de las personas en la iglesia que viven vidas impías e intentan justificar la aceptabilidad de sus actos.

PALABRAS Y CONCEPTOS CLAVE

(en orden de su aparición destacada en el texto)

1. Judas, el hermano de Jacobo
2. intrusos impíos
3. "contender por la fe"

RECURSO CLAVE PARA PROFUNDIZAR EN EL ESTUDIO

Moo, Douglas J. *2 Pedro y Judas*. CBANVI. Nashville: Vida, 2016.

EL CANON DEL NUEVO TESTAMENTO: CÓMO FUERON RECONOCIDOS LOS ESCRITOS AUTORITATIVOS

Kenneth Berding

Algunas críticas recientes a la Biblia han hecho que la gente se pregunte más sobre la forma en que obtuvimos el Nuevo Testamento. Este capítulo hablará sobre cómo el **canon** del Nuevo Testamento (= la lista de libros considerados como Escritura autoritativa) fue recopilado.[1] Para mayor claridad, la historia de la iglesia será dividida en siete etapas para enfocarnos mejor en cada etapa específica respecto a la pregunta sobre la recopilación de los libros que se encuentran en nuestro Nuevo Testamento. El lector descubrirá que la iglesia no decidió de forma arbitraria qué libros debían estar en el Nuevo Testamento. Los primeros cristianos sencillamente reconocieron los libros que eran apostólicos y ortodoxos.

Primera etapa: los años 30 a los 50

Después de la resurrección de Cristo, los relatos sobre Jesús y sus enseñanzas fueron comunicados de forma oral por sus apóstoles, quienes estaban comprometidos con proteger el mensaje que proclamaban. Desde el inicio de la iglesia, estas enseñanzas de Jesús eran consideradas, junto con las Escrituras del Antiguo Testamento, como autoritativas y aplicables a todos los creyentes. Además, la doctrina de los mismos apóstoles era autoritativa y vinculante. Hechos 2:42 dice que los nuevos creyentes "perseveraban en la doctrina de los apóstoles". Los apóstoles no solo transmitían las enseñanzas de Jesús, sino que también eran profetas por derecho propio. De manera que, desde el principio, los cristianos ortodoxos aceptaban tres corrientes de autoridad: (1) las Escrituras judías (el Antiguo Testamento), (2) las enseñanzas de Jesús y (3) la doctrina de los apóstoles.

> ¿Estamos perseverando en la doctrina de los apóstoles como los primeros cristianos?

Segunda etapa: los años 50 a los 70

Los miembros del círculo apostólico (como Pablo, Santiago y Pedro) comenzaron a escribir cartas que contenían instrucciones autoritativas. Pronto, los primeros Evangelios (Marcos, Mateo y Lucas) y los Hechos fueron redactados en la época de la muerte de los apóstoles. La pérdida gradual de los guardianes de la tradición oral obligó a que se preservara un registro.

Estos escritos presentan una **autentificación propia** que está ligada a la autoridad de los apóstoles que los escribieron (Ef. 3:5; 2 Ts. 2:15; 1 Co. 14:37; y 2 P. 3:16, que se refiere a las cartas de Pablo como "escrituras"; cp. Ap. 22:18-19). La autoridad de estos escritos no fue transferida a los documentos por decisiones eclesiásticas posteriores; más bien, se esperaba que los receptores originales de estos escritos entendieran que la autoridad conferida a los apóstoles (que eran profetas por derecho propio) significaba que los lectores debían obedecer las instrucciones que recibían.

Tercera etapa: los años 70 a los 90

Jerusalén y el templo fueron destruidos en el 70 d. C. y los cristianos judíos fueron dispersados. Por tanto, los que habían escuchado la doctrina de los apóstoles probablemente vivían fuera de Palestina, en lugares como Asia Menor y Roma. Juan, que aparentemente fue el último apóstol sobreviviente, compuso los últimos escritos apostólicos: el Evangelio de Juan, 1–3 Juan y Apocalipsis. No obstante, aunque en ese entonces existían registros escritos, la enseñanza oral de Jesús continuó jugando un papel importante para quienes habían conocido a los apóstoles y habían sido entrenados por ellos.

> Los primeros cristianos atesoraban estos escritos, aunque debían copiarlos a mano para poder compartirlos. ¿Cuánto atesoramos nosotros la Palabra de Dios?

Cuarta etapa: los años 90 a los 150

A partir del final del siglo I, los documentos escritos jugaron un papel cada vez más importante para la mayoría de los cristianos, quienes comenzaron a usar a gran escala la nueva tecnología de la época, el formato **códice** (de libro), en vez de los rollos, para copiar sus escritos. El códice permitía reunir colecciones de escritos más fácilmente que los rollos.

Durante este período de los "padres apostólicos", las cartas de Pablo fueron circuladas como una colección y, a menudo, eran descritas como autoritativas, al igual que otros escritos de los apóstoles. Los cuatro Evangelios (Mateo, Marcos, Lucas y Juan) también circulaban juntos como colección en esta época.

Quinta etapa: los años 150 a los 200

Si consideramos la evidencia de los manuscritos y no solo las declaraciones de los padres de la iglesia, tenemos razones para creer que los mismos veintisiete libros que se encuentran en nuestro Nuevo Testamento (aunque en un orden un poco diferente al actual) comenzaron a circular juntos en algún punto a mediados del siglo ii.[2] Esto no significa que no se hayan generado preguntas sobre libros específicos; lo que significa es que la colección de veintisiete libros aparece junta desde este punto en adelante.

Los conflictos entre tres grupos divergentes, (1) los marcionitas, con su "canon" condensado (que consistía en las cartas de Pablo y en parte de Lucas), (2) los gnósticos, que habían comenzado a componer "evangelios" gnósticos adicionales, y (3) los montanistas, que afirmaban ser receptores de una nueva revelación divina, pudieron haber contribuido a la aceleración de los debates entre los cristianos ortodoxos, respecto a cuáles de los libros eran aceptables y cuáles no. Por tanto, los cristianos ortodoxos como Irineo debían afirmar la autoridad de un número mayor de libros que los marcionitas, excluir la literatura gnóstica y demostrar que los escritos apostólicos eran cualitativamente diferentes (en términos de autoridad) que las nuevas revelaciones de los montanistas.

Los escritores a partir de este período reconocieron los escritos autoritativos con referencias a lo que había sido "legado". Además, durante este período (y tal vez desde antes) varios autores comenzaron a utilizar o a sugerir de alguna manera la expresión "Nuevo Testamento". Esto sugiere que consideraban que ciertos escritos tenían coherencia como una colección autoritativa individual.

Para el final del siglo ii, los cuatro Evangelios, los Hechos, las trece cartas de Pablo, 1 Pedro y 1 Juan eran plenamente aceptadas en todas partes. Es importante enfatizar que estos documentos comprenden el 86 % de nuestro Nuevo Testamento actual.

Sexta etapa: los años 200 a los 360

Probablemente, la mejor manera de entender los siglos iii y iv es considerar que el canon estaba prácticamente definido, aunque surgían dudas ocasionales respecto a libros individuales. Los libros que a veces eran cuestionados eran Hebreos, Santiago, 2 Pedro, Judas, 2 y 3 Juan y Apocalipsis. Sin embargo, incluso estos libros eran ampliamente aceptados y había un marcado contraste en su uso y testimonio respecto a los libros no canónicos.

> ¿Estaríamos dispuestos a sufrir por nuestro compromiso hacia la Biblia si fuéramos llamados a hacerlo?

Aunque algunos cristianos en ciertas ocasiones cuestionaron si un libro debía o no ser incluido entre los escritos inspirados, parecería que los veintisiete libros de nuestro Nuevo Testamento circulaban de forma extensa (a menudo juntos) durante estos siglos y en adelante.

En el año 303, Diocleciano ordenó una persecución en todo el imperio contra los cristianos, en la que sus libros fueron confiscados y quemados. Aparentemente, los cristianos sabían cuáles de los libros eran sagrados y cuáles no. *Tenían* que saber cuáles podían entregar a los oficiales que querían destruirlos y cuáles no. Después de que el cristianismo fuera legalizado por Constantino, este financió cincuenta copias de las "sagradas Escrituras" y nombró a Eusebio como supervisor de la tarea. Antes de Constantino, no había concilios eclesiásticos de todo el imperio porque los cristianos eran una minoría perseguida y marginada. Sin embargo, los cristianos también sabían qué escritos valía la pena preservar de las llamas de sus perseguidores.

Séptima etapa: a partir del 360

Aunque es posible que existieran listas completas de los veintisiete libros del Nuevo Testamento desde antes, la primera lista que sobrevive de estos libros que no tiene adiciones ni omisiones es la carta festiva número 39 de Atanasio (*c.* 367). A partir de este punto, la mayoría de las listas incluyen los mismos libros, a excepción de Apocalipsis que no se encuentra en algunas listas de la iglesia en Oriente.

Resumen

Desde que fueron habladas o escritas por primera vez, se consideraba que las enseñanzas de Jesús y de sus apóstoles tenían autentificación propia y eran autoritativas. A medida que los apóstoles morían, los cristianos ortodoxos continuaron usando los escritos de los apóstoles como autoritativos. Estos cristianos reconocieron una distinción entre los escritos del círculo apostólico y los de cristianos posteriores que escribieron materiales edificantes. La iglesia no *estableció* un canon por elección propia; es más adecuado afirmar que la iglesia *reconoció* los libros que los cristianos siempre consideraron la Palabra autoritativa de Dios.

¿Cómo reconocieron los primeros cristianos qué libros eran inspirados?

A partir de la segunda mitad del siglo II, hubo ciertos estándares a los que se apelaba cuando surgía una pregunta sobre la autoridad de algún libro en específico. Los más importantes de estos fueron tres.

Ortodoxia: ¿Acordaba este documento con el cuerpo aceptado de doctrina cristiana (la prueba de la fe)?

Apostolicidad: El documento había sido escrito por uno de los apóstoles originales o por un miembro del círculo apostólico general. Entre los doce originales estaban Mateo, Juan y Pedro. Entre los miembros del círculo apostólico general estaban Marcos, Lucas, Pablo, Santiago, Judas y el autor de Hebreos.

Antigüedad: El escrito venía de la *época* de los apóstoles. Esto excluye casi todos los escritos posteriores al 70 d. C., a excepción de los que fueron escritos por Juan, que fue uno de los doce.

PALABRAS Y CONCEPTOS CLAVE

(en orden de su aparición destacada en el texto)

1. canon

2. autentificación propia

3. códice

4. ortodoxia

5. apostolicidad

6. antigüedad

RECURSOS CLAVE PARA PROFUNDIZAR EN EL ESTUDIO

Bruce, F. F. *El canon de la Escritura*. Barcelona: Andamio, 2015.

Hill, C. E. *Who Chose the Gospels? Probing the Great Gospel Conspiracy*. Oxford: Oxford University Press, 2010.

Kruger, Michael J. *El canon del Nuevo Testamento: Estableciendo los orígenes y la autoridad de los libros del Nuevo Testamento*. Salem, OR: Publicaciones Kerigma, 2021.

Notas

1. Una versión de este capítulo con más referencias de apoyo fue publicada en inglés en *Sundoulos* (primavera, 2007): 2-7.

2. Este argumento está basado en las abreviaturas recurrentes de los *nomina sacra* en los manuscritos del NT, en el uso del formato de códice, en las coincidencias entre la disposición de las cuatro "ediciones completas" y en los títulos de los libros. Ver David Trobisch, *The First Edition of the New Testament* (Oxford: Oxford University Press, 2000), 11-43.

TEMAS FUNDAMENTALES DEL NUEVO TESTAMENTO

Las historias que todos conocían

- La historia de la destrucción y el exilio:
  Los *asirios* y los *babilonios*
- La historia del regreso y la restauración:
  Los *persas*
- La historia de los paganos y el nacionalismo:
  Los *griegos*
- La historia de la independencia y la disensión:
  Los *asmoneos*
- La historia de brutalidad y resistencia:
  Los *romanos*
- La historia inconclusa:
  La espera por el *Mesías prometido*

Mateo...

- deseaba llamar a todos al *arrepentimiento*;
- demostró que Jesús era el *Mesías davídico*;
- anhelaba mostrar que el ministerio de Jesús *cumplía el Antiguo Testamento*;
- quería que las *enseñanzas de Jesús* cambiaran el estilo de vida de las personas;
- anunció que el *reino de los cielos* había llegado en Jesús;
- se preocupaba por la *iglesia*;
- confirmó quién era Jesús mediante la historia de su *muerte y resurrección*.

Marcos...

- se preocupaba profundamente por relatar la *historia* de Jesús;
- anhelaba que las personas *siguieran a Jesús* y el patrón de su vida;
- descubrió esperanza y significado en el *reino de Dios*.

Lucas (en su Evangelio)...

- documentó con precisión *hechos históricos* reales;
- identificó a Jesús como el *Hijo único* de Dios;
- proclamó la misión de Jesús de llevar la *salvación* de Dios;
- anunció la misión de Jesús de llevar la salvación de Dios a *todas las personas*;
- recordó a los discípulos de Jesús las *prioridades radicalmente diferentes* para la vida.

Lucas (en los Hechos)...

- fundamentó el nacimiento y el crecimiento de la iglesia en la *historia*;
- defendió la *misión a los gentiles* como el plan de Dios;
- infundió confianza en que los propósitos de Dios *triunfan* por sobre toda oposición;
- presentó el ideal para la *iglesia* en todas las edades.

Juan (en su Evangelio)...

- proclamó que *Dios* el Padre *envió* a Jesús porque *amó* al mundo;
- demostró que Jesús era el *Cristo*, el Hijo de Dios;
- dejó claro que Jesús cumplió lo antiguo y trajo consigo lo *nuevo*;
- celebró que Jesús haya provisto *un camino*;
- se deleitó de que el camino estuviera abierto para *todos*;
- se regocijó porque los que creen pueden entrar a la vida *ahora*;
- explicó que, tal como el Padre envió a Jesús, así *Jesús envió* a sus seguidores.

Juan (en sus cartas)...

- se preocupó por la verdad acerca de la identidad de Jesús: la prueba *doctrinal*;
- deseaba profundamente que los cristianos actuaran como tales: la prueba *moral*;
- estaba profundamente interesado en que los cristianos amaran como tales: la prueba del *amor*.

Juan (en Apocalipsis):

- bosquejó los eventos de los *últimos tiempos*;
- dramatizó los aspectos *"ya, pero todavía no"* de los últimos tiempos;
- *exaltó a Dios* sobre todos los que se dicen ser dioses;
- describió a *Cristo* al mismo nivel que Dios;
- fortaleció la fe de los cristianos para que *permanecieran fieles* a Cristo y a su nuevo pacto.

Pablo...

- tenía una pasión por *Cristo*;
- tenía una preocupación genuina por predicar *las buenas nuevas*;
- buscaba entender la relación entre *lo viejo y lo nuevo*;
- llamaba a los creyentes a *convertirse en lo que ya eran* en Cristo;
- creía en *vivir ahora a la luz del futuro*.

Pablo (en Romanos)...

- transmitió a la iglesia la *desesperación espiritual del mundo*;
- expuso el *remedio de Dios* para la enfermedad espiritual de la humanidad;
- aclaró los *privilegios de la salvación*;
- defendió el concepto de que *Dios cumple todas sus promesas*;
- estimuló la *unidad de la iglesia* para un alcance productivo.

Pablo (en 1 Corintios)...

- estaba comprometido con *predicar a Cristo crucificado*;
- anhelaba preservar la *unidad* del cuerpo de Cristo;
- estaba verdaderamente preocupado por la *pureza sexual* en una sociedad saturada por el sexo;
- buscaba *hacerse a todos de todo* por amor al evangelio;
- se aferraba a la fe en la *resurrección del cuerpo*.

Pablo (en 2 Corintios)...

- se preocupaba por *reconciliar su relación* con la iglesia en Corinto;
- anhelaba poner en despliegue la unidad de todos los creyentes mediante *una ofrenda a la iglesia en Jerusalén*;
- modelaba la verdad de que *el poder de Dios se manifiesta en la debilidad*.

Pablo (en Gálatas)...

- buscaba probar que era un *apóstol legítimo* con un mensaje correcto;
- deseaba persuadirlos de que *la salvación es por fe y no por obras*;
- anhelaba que se aferraran a la *libertad ética* que está basada en la gracia.

Pablo (en Efesios)...

- irrumpió en *alabanza* al contemplar la gloria de Dios;
- celebró *lo que tenemos en Cristo*;
- se preocupó por la *unidad* de la iglesia;
- anhelaba profundamente *conocer mejor a Dios*;
- retó a la iglesia a *estar firme contra el diablo*.

Pablo (en Filipenses)...

- buscaba que ellos *se regocijaran* en toda circunstancia;
- anhelaba profundamente ver el avance continuo del *evangelio*;
- deseaba que la *humildad* creciera y condujera a la unidad;
- demostró que sabía dónde estaba su *ciudadanía*;
- buscaba con pasión la *meta de conocer a Cristo*;
- se interesaba profundamente por el poder del *ejemplo*.

Pablo (en Colosenses)...

- se preocupó por *el fruto y el crecimiento* que el evangelio produce;
- advirtió contra las *experiencias religiosas falsas*;
- exaltó la *supremacía cósmica de Cristo*;
- buscó impartir *sabiduría centrada en Cristo*;
- instó a que se pusiera la vista en las *cosas de arriba*, no en las de abajo.

Pablo (en 1 y 2 Tesalonicenses)...

- anhelaba que los tesalonicenses reconocieran las características de un *ministerio auténtico*;
- deseaba que los tesalonicenses *recordaran* lo que ya habían recibido;
- buscó aclarar *malentendidos* relacionados con el arrebatamiento y el día del Señor.

Pablo (en 1 Timoteo y Tito)...

- anhelaba *la santidad colectiva y personal*;
- se interesaba por *la salud de la iglesia*;
- se preocupó por *la sana doctrina*.

Pablo (en 2 Timoteo)...

- se preocupó por la *perseverancia*;
- estaba comprometido con transmitir el *evangelio puro*.

Pablo (en Filemón)...

- *medió un conflicto* con sensibilidad y tacto;
- demostró cómo las *relaciones sociales* pueden ser transformadas en Cristo.

El autor de Hebreos...

- se preocupaba profundamente por la *Palabra de Dios*;
- tenía una pasión por demostrar que Jesús era *mayor que* cualquier otro;
- estaba comprometido con el *sumo sacerdocio* de Jesús;
- ofreció aliento profundo para *mantenernos firmes* respecto a Jesús y la iglesia.

Santiago...

- estaba comprometido con *el gozo en medio de las pruebas*;
- valoraba grandemente *la sabiduría justa* de Dios;
- tenía una tremenda preocupación por *los pobres y los ricos*;
- anhelaba que fuéramos *hacedores de la Palabra* y no solamente oidores;
- enfatizó un entendimiento correcto de *la fe y las obras*.

Pedro (en 1 Pedro)...

- se preocupó por conectar a sus lectores cristianos con su *herencia veterotestamentaria*;
- quería que los cristianos consideraran el ejemplo de Cristo mientras *sufrían*;
- anhelaba que los cristianos mostraran la autenticidad de su fe en sus *relaciones*.

Pedro (en 2 Pedro)...

- advirtió sobre los *falsos maestros* que se levantarían después de su muerte;
- se preocupó profundamente por la *vida piadosa*;
- necesitaba responder al problema de la *tardanza* del regreso de Cristo.

Judas...

- estaba tremendamente preocupado por los peligros de los *intrusos impíos*;
- anhelaba profundamente que los creyentes *permanecieran fieles*.

ÍNDICE DE PALABRAS Y CONCEPTOS CLAVE

D

E

F

G

H

I

   Introducción al Nuevo Testamento a través de sus autores